ゲッベルスの日記に基づく

カチンの森事件の真相

真実は隠し通せない

目次

推薦の辞

日本人民戦線議長
平岡恵子

佐藤正さんの労作『カチンの森事件の真相』がここに出版されたことに私は日本人民を代表して心から敬意と感謝を申し上げたいと思います。

この事件をめぐっては第二次世界大戦後一貫して東西の両陣営の間で激しい論争が続けられ、今も続けられています。とくに西側陣営はソビエト政府とスターリンに対する批判と非難の最大の材料に使ってきました。とくにスターリン以後ソビエト政権を掌握したフルシチョフは、スターリン批判の武器として利用し、フルシチョフ以後のロシア政権はこれを引き継ぎ、西側と歩調をそろえています。

こういうまことに複雑な問題の真相というものは哲学原理と歴史科学の法則という、根本理念に照らしてみなければけっして正しい判断は生まれません。佐藤正さんはこの科学的真理からまことに詳しく、徹底的に分析して正しい判断を下しています。是非よく読んで自らの認識に資するよう願うしだいです。

そこで私は、こういう問題の正しい判断は哲学原理と歴史科学の法則にもとづいてこそ解決できると先ほど申し上げましたが、こういう認識の実例をあげてこのことを証明したいと思います。それはアメリカの故ケネディ大統領の暗殺事件です。この事件のなかに哲学原理と歴史科学の基本法則が全面的に貫徹されているからです。

ケネディ元アメリカ大統領の暗殺事件の中から哲学原理と歴史科学の法則を知れ！

一九六三年十一月二十二日、テキサス州ダラスでジョン・F・ケネディ・アメリカ合衆国第三十五代大統領が暗殺され、全米・全世界に強烈な衝撃をあたえた。その五十年目の二〇一三年十一月にアメリカでは各地でいろいろな記念行事が展開されたが、二〇一三年十一月十九日付読売新聞はこのことに関連する特集を組んでいる。それによると、今でも事件の真犯人をめぐる議論は絶えない。そしてケネディ・ブームはなお盛んである。十一月十五日のギャラップ社による歴代大統領の人気投票結果によると第一位のケネディが七十四%、第二位のレーガンが六十一%、第三位のクリントンが五十五%で、現代のオバマは二十八%、だという。

そのケネディは何者によって暗殺されたのか。事件は一九六三年十一月二十二日午後十二時三十分に発生した。公式発表によると、大統領を乗せたオープンカーとその一行が市内をパレード中の十二時三十分、後方ビルの六階から銃撃された。弾は三発だったという。そして犯人はその日の夕方に共産主義的人物で元海兵隊員のリー・ハーベイ・オズワルド（二十四）が逮捕された。オズワルドは一貫して「だまされた、利用された」と叫びつづけ否認した。

その日のうちに副大統領のジョンソンが大統領に昇格。

二日目の二十四日、オズワルドは護送中ダラス警察署の中で、ナイトクラブの経営者、ジャック・ルビーによって射殺された。

そのルビーも一九六七年に入獄中不審死している。

こうして、一九六四年九月二十四日、ジョンソン大統領の指令によって設置された最高裁判所長官のアレン・ウォーレンを委員長とする調査委員会（ウォーレン委員会）は事件はオズワルドの単独犯行であり、背後関係はなし、として幕を閉じた。ジョンソン大統領はこの問題に疑惑や憶測や政治不信が広がることを恐れ、権力維持のために草々の幕引きをはかった、といわれている。

ウォーレン委員会の結論に対しては、その日ケネディ大統領のパレードを見物するために大勢の市民が沿道に押し掛けていたその人びとの間から疑問の声が多数寄せられていった。多かったのは「銃弾は三発でなく四発だった」ということ。そして「大統領の後方からではなく、前方から撃たれた。だからニュースの映像でも明らかなように大統領は後ろにのけ反ったのだ」という。

そして決定的なのは、大統領が運び込まれたダラス市民病院の医師ロバート・マクレランド氏（八十四）は「大統領の首の銃創や脳の損傷などからみて銃撃は前方からだ。後ろから撃ったというオズワルドとは別の容疑者がいる」と断言していることであった。

そしてケネディ大統領のもとで司法長官を務めていた弟のロバート・ケネディはウォーレン委員会の結論に疑問を持ち、徹底的究明のため六十八年大統領選挙に出馬をめざしていたところ、一九六八年六月五日に狙撃、暗殺された。

哲学原理と歴史科学からみて、すべての社会現象、事件というものは歴史が生み出すものであり、歴史の産物である。この問題の歴史時代を見よ！

「存在が意識を決定する」という哲学原理を私たちはしっかり認識しなければなりません。存在、つまり運動する世界、その時代、環境が人びと、人間の意識を生み出し、その意識によって人間は行動する、という原理であります。だからケネディ暗殺という行動を引き起こした人間たちの意識はまさしくその時代の歴史時代を知ることによって犯人を確認できるのです。つぎがその時の歴史時代です。

一九六一年一月二十日、第三十五代アメリカ合衆国大統領にケネディが就任した。アメリカ史上最年少（四十三）の大統領として内外から注目され、そのスローガン「ニューフロンティア」に世界は期待した。米・ソ対立（東西冷戦）の相手であるソ連では一九五六年にフルシチョフがスターリン批判を展開、米・ソの和解をめざしていた。ケネディは世界平和のためにまず米・ソ和解をめざし、六月三日にウィーンでフルシチョフと会談、和解への道を歩み始めた。一九六三年六月二十日には米・ソ間に直通通信（ホットライン）を設置する協定に調印。八月五日には米・英・ソの三国間に部分的核実験停止条約を調印。その平和外交の急進に内外は注目した。ケネディ大統領は泥沼化していくベトナム戦争も早期に終息させることを決意、南ベトナムに派遣していた米軍事顧問団を段階的に撤退させる方針を決めた。このことについて、軍事予算の削減を恐れる軍部と軍需産業界、そして共和党右派は連携してケネディの融和政策に反対する陣営を形成していった。

歴史的事実が示すとおり、ケネディ亡き後のジョンソン大統領は一九六四年六月一日、ホノルルで軍事問題に関する対策会議を開き、米国は太平洋国家であることを確認、ベトナム戦争に本格的介入を決定。八月二日にはトンキン湾事件を引き起こし、八月七日にはベトナム戦争については大統領権限の強化と合わせ、そのための軍事予算については大統領の専権事項とする議会決議を実現させた。

ケネディ暗殺の真犯人こそアイゼンハワー元大統領が警告した「軍産複合体」であった！

アイゼンハワー元大統領、アメリカ合衆国第三十四代大統領で、第二次世界大戦の英雄・ヨーロッパ戦線連合軍最高司令官・NATO軍最高司令官・元帥であった彼は、大統領を辞任するときあの有名な「軍産複合体の危険性を警告した告別演説」を行った。一九六一年一月十七日、任期を終えたその辞任演説でつぎのように述べた。

「巨大な軍事機構と巨大な軍需産業との結合は、アメリカがかつて経験しなかったものである。その全面的な影響力、経済的、政治的、さらには精神的な影響力までもが、あらゆる都市に、あらゆる州政府に、連邦政府のあらゆる部局で感じられる。…私たちは〝軍産複合体〟が意識的にであれ、無意識的であれ、不当な影響力を行使しないようガードしなければならない。見当はずれな力の悲劇的な台頭の可能性は、現に存在し、これからも存在し続けるであろう。この複合体の重圧によって我々の自由や民主的プロセスが危うくなることを、絶対に許してはならない。そういう重圧を軽視することがあってはならない」と。

これは次の大統領に就任する若きケネディ大統領への重い警告であった。そしてこの警告は実現された。

結論

以上のような哲学原理と歴史科学にもとづいて深く考察するとき、真の犯人はだれかということが明らかとなる。ケネディ暗殺事件とはまさに裏にあるもう一つの権力の犯罪であった。だから真相は明らかにできないのである。権力犯罪とは非情であり、無常であり、冷酷である。

この哲学的・歴史科学的認識論から展開されている、佐藤正さんの『カチンの森事件の真相』をよく読んで正しい歴史認識を確立するよう心から願って推薦の辞といたします。

I　はじめに

一九四〇年六月二十二日のナチス・ドイツのポーランド侵攻に始まった第二次世界大戦はソ連、アメリカ、イギリス、フランスなどの連合国と、ドイツ、イタリア、ハンガリー、ルーマニア、フィンランド、そして日本などの枢軸国という二つの勢力の間の戦争となった。この戦争の天王山は、一九四二年七月一七日から一九四三年二月二日にかけてのスターリングラード攻防戦であった。二月二日のソ連軍の勝利によって、欧州戦線の戦局は決定的に逆転した。ソ連人民は自らの力に対する確信を新たにした。その確信の根底には大粛清による親ナチ分子一掃のため、後顧の憂いなど全くなかったという現実がある。この現実を見過ごすことはできない。

ナチス・ドイツのラジオ放送はスターリングラード戦の敗北を伝えなかった。伝えることができなかった。これは支配層の動揺のあらわれであった。

ソ連の作家同盟員、ウェ・エヌ・ミナーエフの著書『あばかれた秘密』（註一）によると、ちょうどその頃、ナチスのゲシュタポの指導者ヒムラーがカルル・ラングベン弁護士の協力のもと、アメリカやイギリスとソ連抜き講和を模索していた。十二月十二日にはストックホルムでラングベンとアメリカ人ホッパーおよびイギリスの公式人物・某との会見が行われた。それ以後も、アメリカのアレン・ダレスとドイツのエム・ホーエンローエ公爵（※）の間で講和の動きが続いていた。ナチスの宣伝相・ゲッペルスがカチンの森でポーランド人将校の大量虐殺死体を「発掘」し、これをソ連政府の仕業だと公表したのはちょうど、そんな時期でもあった。

※　マルタ・シャトー著『ヒトラーの女スパイ』（註二）によると、フリードリッヒ・フランツ・フォン・ホーエンロー

エ・ヴァンデンブルク・シリングスフュルストはオーストリア皇帝・フランツ・ヨーゼフの義理の息子。一九二〇年に離婚したかつての妻・シュテファニー・フォン・ホーエンローエは一九三七年、ヒトラーの強力な推薦で、ザクセン公から「ドイツ赤十字名誉勲章」を贈られた。一九四三年頃、彼女はアメリカにいたが、アメリカ諜報機関からはドイツ政府のスパイ嫌疑を受けていた。

本資料は以上のような状況を踏まえながら、次の点を追求した。

一　アメリカ及びイギリスとナチスとのソ連抜き講和の動きから、ゲッペルスはアメリカやイギリスとソ連との間に仲間割れの可能性があると考え、カチンの森事件をソ連の犯行と発表したが、その目的は、スターリングラードの戦いで敗北したナチスの退勢を挽回するため、連合国の間の裂け目に楔《くさび》を打ち込むことにあった。これは謀略的、国際的、一大政治キャンペーンであった。

その後、ドイツ軍はスターリングラードに続き、クルスクの戦闘でさらに大きな打撃を受けた。英米軍がこのクルスク作戦に呼応してイタリアに上陸すると、イタリア政府はたちまち連合国軍に無条件降伏した（九月八日）。九月二十五日にはカチンの森がソ連軍に占領された。ゲッペルスはもはや真相を隠し通せなくなった。そして事件をナチスの犯行と認めないわけにはいかなくなった。このゲッペルスの告白という客観的事実に目をつぶり、無視することはできない。一方のソ連政府は当初からゴルバチョフの出現以前まで、一貫して事件はナチスの犯行であると主張してきた。この客観的事実も無視することはできない。

カチンの森事件がナチスの犯行であることは以上のような事実によってハッキリと証明されている。

二　クルスク付近の戦闘は七月五日から八月二十三日にかけて絶え間なく続いたが、この五〇日間、ナチス・ドイツは、最精鋭部隊七〇個師団のうち、三〇個師団、将兵五〇万を失った。この損害はもはや回復不能であった。それだけではない。ドイツ軍がクルスクに釘付けにされたことにより英米軍のシシリー島上陸（七月十日）は容易になった。ムッソリーニの失脚とバドリオ政権の誕生（七月二十五日）はクルスクにおけるドイツ軍殲滅の二週間後であった。

　枢軸国の仲間割れによって、派手で、大規模で、謀略的な政治キャンペーンを展開していたゲッペルスは政治的に敗北し、精神的に叩きのめされた。ゲッペルスは誤解していたが、アメリカ政府がソ連抜き講和を画策したのは、その主観的意図がどこにあったにせよ、客観的には、ナチスにどの程度の戦争継続意欲があるかを打診するという意味を持つに過ぎなかった。

　そのような状況下、カチンの森がソ連軍に占領されると、ゲッペルスの口から、

「ボルシェビキは遅かれ早かれ、われわれが一万二千人のポーランド将校を射殺した事実を、かぎつけるだろう」（註三）

　という言葉が洩れてきたのは、ごく自然な成り行きであった。

三　ブルジョア・ジャーナリズム、ブルジョア歴史学者、ブルジョア政治家たちは、カチンの森事件がスターリンの命令で実行されたことは、ゴルバチョフとソ連政府自身が認めていることなのだと主張している。

　彼らには、

「すべては権力問題である」

という政治哲学がわからない。つまり、スターリン批判を展開してソ連をブルジョア国家に変質させたフルシチョフ以降の国家、ゴルバチョフ政権、ソ連（現ロシア）政権などの支配する国家はブルジョア国家であった。彼らは自分たちの裏切りを正当化するために、すべてをスターリンの罪にし、自らを正当化しようとした。これにカチンの森事件を利用したのである。

ここに、

「すべては権力問題である」

という政治哲学がある。このことを忘れることはできない。

ゴルバチョフがポーランド政府の要請に応じ、それまでのソ連政府の主張を覆したことから国家による歴史的事実の評価の本質が明らかになる。歴史の評価はつねに国家が行うものであり、そのときの政治権力が作り上げるものである。日本でも軍国主義時代、歴史は軍国主義が作り上げてきた。独占ブルジョアジーの支配時代、歴史は独占ブルジョアジーが作り上げてきた。

一方、真実を求める人民はそれに甘んじてはいない。特に歴史的大事件については絶えず反芻し、繰り返し繰り返し検討し、機会あるごとに真相の追求に取り組んでいる。そのため、歴史の真相解明には十年、二十年、三十年という年月を必要とすることがある。ケネディ暗殺事件がその好例である。カチンの森事件も例外ではない。つまり、国家権力の動向分析なしにカチンの森の真相は究明できない。現に、カチンの森事件はナチス・ドイツ政権、ポーランド亡命政権、ソヴェト政権をはじめ関係諸国政権の動向と人民の闘いに深い関りがあった。特に、エリツィンのロシア政府に、事件をソ連の犯行と認めさせるにいたったゴルバチョフの政権の本質の解明は避けて通ることができない。

国家権力の歴史的、国際的な分析から判断してもカチンの森事件はナチスの犯行である。

以上が本資料で追求してきた事柄の要点である。なお、以下の文中、引用著書は『　』、引用論文は「　」で囲った。

註一　ウェ・エヌ・ミナーエフ著『あばかれた秘密』（新日本出版社、一九六一年）

註二　マルタ・シャトー著『ヒトラーの女スパイ』（小学館、二〇〇六年）

註三　逢坂剛「カチンの森の謎」（『中央公論』一九九二年十一月号）

Ⅱ　事件報道の発端

▼カチンの森事件のあらすじ

ソ連のスモレンスク市から西北西のヴィテブスク市方面に向かう鉄道と西のオルシァ市方面へ向かう鉄道との交差点の南方約一キロのところにコソゴリ丘陵がある。その南麓にスモレンスク市とオルシァ市を結ぶ道路がほぼ東西に走っている。道路のさらに南方約一キロのところにドニエプル河が同じくほぼ東西に蛇行しながら流れている。その道路とドニエプル川の間、約一キロにわたってカチン《＝カティン。以下カチンで統一する》の森の墓地がある。

一九四三年、このカチンの森で、ポーランド軍将校らの大量虐殺死体が発見された。この事件は、遺体を発掘したドイツ軍自体の犯行というのが連合国という名の反ファシズム統一戦線に結集していた諸国人民・政府の一致した見解であった。

戦後の一九四六年三月、イギリスのチャーチル前首相のフルトン演説を契機に、反ファシズム統一戦線は分化し、東西冷戦時代に入った。ヤルタ会談に示されていたようなアメリカの対ソ友好政策は一変した。

朝鮮戦争下の一九五二年、アメリカ下院はカチンの森事件に関し、ナチス・ドイツの主張に沿った報告をまとめた。こうして資本主義世界ではカチンの森事件に関し、ソ連犯行説が力を得てきた。

ソ連では一九五三年三月、スターリンが死亡した。三年後の一九五六年二月、フルシチョフはスターリン批判を行った。これを契機としてソ連の共産党は変質し、政府も変色した。一九八五年にゴルバチョフがソ連共産党書記長に就任すると、ソ連政府内に、ソ連犯行説が力を得てきた。すなわち、ゴルバチョフがグラスノスチ（情報公開）を唱え、スターリン時代に粛清されたブハーリン、カーメネフ、ジノビエフなどの名誉回復を進めると、カチンの森事件はスターリンの犯行だと主張するポーランド政府が事件の再調査を要求した。もちろん、ソ連犯行説を求めるポーランド政府の要求を満たすような決定的な証拠など存在しなかった。しかし、それにもかかわらず、ポーランドのオジェホフスキ外相は一九八八年三月、

「カチンの森事件については二つの見解（ドイツ犯行説とソ連犯行説）があるが、いまや、どちらを支持するかは、客観的な知識の問題ではなく、政治的な選択、政治的感情論の問題なのだ」（一九八八年三月二十九日付産経新聞）

と述べ、事件はスターリン時代の犯罪であることを認めるよう要求した。つまり、真相は判然とはしないが、そんなことはどうでもいいではないか、早くスターリンの仕業にして決着をつけよう、というのである。

こうして、この事件は、「発見された古文書の記録」によりスターリン主義の犯罪であると結論することが、「全体として許される」が「古文書の追跡は続けられている」（一九九〇年四月十三日付ソ連国営タス通信）ということで一応、おさまりがつけられた。要するに、古文書の記録を調べても、スターリンの犯罪だという結論は出てこないが、死人に口なしということもあり、このさい

スターリンの犯罪と宣言しておこうではないか、ということである。

一九九二年十月十四日にもまた、ロシアのエリツィン大統領がソ連犯行説を裏付ける文書をポーランドのワレサ大統領に届けた。

ところが、たまたま推理小説作家・逢坂剛が、ヒトラーの側近中の側近であったゲッペルス宣伝相の日記に目をとめた。ゲッペルスは一九四三年九月二十九日の日記に次のように書いていた。

「遺憾ながらわれわれは、カチンの一件から手を引かなければならない。ボルシェビキは遅かれ早かれ、われわれが一万二千人のポーランド将校を射殺した事実を、かぎつけるだろう。この一件は行くゆく、われわれにたいへんな問題を引き起こすに違いない。ソビエトはかならずこの共同墓地を発見し、われわれにその責任を問うてくるはずである」（註二）と。

これではまるで真犯人はドイツであることをゲッペルスが告白したも同然ではないか。はてさて、どうしたことか、と考えたのであろう、逢坂剛は『中央公論』（一九九二年十一月号）にこの事実を発表し、「専門家のご意見を聞かせてほしい」と述べた。

これを受けて日本共産党（行動派）の大武礼一郎議長が『アカハタ』（一九九二年十二月十五日付）で回答し、ソ連政府は当初から犯人はナチス《ドイツ国家社会主義労働者党》である、と説いており、ソ連を資本主義化したゴルバチョフ政権が、評価を逆転させ、犯人をスターリンのソ連に仕立てたのだと指摘した。

それでも現在、全世界の出版物は断定こそしていないが、事実上、ソ連犯行説一色に塗りつぶされている。それはまさしく、客観的な知識の問題ではなく、政治的感情の問題である。しかし「客観的な知識」は「客観的な事実」の反映である。そういう意味でゲッペルスの日記をもとにし、事件を感情の問題としてではなく、客観的事実の問題として採り上げることにする。

まず事件発覚当時の報道を調べてみよう。

▼カチンの森の遺体発見当時の資料

一一九四三年四月十三日午後九時十五分、ナチス・ドイツのベルリン放送局は全世界に向けて次のようなニュースを放送した。

「スモレンスクからの報告によると、同地の住民はドイツ軍当局に、一万人のポーランド軍将校がボルシェヴィキにより、ひそかに処刑された場所を明らかにしたという。ドイツ軍当局は、スモレンスク西方、一二キロのコソゴリというソ連の避暑地を訪れ、驚くべき事実を発見した。長さ二八メートル、横一六メートルの一二層からなる穴に約三、〇〇〇人のポーランド軍将校の死体が横たわっていたのである。全員、正規軍装をし、手を縛られ、首の後ろ側に銃で撃たれた跡があった。被害者を特定することは困難ではなかった。土壌の特異性から死体はミイラ化しており、またボルシェヴィキは死体に身分証明書を残していたからである。……これらの将校は…コジェリスク次いでコソゴリに運ばれそこでボルシェヴィキに殺害されたものである…。

他の埋葬地については調査中である。……最終的には、ボルシェヴィキに捕虜に取られたポーランド軍将校の数約一万人に達するものと推測される」（註二）と。

ここで次の点を記憶に留めておく必要がある。

A、四月十三日の時点で、すでに遺体約三、〇〇〇体が発掘されていたこと。

B、「住民が明らかにした」ことだとは言え、まだ調査が完了していないのに、一〇、〇〇〇人という数字と、「他の埋葬地」などの存在が推測されていること。

C、ドイツ軍当局が四月十三日の段階ですでに、「(これらの将校は) コジェリスク次いでコソゴリに運ばれそこでボルシェヴィキに殺害されたものである」ということまで断定していること。

ベルリン放送の発表では、墓は一基のようである。そこでこの発表を基にして計算してみると、次のようになる。

東京を走る千代田線の06系車両（長さ二〇メートル、幅二・八五メートル八五センチ、定員一三八～一五三名）に身動きのできないほどの乗客を詰め込むと定員の二・五倍になる。定員を仮に一四五名とすると、その二・五倍は約三七〇人となる。三〇〇〇人はその約八倍である。ポーランド人の平均身長を一・八メートルとし、この乗客の全体像を直方体とすると、その体積は、

二〇×二・八五×一・八×八

で、約八二〇立方メートルになる。

これを長さ二八《メートル》、横一六《メートル》、つまり一六八平方《メートル》の土地に埋めると、深さは約五《メートル》になる。遺体は十二層になっているから、一つの層は約四〇センチになる。

きわめて大雑把な計算であるが、このベルリン放送の墓地の状態は一応、納得することができる。「一応」というのは、墓は一基ではなかったからである。

二　ベルリン放送に対し、ソ連情報部は四月十五日、次のように反論した。

「この二、三日、ゲッペルスは、ソ連当局がスモレンスク地方で一九四〇年春にポーランド軍将校を大量に射殺したというでたらめを広めている。……ドイツ・ファシストらはもっとも卑しむべき嘘をつき、すでに明らかなように、みずからの罪を隠すことにためらうことを知らない。

ポーランド人捕虜は、一九四一年当時、スモレンスク地方に住む多くのソ連人とともに建設工事に従事していたのだが、この人びとが、ソ連軍が同地から撤退した一九四一年夏に、ドイツ・ファシストらの毒牙にかかったのである。ドイツ・ファシストらの発表は、ポーランド捕虜のこうした悲劇的な運命に関して、いささかも疑いの余地を残すものではない。

ゲッペルスの発言が、虚構と誹謗により、ヒトラー一派の血塗られた犯行を隠蔽することを狙っているのは間違いない。

ヒトラー一派は……ソ連が一九四〇年春にその残虐行為をおこなったと主張しているが、彼らはこう報じることで……みずからの責任を転嫁しようとしているのである……。

ヒトラー一派が自分たちの犯した血塗られた残虐行為から罪を免れることはなかろう」（『カチンの森とワルシャワ蜂起』）（註四）と。

実は、遺体は冬の外套を身につけていた。残虐行為が行われた時期を、ソ連側は当初、「一九四一年夏」とした。このことから、ソ連は犯行時期が、まだ寒さの残っている「一九四〇年春」であったという「事実」をごまかしている、という解釈がされたが、むしろ、ソ連側は「一九四一年夏」以後、何が起きたかをまったく知らなかったのだ、ということである。

Ｊ・Ｋ・ザヴォドニー著『カティンの森の夜と霧』によると、ソ連当局の招待で、ソ連側の現地調査の最中に、カティンの森で数時間をすごしたあるアメリカの新聞特派員は、死体の多数が毛皮の裏付きの冬外套を着ていたのかという疑問に対し、ソ連側では、

「スモレンスクでは秋の夜は寒いし、また、おそらく捕虜たちは他の外套を全然持っていなかったからであろう」（註五）。

と言ったと指摘している。

また、エドワード・ラジンスキー著『赤いツァーリ～スターリン、封印された生涯』には、「その頃モスクワ郊外では、よく晴れた暖かい日がつづくはずだった。ところがその年は十月七日にはもう初雪が降った」（註六）。

とある。モスクワから三五〇キロも離れているが、スモレンスクも同じように平年よりも寒かった

のではないか。

三　スタニスワフ・ミコワイチク《＝ミコライチク＝ミコライチック＝ミコワイチック。以下同じ》の著書『奪われた祖国ポーランド』によると、一九四三年四月十六日、ポーランド亡命政府・国防相マリアン・クキェルは、一九三九年九月十七日、ソ連軍のポーランド進攻に関し、次のような概要並びに声明を発表した。

「ポーランド政府が入手した情報によれば、ポーランド人捕虜を収容する次の三つのキャンプが一九三九年十一月にソ連領内に設営されている。

一、スモレンスク東方のコゼリスク収容所

二、ハリコフ近郊のスタロベリスク収容所

三、カリーニン近郊のオスタシュコフ収容所

一九四〇年初頭、ソ連当局は、三つの収容所の捕虜に対し収容所が間もなく閉鎖されるので家族のもとに帰ってもらうことになると伝えた。このため、各捕虜が解放後に行きたいと願う場所の一覧表が作成されたという。

当時の収容所の収容状況は次の通りである。

一、コゼリスク収容所には約四、五〇〇人の将校を含む約五、〇〇〇人がいた。

二、スタロベリスク収容所には一般市民一〇〇人を含む約二、九二〇人がいた。他は将校であるが、軍医が若干いた。

三、オスタシュコフ収容所には約四、五〇〇人の将校を含む約六、五七〇人がいた。

一九四〇年四月五日に収容所の閉鎖が始まり、六〇人から三〇〇人のグループが五月中旬まで数日おきに移動していった。コゼリスク収容所からは、スモレンスク方面に移動が行われた。一九四〇年六月に三つの収容所からパヴェリシュチェフ・ボール収容所を経てヴォーログダ地方のグリャゾヴェッツに移された者は約四〇〇名に過ぎなかった。

一九四一年七月三〇日にポーランド・ソ連協定が、次いで同年八月一四日に軍事協定が締結されると、ポーランド政府はソ連領域内にポーランド軍を創設する作業に乗り出した。この時、右の収容所にいた将校で軍の上級・中級将校団を構成する予定であった。一九四一年八月末、グリャーゾヴェツの将校がブズルクのポーランド部隊に合流した。しかし、コゼリスク、スタロベリスク、オスタシュコフから別の方面に移送された将校で、出頭した者は皆無であった。合計で約一、三〇〇〇人（収容所閉鎖時にいた下士官、兵卒、市民の約七、〇〇〇人を除く）の将校が行方不明であった」と（註七）。

この声明の末尾近くには、

「スモレンスク近郊では数万体のポーランド人将校の屍体が発見されたという十分かつ詳細なドイツの報道（がある）」（註八）

という一節があるが、この「十分かつ詳細なドイツの報道」は信頼に値しない。後述するが、コゼリスクからスモレンスクに移されたのは、約四、五〇〇名であり、カチンの森で発見された遺体は全部で四、四四三体であり、数万体どころではなかった。

クキェル国防相はこうして国際赤十字社《＝万国赤十字社、以下同じ》に対し、現地に調査団を派遣することを要請した。クキエル国防相のその後の説明によると、ポーランドのコット駐ソ大使とシコルスキー将軍がソ連のヴィシンスキー副外務人民委員、モロトフ外相、スターリン首相に会い、説明を求めたが、要領を得なかった（註九）。

四　ベルリン十六日発同盟通信は次のように伝えている。

「ドイツ赤十字社長コーブルク・ゴータ公は十六日付をもって万国赤十字社に対しスモレンスク附近の森林地帯で、数日前発見されたポーランド軍将校一万二千（※）人の遺骸を調査し、これら将校がゲ・ぺ《ママ》・ウのため虐殺された事実を確認するよう協力方を要請した」と（一九四三年四月十八日付朝日新聞）。

※　後に判明するが、調査された遺骸が一万二千体あるというのはウソである。

五　ポーランド赤十字社は十八日、最初の発表で次のように指摘した。

「発掘死体や墓場の検証によれば虐殺は殆ど全部頸筋に弾丸を打ち込まれている。墓場の模様によればこの虐殺は一九四〇年四月乃至五月ごろに行われたものらしく、すでに百名以上の身元が判明するに至った」（一九四三年四月二十日付毎日新聞）と。

六　ポーランド赤十字中央委員会の万国赤十字への要求

「【ベルリン四月二十二日発同盟】ワルソー来電＝ポーランド赤十字中央委員会は、二十二日ジュネーヴの万国赤十字委員会に対しポーランド将校一万名虐殺事件の調査依頼方を正式に要求した。同委員会は過般来書記長スカルジンスキー氏を首班とする調査団を殺戮現場たるカチン森に派遣、ドイツ当局の案内によって死体発掘その他の調査を行っていたが、今回スカルジンスキー氏の報告書を添付した書簡をもって、万国赤十字委員会の現地調査を要求した。

右報告書によれば、同地で発掘された約三百の死体を検査した結果、これらは悉く頭部をピストルで撃ち貫かれており、その傷痕から見て熟練した専門の死刑執行人の手になるものと見られている。また同時に発見された書類その他から右殺害事件は一九四〇年三月ないし四月に行われたと推定されるが、現在までに姓名の判明したものは約百五十名である」（一九四三年四月二十三日付朝日新聞）

ここで特に、次のことに注意する必要がある。

A、『カティンの森の夜と霧』によると、ヒトラー自身も四月十五日、国際赤十字に対し、電報で調査を要請した（註一〇）が、このことはヒトラーが問題をきわめて重視していること、ポーランド赤十字のスカルジンスキー調査団では国際的な信用を得ることが難しかったことを意味する。

B、スカルジンスキー調査団の発掘、調査がドイツ当局の案内によって行われたことは、発掘、調査にナチスが睨みをきかしていたことを意味する。またナチス支配下のドイツではそうでしかありえなかった。このことはチャーチルもスターリン宛の手紙の中で認めている。この手紙についてはあとで触れる。

C、スカルジンスキー調査団による発掘、調査が始まったのは四月二十二日発同盟通信の報道よりも前である。

七　ソ連政府がポーランドとの国交を断絶した理由

ストックホルム二十六日発同盟通信は、ソ連政府がポーランドとの国交を断絶した理由を次のように伝えている。

「一、ポーランド亡命政権のソ連に対する態度は全く異常的であり、同盟国間の一切の規約と正常の手続きを無視していると言わざるを得ない。

一、ポーランド軍将校がスモレンスク地区において虐殺されたというソ連政府に対する敵対宣伝が開始されるや、ポーランド亡命政権は奇貨おくべしとして右宣伝を取りあげ、同亡命政権の御用新聞は百方事件の拡大を企図した。

一、さらに亡命政権はソ連政府に対し、右事件につき照会ないし説明を求めず、進んで万国赤十字社に対し調査を要求するに至った」(一九四三年付朝日新聞)

八　スターリンとルーズベルトおよびチャーチルとの親書交換

スターリンは四月二十一日、ルーズベルト大統領とチャーチル首相にほぼ同文の秘密外交書簡を送った。これは暗号電報で送られ、大使館で解読された。次は『第二次世界大戦中の米英ソ秘密外交書簡』に掲載された秘密親書からの抜粋である。

◎スターリンがルーズベルトに送った四月二十一日付秘密親書からの抜粋。

「シコルスキー《=シコルスキ。以下同じ》の政府は、ソ同盟《=ソ連。以下同じ》にたいするファシストの卑劣な中傷を反撃しなかったばかりか、ソヴェト政府にたいして、なにかを質問し、あるいはこのことについての釈明をもとめることを、必要と考えさえしなかったのです。

……。

反ソ的な敵意に満ちたカンパニアが、ドイツとポーランドの出版物のなかで同時にはじめられ、同一の計画のもとでおこなわれているという事情——この事情は、連合国の敵ヒトラーとシコルスキー氏のあいだに、この敵意にみちたカンパニアを実行するうえで接触があり、協定があることを、うたがう余地のないものにしています。

……。

すべてこういう事情に余儀なくされて、ソヴェト政府は、ヒトラーとの協定の道に転落した現ポーランド政府が実際にソ同盟との同盟関係を中止し、ソ同盟にたいする敵対関係の立場に立ったものとみとめざるをえません。

すべてこういうことを根拠にして、ソヴェト政府は、この政府との関係を断絶する必要があるとの結論に到達しました。

……、合衆国政府が、ソヴェト政府のこの余儀ない措置の必要を理解されることを期待します」（註一二）。

◎ ルーズベルト大統領がスターリン元帥に送った四月二十六日付秘密親書

「私は、あなたの立場が複雑なことを、十分に理解しています。しかし同時に、私は、あなたがその行動を、ソヴェト同盟とポーランドの外交関係の完全な決裂として規定しないで、ロンドンに逃亡中のポーランド政府との交渉の一時的な中止として規定するための道を、現在の事態のうちに見いだしうることを期待します。

私は、シコルスキーがどの程度にでも、ヒトラーのギャング団と協力したとは、信じることができません。しかし、私の見地からいえば、彼は、まさにこの問題を国際赤十字に提訴して、誤りをおかしたのです。そのほかに、私はチャーチル首相が、ロンドンのポーランド首相に、将来もっと常識的に行動するよう説得するための道をさがしているものと、考えたいのです。私が、この問題で、なにかのかたちでおたすけできるかどうか、たぶん、あなたがソヴェト社会主義共和国同盟の領域から出国させたいと思っておられる、あるポーランド人たちにたいして、おそらく懸念を抱いておられるにちがいないことに関連して、とくに、おたすけできるかどうかお知らせくだされば、感謝します。

そのほかに、私のところの合衆国には、数百万のポーランド人がおり、彼らのうちの多くのものは、陸軍と海軍に勤務しています。私は、彼らがみなヒトラー派にたいして憤っていることを、あなたに保証することができます。しかし、ソヴェト政府とポーランド政府の完全な外交的決裂のニュースは、一般の情勢に役だつことはできません」(註一二)。

◎チャーチル首相がスターリン元帥に送った四月二十四日付秘密親書の要点(註一三)

一、ソ連のマイスキー駐英大使が、昨夜、あなたの書簡を手わたしてくれました。国際赤十字がおこなうにせよ、あるいはドイツ軍の権力のもとにある任意の地域に他のある機関がおこなうにせよ、その「審理」なるものにわれわれが精力的に反対することは、いうまでもありません。このような審理は欺瞞となるでしょうし、その結論はおどかしによってえられるものでしょう。イーデン氏は、今日、シコルスキーと会っていますし、ナチス庇護のもとでのどんな審理にたいしてもいっさいの支持を撤回するよう、できるだけつよく切実に要請するでしょう。われわれもまた、ドイツ人とのどんな交渉、またはどんな種類の接触をも、是認しないでしょう。そしてわれわれは、われわれの同盟者たるポーランド人にたいしてこの点を主張するでしょう。

二、以上のべた考えにシコルスキーがどんな反応をしめすかを、あなたに打電しましょう。彼の立場はきわめて困難なものの一つです。彼はけっしてドイツびいきの気持ちをもつ人間でもなく、ドイツ軍と協定する人間でもありませんが、彼はソヴェトにたいして自国民を、十分に擁護しなかった人だというふうに考えているポーランド人から、かれは打倒されるおそれがあります。もし彼が〔政府を〕去っていけば、あとにでてくるものは、もっとも悪いだれかだけでしょう。だから私は、次のように期待するのです。あなたの「断」交の決意は、むしろ断絶の意味よりもむしろ最後の警告の意味に解すべきであり、またそれは、他のすべての計画が試されるまでは公開されないであろう、と。断絶を公けに通告することは、ポーランド人が多数いて、勢力をもっている合衆国では、おそらく最大の害をもたらすでしょう。

◎ スターリン元帥がチャーチル首相に送った五月四日付秘密親書の要点（註一四）

ポーランド政府はソヴェト政府とともに忠実に活動する用意があるというあなたのお知らせにもかかわらず、同政府が約束を守ることができるかどうかうたがいます。ポーランド政府の周囲には大勢のヒトラーびいきの分子がおり、シコルスキーは彼らのまえには頭があがらず、彼らからおどかしつけられていますから、シコルスキーがほんとうに忠実であることをのぞんでいると前提しても、彼がソヴェト同盟との関係で忠実な態度をたもつことができるというなんの確実性もありません。

▼ゲッペルスの日記について

◎消失を免れたゲッペルスの日記

ゲッペルスは、一九二四年六月以来、毎日日記をつけていた。『大崩壊　ゲッペルス最後の日記』のドイツ語版編者、ペーター・シュターデルマイヤーが同書に発表した解説文「ゲッペルスの一九四五年の日記」によると、一九四一年七月八日まではゲッペルス自身がペンで書いたが、それ以後は、相当な早口でしゃべるものを「宣伝相直属速記者」に速記させた。速記者はこれをタイプし、自らが責任者となって保管していた。

シュターデルマイヤーは次のように述べている。

「(口述速記は）一字一句そのまま記録された。これは、後日印刷発行する際に素材とするのが狙いだったので、どうしても最終原稿としての整った文章になっていない。口述原稿を作った二人の話では、タイプされた原稿にゲッペルスが目を通すといったことは一度もないので、加筆修正はいっさい加えていない。そのため、ゲッペルスが生きていたら、刊行前に必ず訂正したにちがいないと思えるような、不注意による誤りもそのまま残っている。」（註一五）

「(口述記録は)戦争の最後の数ヶ月に、ベルリンの各政府機関が、もっとも重要なファイルを『マイクロコピー』におさめた。このとき日記の保管責任者だった速記者のリヒャルト・オッテは、ゲッベルスの日記のマイクロコピー化を監督するように命じられた」(註一六)

つまり、日記はゲッベルスが慎重に考えた上で語ったことではなく、見聞したこと、思いついたこと、感じたことなどが頭の中で整理されないまま、語られ、それがそのまま記録されているということである。しかし、カチンの森事件に関する限り、比較的正確に書かれているようである。

ミュンヘン現代史研究所のエールケ・フレーリヒ博士によると、原稿のオリジナル自体は破棄されるはずであったが、この処分はほとんど実行されず、ゲッベルスとともに首相官邸の総統地下壕に移された(註一七)。

どんな経過をたどったのか、原稿のオリジナルの一部はアメリカのルイス・P・ロクナーの手に渡り、『ゲッベルスの日記 一九四二―四三年版』として一九四八年、ロンドンで出版された。ただし、宣伝省の中庭で焼かれるのを辛うじてまぬかれただけに、焼けこげたページも多く、全文が収録されているわけではない。一九四三年については次の日付のものだけが収録されている。

三月　一日~二〇日
四月　九日~三〇日
五月　一日~二八日(二日~六日を除く)
七月　二五日~三〇日

九月　　八日〜三〇日
一一月　　一日〜三〇日（五日と二三日を除く）
一二月　　四日〜九日

『一九四二―四三年版』に関する限り、九月二九日以後（十一月五日と二三日を除く）、カチン事件に関しては一切記述されていない。

ゲッペルスの日記には特異な性格がある。これはエールケ・フレーリヒ博士やイギリスの歴史家ヒュー・トレヴァー・ローパーの見解にあらわれている。

フレーリヒ博士は『大崩壊　ゲッペルス最後の日記』の「日本語版によせて」で次のように指摘している。

「ヒトラー運動と国家社会主義政権の高官が一九四五年以前に書いて、あとからメモワールとして書いたものでない個人的証言は、現代史研究にとってほんのわずかしかなく、そうした文書のどれ一つも、内容といい、その触れている範囲といい、ゲッペルスの日記に比肩するものはない。その意味でも、この日記は文献的にも例外的価値をもっている」（註一八）と。

また、ヒュー・トレヴァー・ローパーは同書の「ゲッペルスの人と日記　英語版への序文」で次のように述べている。

「（ゲッペルスの）日記にコメントは不要である。ただ一言いいたいのは、ゲッペルスは日記の一ページ一ページで、自分自身に正直であることだ。もちろん、至るところにオポチュニスト、過激主義者、ニヒリスト、人間嫌いなどの性格が出ている。同時に、信じられないほどの精神的エネルギー、宣伝戦への徹底した打ちこみぶり、それと人間としての勇気も発見できる」（註一九）と。

フレーリヒとローパーの見解からゲッペルスの日記の性格について次のことが明らかになる。ブルジョア政治家の日記などは往々にして人に読まれること、あるいは対人関係を意識して書かれている。日記の出版に当たっては、後日明確になった諸事実との関連から、本人あるいは第三者の手によって若干、手を加えられることがないではない。

しかし、ゲッペルスの日記は、いずれ勝利の暁には、自らの手で加除、添削し、加工の上、発表するという前提に立って口述した、未加工の、生のままの、不確実性を拭えない情報とそれに基づく判断が記述されている。もちろん、ヒトラーに次ぐ、ナチス第二の幹部として「宣伝相直属速記者」に口述しないこともある。しかし、日記にはかなり高度の機密に属する問題さえ、ありのまま語られ、記述されている。

フレーリヒとローパーの考えるゲッペルスの日記の性格は以上のようなものであろう。

要するに、ゲッペルスの日記のほんとうの価値は、その記述内容が現実に即しているかどうか、現実に合致しているかどうかによって決まる。

ゲッペルスの日記はそういう角度から検証する必要がある。

そうした検証に先立ち、スターリングラード戦に関する報道についてちょっと調べておくことが必要である。

なお、ヒトラーは一九四五年四月二十九日、死を前にして政治的遺言を残し、そのなかでゲッペルスを「帝国首相」に任命した。

◎　スターリングラード戦直後のゲッペルスの言動

ノルベルト・フライ／ヨハネス・シュミッツ著『ヒトラー独裁下のジャーナリストたち』によると、開戦後のドイツではラジオによる外国放送の傍受は禁止され、違反者は厳罰に処せられたが、それでも密かに傍受は続けられていた。同書はドイツのニュース映画について次のように述べている。

「（ニュース映画の）画面では敵軍の抵抗はほとんど登場しないか、あるいは全然登場しないし、ドイツ軍の死傷者に至っては全く語られず、それらしきシーンはチラリとも現われなかった。場面の展開は緻密な計算で構成されていて、ニュースの最後は観客の気分を高揚させ、必勝の信念を確認するナレーションと音楽で締めくくられた」（註二〇）と。

スターリングラードのドイツ軍は一九四二年十一月二十三日に完全に包囲され、包囲網は十二月はじめまでに固く締め付けられていた。パウルス元帥の率いるドイツ軍は一月三十一日に降伏し、スターリングラード戦は二月一日、終結したが、ドイツ国内では、この事実はまったく報じられなかったということである。同書によると、降伏の一週間前、ゲッペルスは日記の中で次のような本音を漏らしている。

「目下の重大テーマは、スターリングラードである。われわれは、かの地の実情を国民に知らせる方向へ徐々に思考を転換せねばならない。本来はもっと早くそうすべきだったのだが、総統が一貫して反対されているので、果たせない」（註二一）と。

いつまでも隠し通せることではないが、ヒトラーの意向であればやむを得ないと言うことである。

スターリングラード戦敗北後のことについて、前掲書は次のように述べている。

「スターリングラードでの降伏後は、ニュース映画がこの都市の名に触れることはなかったし、さらに国民の間に知れ渡っていた降伏という事実を具体的に報じることもなかった。

二月一八日、ゲッペルスはベルリンのスポーツ宮殿で演説し、その光景をニュース映画で報道させたが、彼が呼びかけたのは国民総動員体制であり（聴衆に「諸君は総力戦を望むか」と反問して熱狂させせた）、前線ではドイツ軍がいぜん進撃を続けているかのような印象をふりまいた」（註二二）と。

スターリングラード戦以後もドイツ軍が進撃を続けているかのような宣伝こそ典型的な「大きなうそ」であった。この種のウソは権力を維持するためには必要不可欠なものであった。

◎　ゲッペルスの日記は何を物語っているか

ゲッペルスの日記のうち、カチンの森事件に関連していると思われる主要な部分と、それに関連する事項は次のようにまとめることができる。『カチンの森事件の夜と霧』によると、遺体はドイツ軍野戦警察により、同連隊の露営地内で発見され、同じく同地に駐屯中の独軍第五三七通信連隊のテレタイプにより報告されたという。発見されたのは、二月の最後の週（二月は二十八日が日曜日）である、というから、三月二日の日記からはじめることにする。

三月二日

「午後四時、ゲーリングの自宅に車を乗りつけた」。（註二三）

「わが方の反ボリシェヴィキ宣伝にはまだ一大チャンスがある。そのチャンスは最大限、活かさなければならない。ここから巨大な成果が期待される。こうした方針に沿った私の意図を説明したところ、ゲーリングはいたく感銘していた。彼はわれわれが宣伝分野で取り組んでいることがら、今後、数週間後、あるいは数ヶ月後に予定していることがらに驚嘆している。

ソ連の潜在力については、彼は決定的な対策によってのみ効果的な対処ができることに同意した。この点に関し、彼に私の理解するままの情勢を説明した。私は強い確信と巧みな話術で事態を深く掘り下げ、説明した。彼は強い感銘を受けていた。

私は、ゲーリングが現実を動かしている政治的諸要因から遠く離れた立場に立っているように思う。その結果、彼は数々の事態について間違った考えを持っているのだ」（註二四）。「私はゲーリングに、戦争は軍事だけでなく、政治によっても遂行されることをはっきり説明した。」（註二五）。

☆『大崩壊　ゲッペルス最後の日記』によると、ゲッペルスの日記は前日のことを記述しているが、英語版は読者の便宜を図って日付を一日さかのぼらせている。しかし、それは一九四五年二月二十七日以後の日記の英語版であって、一九四二〜四三年の日記に関する限り、ドイツ語版も英文版も日付は一致している。したがってここに掲げた三月二日付の記述は三月一日の出来事の記録である。

レナード・モズレー著『第三帝国の演出者　ヘルマン・ゲーリング』によると、ゲーリングの自宅はベルリンの北東、車で二時間ほどのショルハイデにある、この森林、湖沼地帯にある建物は、かし、椴松（トドマツ）、はりえにしだなどの古木に囲まれている（註二六）。ゲッペルスはそこへ乗り付けたのである。

ここでゲッペルスが「数週間後、あるいは数ヶ月後に予定していることがら」とは何か。ここでは具体的に明らかにされていない。これは四月十四日以降の日記により逐次明らかにされる。

三月二日現在の日記の別の箇所によると、ゲッペルスは、ゲーリングがスターリングラードの敗北で自信を喪失していると判断していた。

三月九日
「総統は私の反ボルシェヴィキ宣伝を全面的に了承した。これは現在の持ち駒の中で最善のものである。総統はボルシェヴィキ勝利の報道が世界に知れ渡っても問題にさせないような私の作戦も了解してくれた。ヨーロッパを戦慄させてやろう。早ければそれだけよく注目されるというものだ。それだけではなく、わが方の反ボルシェヴィキ宣伝は、敵陣営内部に不和をもたらすリンゴの実なのである」（註二七）。

☆　十四日の日記でに明らかになるが、「反ボリシェヴィキ宣伝」とか、「私の作戦」などというのはカチンの森事件の責任をボリシェヴィキに押しつけることである。

四月九日
「スモレンスク附近でポーランド人の共同墓地が発見された。ボルシェヴィキは民間人捕虜、僧侶、知識人、芸術家その他を含むポーランド人捕虜約一万人を無分別にも射殺し、共同墓地に埋めた。この共同墓地の上に工作して自分たちの卑劣な行為の痕跡を隠した。この処刑の秘密は住民の示唆によって明らかになった。こうして人間性に反する陰湿な残虐行為が明るみに出た。私は、このポーランド人の共同墓地をベルリンの中立的なジャーナリストに調べてもらう責任があった。私はポーランドの知識人をそこへ行かせもした。ドイツがボルシェヴィキに負ければよいという彼らの望みが叶うと、どんなことになるかを知らしめてやろう」（註二八）。

☆　この日の日記に初めてカチンの森の名前が登場する。「民間人捕虜、僧侶、知識人、芸術家その他を含むポーランド人捕虜」、「約一〇、〇〇〇人」という言葉は注目に値する。現実に発掘された遺体の数は四、四四三体であった。

四月十四日
「われわれは、ゲー・ペー・ウーに殺害された一二、〇〇〇人のポーランド人将校の発見を当面、壮大な反ボルシェヴィキ宣伝に活用している。われわれは中立的なジャーナリストやポーランドの知識人らを発見現地に派遣した。外国から伝わってくる評判はものすごい。総統もわれわれがドイツの新聞に劇的な記事を提供することを許可してくれた。私はこの宣伝材料を最大限活用するよう指示した。ニュースバリューも二週間は持続するであろう」（註二九）。

☆　ここで書かれていることは前述した十三日のラジオ放送の反応である。
「中立的なジャーナリスト」といっても、それはあくまでも前記「ベルリンの中立的なジャーナリスト」、つまりナチス支配下の「中立的」ジャーナリストであることは言うまでもない。

また、遺体の数は「一二、〇〇〇体」に増えている。「民間人捕虜、僧侶、知識人、芸術家その他を含むポーランド人捕虜」という文字が消え、「ポーランド人」が「ポーランド人将校」に変わっている。

ゲッペルスが三月二日の日記で「数週間後、あるいは数ヶ月後に段取りをつけている事態」と述べたのは、カチンの森事件をソ連の犯行として大々的に宣伝することであった。

四月十六日
「午後、ローレンブレヒが週間ニュース映画用に撮影したカチン共同墓地の写真を見せてくれた。この射殺事件はまことに残虐である。こんなアジア的、ユダヤ的事件が洪水のようにわが国やヨーロッパに押し寄せるなら、どんなことになるか、想像に絶する。そんな悲劇を食い止めるために万全の策を講じなければならない」（註三〇）。

☆　ゲッペルスはここで、ソ連軍の残虐性を煽り立てる伏線を敷いたのである。

四月十七日
「カチン事件は大々的な政治事件に発展しており、大きな反響を呼ぶかもしれない。われわれは最大限、あらゆる手段でこれを利用せねばならない。ともかく、一〇、〇〇〇人ないし一二、〇〇〇人のポーランド人犠牲者が自らの生命をささげたのであり、その限り――ポーランド人はこの戦争の扇動者であったのだから、彼らに落ち度がないというわけではないが――今こそ、ヨーロッパの人びとにボルシェヴィキに対する目を見開かせてくれてもよい、というものだ。

午後、入手したグローブ・ロイター通信の報道のなかにポーランド亡命政府の声明がある。この声明は、ポーランド亡命政府が国際赤十字社に、調査への参加を要請した、という点で、カチン問題全体を根本的に変化させるものである。まさに願ったり叶ったりである。すぐ総統にあったが、国際赤十字社に打電し、死体識別に対する最大限の協力を要請することを許可してくれた。この電報はコーブルク・ゴータ公爵の署名入りである。同公爵はイギリスのヴィクトリア女王の孫であり、スウェーデン皇太子の子息の義父である。それだけにイギリスに多くの親族関係者をもっている。事態はこのように発展してきたが、その反響については予断を許さない。

私は調査協会からルーズベルトがどこかで、スターリンとの会談を意図している、という秘密報告を受けた。この報告内容は今のところ未確認である。私は外交筋の声明書などから、ソヴェトとアメリカの見解にはある種の了解があるものと判断している。イーデンの訪米はわれわれが当初想定したほど不成功であったとも思えない」（註三二）。

☆　ここで次の八つのことが注目される。

第一　ゲッペルスが「事件は大々的な政治事件に発展して（いる）」と述べていること。亡命政府がこの問題に関心を深めているのは、この事件の軍事的側面ではなく、政治的側面についてであろう。

第二　犠牲者について「民間人」という記述が取り消され、「ポーランド人」が「ポーランド人将校」に言い換えられている。

第三　ポーランド人が「自らの命をささげた」となっていること。これでは、まるでポーランド人がナチス・ドイツのために死んでくれたかのような意味にとれる。そうすると、この言葉から犯人はナチスである、という言外の意味が匂ってくる。

第四　ナチス・ドイツと、イギリス王室、在英ポーランド亡命政府、あるいはその周辺組織はコーブルク・ゴータ公爵を通じてつながっている。

第五　「（事件の）反響については予断を許さない」というのはゲッペルスに自信がないことを物語っている。

第六　ルーズベルトとスターリンの会談については次のような事実がある。ルーズベルト大統領は一九四二年十二月二日付秘密書簡で、チャーチル首相を交えての会談を提唱したが、スターリンは繁忙で出掛けられない、と断っている（註三二）。

第七　『ヒトラーの女スパイ』によると一九三七年頃、ヒトラーはドイツ赤十字の代表だった（註三三）。ナチス支配下のドイツでは赤十字などもナチス一辺倒にならないわけにはいかなかった。ポーランドの赤十字も同じことであろう。

第八　ゲッペルスの四月十四日の日記によると、遺体数は一〇、〇〇〇体から一二、〇〇〇体に増えているが（註三四）、四月十六日付朝日新聞によると、ドイツ赤十字社も国際赤十字に調査協力を要請した遺骸数を一二、〇〇〇体としている。これはドイツ赤十字がゲッペルスの宣伝をそのまま受け入れたことを物語っている。

四月十八日

「調査協会の秘密報告により、スウェーデンの新聞が、［カチンに関する］ベルリン側公認記者の記事の発表を押さえようと最善を尽くしていることがわかった。このこともまたスウェーデンの中立性の現実を示している。

午後、カチンの写真をみせられた。きわめて戦慄的で、公表に適するのはその一部だけである。現像写真の形で見せられた証拠文書はボルシェヴィキによる殺害の、動かすことのできない証拠である」（註三五）。

「そこかしこのドイツ人、特に知識人層のグループは、ボリシェヴィズムは、本当のところ、ナチスがいうほど悪くはないのではないか、という考えを表明している。このことは、わが方が、東部戦線における行方不明者の家族に対する配慮から、ボルシェヴィキの残虐行為を現実の事態どおりに伝えなかったためである。今こそ、カチン事件の事態をありのままに伝える絶好の機会である。

東部戦線の行方不明者の家族たちは甘んじて犠牲に耐え、ドイツ人が今後、より大きな犠牲、おそらくは民族の生存をかけての犠牲を払う必要がないようにしてくれるに違いない」（註三六）。

☆　知識人層グループの考えの根底にはドイツ共産党の動きがある。ソ連共産党中央委員会付属マルクス・レーニン主義研究会編『第二次世界大戦史　6』には、

「（一九四二年秋）ベルリンとライン＝ルール州でドイツ共産党の多くの指導的な活動家、それにハンブルクの党組織のメンバーの大部分が逮捕されたにもかかわらず、反ファシスト分子は闘争をつづけた」（註三七）

とある。

四月十九日

「ポーランド側は国際赤十字社による［カチンの森］調査を催促し続けているが、同社はまだ最終的な回答をしていない。国際赤十字社が考え抜いたすえの言い分は、ジュネーヴでは土曜日と日曜日には誰も仕事をしていないということである。中立勢力はまことにおっとりしたものだ。ジュネーブは、第一線から遠く離れており、しかも大国間の調停者の役割を果たすべく招かれているだけなのだが」（註三八）。

四月二十日
「ジュネーヴの赤十字社の声明はふざけている。赤十字社は会議を続けている。カチンへ行こうか行くまいか、彼らがおっかなびっくりで話し合っている様が目に浮かんでくる」(註三九)。

四月二十三日
「カチン事件は依然、注目の的である。赤十字社はまだ審議中である」(註四〇)。

四月二十四日
「赤十字社はとうとう結論に到達した。すべての、言い換えれば、ソ連をもふくめた関係当事国の要請、という条件さえ整えば、専門家を派遣する用意があるという趣旨の電報を受電した。これは正確に言えば、判決も出ていないのに、殺人罪で起訴された男を被告として法廷に出すばかりか、専門家としての行動を認めてやるようなものである。赤十字社の条件を受け入れられないことはあたりまえである。これは絶対に受け入れられない。だがしかし、赤十字社を攻撃することが得策とも思えない。戦時捕虜の問題については赤十字社の世話になることが多く、紛争を起こすチャンスだとは思わない。赤十字社の問題はすべて当面、先送りである。ともかく、あらかじめ、総統に相談することなしに回答を送ることが適切だとは思わない」(註四一)。

☆　国際赤十字の結論は、要するに少なくともドイツ、ポーランド、ソ連の三国の専門家が出席しない限り、公正で中立的な調査はできない、というのである。
また、ゲッペルスはソ連を「殺人罪として起訴された男」に例え、ソ連代表が現地へ招かれることを恐れている。

四月二十七日
「ソビエトがポーランド亡命政府の態度を理由に、同国との外交関係を断絶したという事実により、カチン事件は事実上、劇的な展開をみせた。ロイター通信はこれについて悲しげな、悲喜劇的な報道をした。私はこの報道については（論評を）差し控える」（註四二）。

☆　ソ連政府が駐ソ・ポーランド大使に四月二十五日付の書簡を送り、ポーランドとの外交関係を断絶したのは二十六日のことである。「敵陣営内部に不和をもたらすリンゴの実」というゲッペルスの言葉の意味がここで幾分、具体化している。ただし、ポーランド亡命政府も反ファシズム統一戦線から離脱することはできず、その意味では「不和」は限定的であった。

四月二十八日
「すべての国際的論議の最も重要な課題は、当然のことながら、モスクワと亡命政府の仲たがいにある。すべてのラジオ放送、新聞報道はこの仲たがいはドイツ、特に私個人の宣伝の一〇〇パーセント勝利であるという点で一致している。解説者たちはカチン事件を高度の政治問題化させたわが方の絶妙さに驚嘆している。ロンドンにはドイツの宣伝の成功に対する重大な懸念がある。連合国陣営はこれまで誰も知らなかったような内部分裂の芽の存在にハッと気づかされた。ゲッペルスの完全勝利が語られている！　アメリカの上院議員の有力者たちでさえも、苦渋に満ちた解釈を発表した。ロンドン筋の警戒は最高域に達した。亡命政府は軽挙な行動をあからさまに批判され、ドイツの宣伝にまんまと乗せられたと非難されている。ドイツの宣伝の完全なる勝利だということができよう。この戦争を通じて、これほどの勝利をえたことはまずなかった」。

「総統総司令部の軍人らは週刊ニュース映画からカチンの映像を抹殺することに事実上、成功した。残念ながら総統はこの映画を親しく見る時間がなかった。来週あたり、総統が放映を解除する可能性がある。しかし、そのときには映像は時期後れで、ニュース・バリューはなくなっているだろう。軍部は問題（の重点）を、戦闘で行方不明になった部下の家族の精神状態においている。宣伝部には同盟国の国民の感情を考慮するか、すべての国々の人びとの利益を考慮するかの選択肢がある。宣伝部は後者が一段と高度であると考えるので、ボリシェヴィズムを正確にあるがままに描き出して宣伝する」（註四三）。

☆　ゲッペルスはここで初めて自分の宣伝が脚光を浴び、満足感を味わった。ゲッペルスは事件の軍事的側面よりも、思想的、政治的側面を重視している。

なぜ、ゲッペルスの宣伝が大きな効果をもたらしたのか。

ナチスのユダヤ人大量虐殺は一九四一年秋だけでも二十万人以上に達していた。アメリカ政府がユダヤ人の大量虐殺の救済に乗り出したのは一九四四年一月以後のことであった。それまで、ルーズヴェルト大統領はその事実を知っても、知らぬふりをしていた。マイケル・ベーレンバウム著『ホロコースト全史』は次のように指摘している。

「（ユダヤ系の名門の出身である）財務長官ヘンリー・モーゲンソーがルーズヴェルト大統領に対して、政府が何の手も打っていないことに関する決定的な証拠をつきつけたため、政府はやっと重い腰をあげたのである。この証拠が公表されれば、ルーズヴェルトは政治的に大打撃を受けかねなかった」（註四四）と。

つまり、ルーズヴェルト大統領はモーゲンソーの要請を受けて初めて、重い腰を上げたが、それまでナチスのユダヤ人大量虐殺の事実は、情報として伝わってはいても、国際問題化はしていなかった。

それだけに、カチンの森の大量虐殺についてのゲッペルスの宣伝の反響は大きかった。

なお、『ヒトラー独裁下のジャーナリストたち』によると、ヒトラーはニュース映画を、一般公開に先だって自分だけのために試写させていた（註四五）。

四月三十日

「わが方の宣伝は、イギリスあるいはソ連との個別和平を可能ならしめるため、カチン事件を誇張しているのだとの疑念が各方面で生まれている。もちろん、そんなつもりはないが、そんな可能性があれば喜ばしいことは当然である」(註四六)。

☆　イギリスやアメリカとドイツとの間で和平交渉が行われたのは事実である。ソ連情報局が一九四八年に発表した『歴史の偽造者』は次のように述べている。

「ヒトラー・ドイツの立場の、これと同様な、ただし、悪臭をはなつ打診が、すでに戦争の最中に、ソ・米・英反ヒトラー連合が組織された後に、アメリカおよびイギリスの代表者によって行われたことを想起する必要がある。これは、ソヴェト軍がドイツで押収した文書によって明らかである。

これらの文書によれば、一九四一年の秋ならびに一九四二年および一九四三年に、リスボンとスイスにおいてソ同盟に秘密で、英・独代表間に、後には、米・独代表間に、対独講和締結問題にかんする交渉が行われていたことが判明している。

これらの文書の一つ、ドイツ外務次官ワイツゼッカーの報告付属書には、一九四一年九月のリスボンにおける右の交渉の経過が述べられている。この文書によれば、九月十三日イギリスを代表して、ビーヴァブルック卿の子息であり、後に議員となったイギリス軍将校アイトケンと、ジュネーブ駐在ドイツ総領事クラウェルとのワイツゼッカー宛の書簡によって判断しうるようにドイツ外務省の委託を受けて行動していたハンガリー人グスタフ・フォン・ケーヴァーとの会見が行われた。

この交渉において、アイトケンは、『きたるべき冬と春を、講和の可能性を秘密裡に審議するために利用することはできぬであろうか』という質問を真っ向から提起した。

他の文書は、一九四三年二月スイスにおいて行われたアメリカおよびドイツ政府代表間の交渉について述べている。この交渉は、アメリカ側からは、『バル』という匿名を附して、ホワイト・ハウスの直接委任と全権を有していたアメリカ政府の特命全権代表アレン・ダレス（ジョン・フォスター・ダレスの弟）がやった。ドイツ側からの交渉相手は、ヒトラーの代表者という資格において『パウルス』という変名を用いて行動したエム・ホーエンローエ公爵であった。この交渉内容を叙述した書類はヒトラーの保安部（エス・デー※）に所属していた。

右の文書によって明らかであるように、会談においては、オーストリア、チェコスロバキア、ポーランド、ルーマニア、ハンガリーに関する重要な諸問題にふれ、とくにもっとも重要なものは、ドイツとの講和締結問題であった。

この会談でア・ダレス（バル）はつぎのように声明した。

『ドイツ国民のような国民が、不公平や窮乏のために絶望的な運だめしや、果敢な行為に走らざるをえないというがごときことは、二度と許されないであろう。ドイツ国家は秩序と復興の一要因として存続すべきである。ドイツ国家の分割とかオーストリアの分割などは問題にならない』」（註四七）と。

※　エス・デー、つまりＳＤは親衛隊保安部のこと。

『あばかれた秘密』によると、アレン・ダレスによる講和交渉は「二月」ではなく、「四月」となっているが、これは誤記であろう。ともかく、二月当時も、アメリカにソ連抜きの講和を意図する動きがあったことは疑いない（註四八）。

ゲッペルスは、アメリカのナチスとの和解交渉という動きからイギリス、アメリカの対ソ政策が変化する可能性があり、この機会に、連合諸国に「不和をもたらすリンゴの実」を投げ与えようとしたのであろう。

なお、遺体発見が「二月」であることは、スターリングラード戦。アメリカの動き、ワルシャワのゲットー《＝ゲット。以下同じ。ユダヤ人街のこと》問題などとの関連を考えると実に意味深長である。

五月一日

「ポーランド亡命政府とソ連の争いは依然として世界の関心の的である。ソ連は現在、きわめて傲慢無礼である。彼らは自己の立場の安定性を完全に意識している。彼らは自らの軍事的勝利についてアングロ・サクソン系同盟国には何の恩義もないので、これら諸国への配慮などしていないし、その必要性も感じていない。これについてロンドンやワシントンでは皮肉たっぷりであり、誰もそれを隠そうとは思っていない。アングロ・サクソン陣営はわが方の宣伝が敵国連合にくさびを深く打ち込むことに成功したという事実におびえている」（註四九）。

☆『ジューコフ元帥回想録』によると、当時、全戦線の情勢はソ連軍に有利になっていたが、三月十六日、ドイツ軍はふたたびハリコフを奪回し、ベルゴロド方面に攻撃を拡大し始めた（註五〇）。

また、ドイツの立場からゲーレンが書いた『諜報・工作』によると、

「ソ連の冬季攻勢は、一九四三年の三月末、ハリコフにおけるわが軍の勝利をもって終わった。いまやヒトラーは、東部戦線における大攻勢の勝利を必要としていた」（註五一）

という。

ゲッペルスが、「クレムリンの権力者たちはどこまで（勝利が）続くかをよく知っている」と思っている背景には、こういう情勢がある。

「わが方の宣伝が敵国連合にくさびを深く打ち込むことに成功した」という実例の一つとして亡命政府は四月二十八日、国内軍と人民親衛隊との統合に関するソ連側提案の拒否を決定した。これについては後述する。

五月八日

「遺憾ながら、カチンの墓でドイツ軍の弾薬が発見された。どうしてそこに弾薬があったかは明らかにする必要がある。それはソビエト・ロシアとの友好期にわが方が売却したものか、あるいはソビエト自身が墓の中に投げ込んだものか、である。ともかく、この問題は極秘にしておくことが不可欠である。もし敵に察知されるなら、カチン問題はがたがたになるであろう」（註五二）。

☆「ロシアとの友好期」というのはワイマール共和国時代のことである。当時、ソ連とドイツ（ワイマール共和国）とは友好関係にあった。

この問題について、北島平一郎は『現代外交史』で次のように説いている。

「独ソ軍事的協力　独ソの結合、共同は一九二二三年を通じて、大いに促進せられた。共同は軍事面で強く、ドイツは、（一）ベルサイユ条約の禁止した重火器等を使用する独軍人訓練をソ連内で行う、（二）軍事実験等も併せ行なう事を目的とし、（三）ソ連はドイツの財政的、技術的、軍事的援助をもってソ連軍需産業の再建をはかる事を目指した。同年八月までにドイツ国防軍（Reichwehr）は、その支部をモスクワに開き、またソ連に七五〇〇万マルクの援助を申出た。この結果、飛行機、毒ガス、タンクに関する軍事訓練所が、その項目に従って、リペックク、サラトフ、カザンに開設せられた。その他産業的共同としてゲフ（Gefu）。ウイコ（Wiko.Wirtschaftskontor）等の機関も設けられた。一九二六年四月二十四日には、ラッパロ協定が更新拡張されて友好中立協定となった。」（註五三）。

要するに、これはヒトラーが権力を掌握する以前の協定であり、資金と技術はドイツが提供するが、土地や場所、工場や施設、訓練所などはソ連が提供するというのである。

この協定の裏にはトロツキーの存在があった。

マイケル・セイヤーズ、アルバート・イ・カーン共著『反ソ秘密戦争』によると、トロツキーの第一の子分、クレスティンスキーはかねてからトロツキーの命を受け、ドイツ陸軍総司令官ハンス・フォン・ゼークト大将に会い、トロツキーの地下運動のための定期的な資金援助を要請していた。それは受け容れられた。トロツキーはブレスト・リトフスク協定でドイツ国防軍には貸しがあったのである。クレスティンスキーは後に、次のように述べている。

「一九二三年から一九三〇年までに、われわれは毎年ドイツ金貨で二十五万マルク……全部で約二百万マルクを受け取りました。」（註五四）

以上が「ロシアとの友好期」の実体であった。

次は弾薬の問題。

五月七日という遅い時点での弾薬発見はおかしい。

前述の通り、すでに四月十八日にはポーランド赤十字社が、

「虐殺は殆ど全部頸筋に弾丸を打ち込まれている」

と発表しているから、弾薬などはもっと早い時期に発見されてよいはずである。

『カティンの森の夜と霧』は、

「発見された死体がドイツ製の弾丸で射殺されていた事実から、ドイツ政府は現地調査を行うために、独立した国際調査委員会と、ポーランド赤十字委員会、ドイツ特別法医学委員会などを招待することに踏み切った」（註五五）

と指摘し、さらに、この弾薬、弾丸について次のように説明している。

「死刑執行人が使用した弾薬は、ゲーコー印七・五口径のもので、若干の場合に六・三五口径のものもあった。それはドイツ製で、ドゥルラーハ市（南独バーデン地方の古い工業都市）にあるグスタフ・ゲンショウ会社所属の工場で製造されたものだった。独軍兵器本部は、この形式の弾薬がゲンショウ会社で製造されて、一九三九年（昭和十四年）以前にドイツからポーランド、バルト諸国（エストニア、リトアニア、ラトヴィア）、ソ連などへ輸出されていたことを、すみやかに立証した。一方、ポーランド筋でも、この弾薬がドイツからポーランドに輸出されたことを確認した」（註五六）と。

ここで注目すべきことは、「遺憾ながら」（Leider ist …）というゲッペルスの前置きである。弾薬、弾丸がドイツ製であり、犯行がソ連のしわざであるなら、ゲッペルスは、「ソ連側は犯行の責任をドイツ側に転嫁しようとしているが、その手の内は見え透いている」とでもいって、ソ連側の拙劣な手口を冷笑してもいいはずである。

ところが、ゲッペルスの口から出て来たのは、それとは正反対の、ドイツ側の犯行を暗示す

る、

「遺憾ながら」

という言葉であり、ドイツ製弾薬、弾丸の存在がソ連側に察知されると、カチン問題が、

「がたがた」(hinfaellig)

になる、という言葉であった。

ゲッペルスはドイツ製弾薬、弾丸の出所の説明をつけたものの、その説得力に確信をもっていない。

この日の口述内容は逢坂剛が指摘した九月二十九日の日記の記述と密接な関連がある。

五月十日

「午後の早い時刻、総統から余人を交えずに内密な話をしたいから官邸へ来るように要請された。二人で二階の書斎に座り、私が抱えていたすべての問題を出す機会はたっぷりあった。

総統はカチン問題にとても大きな関心を持っていた。この事件は総統に対し、反ボルシェヴィキ的宣伝活動には、まだまだ、いかに恐るべき可能性が備わっているかを教えていた……。国防軍が本件に関わるのは筋が通らない。同省は軍事問題だけに関与すべきである。心理問題はもっぱら宣伝省の関与する問題である」(註五七)。

「(国防軍)最高司令部の新聞課は私にとって、つねに厄介の種であったが、今では同課は、宣伝

省に移管さるべきである。カイテルやヨードルは八方手を尽くしてこれに反対しているが、総統は私に対し、必要な命令は出すから、この問題に関する報告書を出すよう要請した。総統は宣伝の担当は宣伝省であって、国防省ではない、と言った。

東部問題に関しても、宣伝省が一段と密接に関与すべきである。総統がいみじくも考えているように、宣伝に関しては殆ど何も知らないローゼンベルグの担当ではない。この点でも、総統は完全に私と同意見である」（註五八）

☆　カチンの森事件に関与する宣伝は、これまで国防軍最高司令部新聞課が担当してきた。その新聞課と宣伝省との間柄は必ずしも、密接ではなかった。そのため、例えば、四月一三日のベルリン放送などはカチンの森に存在する墓地は一基に過ぎないかのように報道してしまった。こういう誤報がないようにするには、宣伝は国防相の手から宣伝省に移管することが望ましいというのである。

特に、二日前の五月八日、ポーランドでは、ゲットー問題をめぐり、ユダヤ人戦闘組織を壊滅させたばかりである。カチンの森の事件とゲットーの問題、これを単なる軍事問題とせず、心理問題ととらえていることは重要である。

五月二十日

「ロシア人労働者、とくに恐るべき処刑を目撃した鉄道労働者から入手したカチンの報告書が届いた。この報告書は身の毛もよだつもので、外国向けの報道材料に使うことにした。これを国内向けに使ってはなるまい。というのは、これまでの材料で大衆を完全に納得させているからである」（註五九）。

☆「目撃」したのはカチンの森のそば通っている二つの鉄道の労働者である。その時期は当然、一九四一年秋である。

五月二十一日

「私の留守中、マルティン大佐が［記者］会見で何かいったが、きっぱりと異論を述べておかねばならない。大佐は大衆はもうドイツの新聞報道を信じていないと述べた。大佐は、いかに懸命になっても、どうしても信用されない、大衆はもはや政府を信用していない、といった。たとえ、現在、新聞発表に難しい問題があることを認めなければならないとしても、新聞対策に対する国防軍最高司令部としての姿勢とドイツ国民としての姿勢とを取り違えてはならない。ドイツ国民は、広範な大衆に関するかぎり、まったく純粋である。彼らが求めているのは少しばかりの精神的刺激だけである。私は来るべき東部戦線での反攻作戦がそのような刺激となるものと期待している」（註六〇)。

☆ ゲッペルスの考えの根底には、新聞報道や政府に対する信用がどうであれ、大衆は新聞を購読し、政府の方針に従っているという現実がある。

【五月二十二日~九月二十三日】

この間の日記は欠落している。

欠落部分の時期にはクルスクの戦闘があった。

ナチス・ドイツは七月五日から八月二十三日にかけてのクルスクの決戦に再起をかけたが、失敗した。この戦闘について『第二次世界大戦史 5』は次のように説いている。

「クルスク付近の戦闘でのドイツ軍の損害は、巨大なものであり、つぐないえないものであった。攻撃に参加した七〇個師のうち、三十個師団は撃滅された。五〇日間のたえまない戦闘で、ドイツ側の資料によれば、ヒトラー軍は戦死者、重傷者、行方不明者の将兵五〇万人以上を失った。このばあい、最大の犠牲をはらったのは、ソビエト軍部隊に決定的な打撃をくわえる予定をしていた優秀な兵団であった。敵のもっとも経験にとむ将校幹部も、いちじるしく少なくなった」(註六一)と。

ソヴェト大百科辞典『第二次世界大戦史』(国民文庫)によると、スターリンはこの戦闘についてついて次のように説いている。

「スターリングラード附近の戦闘は、ドイツ・ファシスト軍の落日の前兆であったが、クルスク附近の戦闘は同軍を破局に直面させた」（註六二）と。

また、『第二次世界大戦史　5』によると、ヒトラー軍の元将官エルフルトは自著『ドイツ参謀本部史』のなかで次のように説いている。

「一九四三年七月のドイツ軍の攻撃の失敗と、そのあとにつづいた黒海とスモレンスクのあいだの長期にわたる戦闘は、東部戦線のドイツ軍に膨大な損害をあたえた。完全に補充されえたのは、師団の一部にすぎず、多くの師団は解体されるか、合同されるかした。一九四三年九月末、陸軍司令部は、だいたい作戦予備をもっていなかった」（註六三）と。

ドイツ軍のクルスク付近での釘付けと、イギリス・アメリカ軍のシシリー島上陸およびムッソリーニの失脚、バドリオ政権の誕生との密接な関連は前述のとおりである。イタリアのドイツ軍が殲滅され、バドリオ政権が連合国に対する無条件降伏の休戦放送を行ったのは九月八日であった。

九月二十四日

「東部戦線情勢は一段と厳しくなってきた……。どんなことがあろうともドニエプル河戦線を堅持しなければならない。モスクワでは、自由ドイツ士官委員会がスターリンの命令を受けて、大規模な宣伝を行っている。セイドリッツ将軍さえも放送を開始した。プロシア名門出身で、これほど恥ずべき将軍がいないことは疑いない」。

〔ウォルター・フォン・セイドリッツ将軍はスターリングラードでパウルス元帥と共に捕虜になった将軍の一人である。同将軍の先祖の中には、ナポレオン戦争の英雄、フリードリヒ・ヴィルヘルム・フォン・セイドリッツ将軍がいる。この将軍は一七五七年、ロスバッハの騎兵戦で史上最大の勝利を得たと言われている。同家はドイツで最も由緒があり、最も優れた家系の一つである。セイドリッツ将軍はモスクワの自由ドイツ委員会の指導者である。〕（註六四）

☆ 東部戦線の戦況について、『第二次世界大戦史』（国民文庫）巻末の「大祖国戦争の重要事件年表」によると、当時、ソ連軍はキエフ、ザポロジェ、メリトポール、ドネプロペトロフスク、クラスノグラード、スモレンスク、ロスラウリ方面へ着々と攻勢を展開。ミルゴロド市、パヴログラード市、ヤルツェヴォ市、チェルニゴフ市、シネリコヴォ市、ポルタワ市などを解放していた（註六五）。

九月二十五日

「一般の話題を呼んでいるのは何よりも東部戦線情勢である。モスクワはわが方の撤退が秩序だったものでなく、算を乱していると説いている。これは事実に反しているが、わが方が運び去ったり、破壊したりできなかった膨大な量の物資を放棄しなければならなかったのは事実である。もちろん、すべての軍事施設を爆破することなど不可能である。物資の遺棄は、ボルシェヴィキに莫大な物質的利益を与え、わが方に重大な困難をもたらすであろう」（註六六）。

☆ この日、ソ連軍によってスモレンスク市が解放された。

九月二十六日

「東部戦線ではドニエプル川攻防戦が始まった……本当に無理もないことだが、モスクワは開戦以来かつてなかったほどの歓声をあげている。わが方は夜陰に乗じてスモレンスクを撤退してしまった。これではキエフを守りきれるかどうかは疑問だ。退却を焦ったため、わが方は大量の物資を失ってしまったが、これは当然のことである」（註六七）。

九月二十九日

「不幸にしてカチンを放棄せねばならなくなった。赤軍は間もなくわが軍の射殺した一万二千人にのぼるポーランド軍将校の屍体を発見するに相違ない。このエピソードは将来必ずや少なからぬトラブルを起こすことであろう。ロシア人は今後集団墓地の発見にこれつとめ、我々に非難をあびせかけてくるに相違ない」※（註六八）

※　この訳文は「現代史大系月報」〈みすず書房、一九五七年〉から引用した。逢坂剛の訳文は前述のとおりであるが、「カチンの森の夜と霧」に引用された中野五郎の訳文については後ほど述べる。

☆　形勢の逆転という情勢下、ついにゲッペルスの口からカチンの森事件の真相が洩れてきた。

「ヨーロッパを戦慄させてやろう」

というゲッペルスの謀略的、国際的、大政治キャンペーンは失敗に終わった。仲間割れが起きたのは連合国側ではなく、枢軸国側であった（イタリアは十月十三日、ドイツに宣戦を布告した）。

精神的に叩きのめされたゲッペルスは、本来なら、

「決してボルシェビキを侮ってはならない」

といいたいところであろうが、口をついて出てきたのは、

「ボルシェビキは……われわれが一万二千人のポーランド将校を射殺した事実を、かぎつけるだろう」

という言葉であった。

カチンの森の遺体は兵士、下士官の遺体を含めると、全部で四、四四三体であることが最終的に判明した。そうすると、「一万二千人」というのは、ゲッペルス自身正確な数字を知らなかったことを意味する。

なお、

「ロシア人は今後集団墓地の発見にこれつとめ……」

というのは、集団墓地はカチンの森以外にも存在するという意味にとれる。

以上が『ゲッペルスの日記　一九四二―四三年版』の内容の紹介である。

以上のような日記に反映している諸事実を簡単に整理すると、次のようになる。

一九四三年一月末、ドイツ軍はスターリングラードで決定的な敗北を喫した。しかしヒトラーは

まだまだ強気の姿勢を崩さず、劣勢は挽回できると考えていた。それがあえなくも崩れ去るのは、七月のクルスク戦での敗北であった。七月上旬に始まったスモレンスクでの会戦は三カ月近く続いた。激闘の末、敗退したドイツ軍は、九月二十五日には、同市から完全に退却していた。ゲッペルスは叩きのめされ、「ガクン」となった。思わずため息とともに出てきたのが、告白の言葉であった。

註一　逢坂剛「カチンの森の謎」（『中央公論』一九九二年十一月号）
註二　渡辺克義著『カチンの森とワルシャワ蜂起』（岩波ブックレット、一九九一年）九〜一〇頁
註三　『シリーズ20世紀の記憶第5巻』（『一九三九ー一九四五　第二次世界大戦　欧州戦線』）（毎日新聞社、二〇〇〇年）六七頁
註四　渡辺克義著『カチンの森とワルシャワ蜂起』（岩波ブックレット、一九九一年）一一頁
註五　J・K・ザヴォドニー著『カティンの森の夜と霧』（読売新聞社、一九六三年）九五頁
註六　エドワード・ラジンスキー著『赤いツァーリ〜スターリン、封印された生涯』（日本放送出版協会、一九九六年）三〇五頁
註七　スタニスワフ・ミコワイチク著『奪われた祖国ポーランド』（中央公論社、二〇〇一年）五三〜五五頁
註八　前掲書五七頁
註九　前掲書五七頁
註一〇　J・K・ザヴォドニー著『カティンの森の夜と霧』（読売新聞社、一九六三年）四四頁
註一一　『第二次世界大戦中の米英ソ秘密外交書簡　米ソ篇』（大月書店、一九五七年）五五頁
註一二　前掲書五五〜五六頁
註一三　『第二次世界大戦中の米英ソ秘密外交書簡　英ソ篇』（大月書店、一九五八年）一一七〜一一八頁

註一四　前掲書一二四頁
註一五　『大崩壊　ゲッペルス最後の日記』（講談社、一九五四年）四七～四八頁
註一六　前掲書四八頁
註一七　前掲書八頁
註一八　前掲書一〇頁
註一九　前掲書四〇頁
註二〇　ノルベルト・フライ／ヨハネス・シュミッツ著『ヒトラー独裁下のジャーナリストたち』（朝日選書、一九九六年）
一四五頁
註二一　前掲書一四六～七頁
註二二　前掲書一四七頁
註二三　〝Goebbels Dairies 1942　1943〟,The Fireside Press, Inc.,U.S.A.,1948, p.262
註二四　Ibid., pp.263,264
註二五　Ibid., p.266
註二六　レナード・モズレー著『第三帝国の演出者　ヘルマン・ゲーリング伝（上）』（早川書房、一九七七年）二三一頁
註二七　〝Goebbels Dairies 1942　1943〟,The Fireside Press, Inc.,U.S.A.,1948, p.284
註二八　Ibid., p.318
註二九　Ibid., p.328
註三〇　Ibid., p.331
註三一　Ibid., pp.332,333
註三二　『第二次世界大戦中の米英ソ秘密外交書簡　米ソ篇』（大月書店、一九五七年）三七頁および三七頁
註三三　マルタ・シャトー著『ヒトラーの女スパイ』（小学館、二〇〇六年）七〇頁

註三四　〝Goebbels Dairies 1942　1943〟,The Fireside Press, Inc.,U.S.A.,1948, p.328
註三五　Ibid., pp.334,335
註三六　Ibid., pp.335,336
註三七　ソ連共産党中央委員会付属マルクス・レーニン主義研究会編『第二次世界大戦史　6』（弘文堂、一九六三年）三〇三頁
註三八　〝Goebbels Dairies 1942　1943〟,The Fireside Press, Inc.,U.S.A.,1948, p.336
註三九　Ibid., p.341
註四〇　Ibid., p.343
註四一　Ibid., pp.345,346
註四二　Ibid., p.346
註四三　Ibid., p.347
註四四　マイケル・ベーレンバウム著『ホロコースト全史』（創元社、一九九六年）三三五頁
註四五　ノルベルト・フライ／ヨハネス・シュミッツ著『ヒトラー独裁下のジャーナリストたち』（朝日選書、一九九六年）一四六頁
註四六　〝Goebbels Dairies 1942　1943〟,The Fireside Press, Inc.,U.S.A.,1948, p.348
註四七　ソ連情報局『歴史の偽造者』（外国語図書出版所、一九四八年）八四〜八六頁
註四八　ウェ・エヌ・ミナーエフ著『あばかれた秘密』（新日本出版社、一九六一年）七九頁
註四九　〝Goebbels Dairies 1942　1943〟,The Fireside Press, Inc.,U.S.A.,1948, p.350
註五〇　ゲ・カ・ジューコフ著『ジューコフ元帥回想録』（朝日新聞社、一九七〇年）三五三頁
註五一　ラインハルト・ゲーレン著『諜報・工作』（読売新聞社、一九七三年）八七頁
註五二　〝Goebbels Dairies 1942　1943〟,The Fireside Press, Inc.,U.S.A.,1948, p.354

註五三　北島平一郎著『現代外交史』（創元社、一九七九年）二〇一頁
註五四　マイケル・セイヤーズ、アルバート・イ・カーン共著『反ソ秘密戦争』（富士出版社、一九五三年）二〇六頁
註五五　J・K・ザヴォドニー著『カティンの森の夜と霧』（読売新聞社、一九六三年）二七頁
註五六　前掲書三六頁
註五七　〝Goebbels Dairies 1942　1943〟.The Fireside Press, Inc.,U.S.A.,1948, p.366
註五八　Ibid., p.366
註五九　Ibid., p.386
註六〇　Ibid., p.354
註六一　ソ連共産党中央委員会付属マルクス・レーニン主義研究会編『第二次世界大戦史　5』（弘文堂、一九六三年）三七四頁
註六二　ソヴェト大百科事典『第二次世界大戦史』（国民文庫、一九五四年）六六頁
註六三　ソ連共産党中央委員会付属マルクス・レーニン主義研究会編『第二次世界大戦史　5』（弘文堂、一九六三年）三七五頁
註六四　〝Goebbels Dairies 1942―1943〟.The Fireside Press, Inc.,U.S.A.,1948, pp.483
註六五　ソヴェト大百科事典『第二次世界大戦史』（国民文庫、一九五四年）巻末
註六六　〝Goebbels Dairies 1942　1943〟.The Fireside Press, Inc.,U.S.A.,1948, pp.433
註六七　Ibid. p.485
註六八　〝The Goebbels Dairies〟 translated and Edited By Louis F. Lochner, Hamish Hamilton, London　p.395

Ⅲ　独ソ間のいわゆるポーランド分割について

カチンの森事件はポーランド亡命政権によって、第二次世界大戦とではなく、一九三九年のポーランド戦争と関連させせられている。そこで、この問題の理解を深め、ゲッペルスの告白の真実性を裏づけるには、どうしてもポーランドの歴史、一九三三年に政権を獲得した直後のナチスの対外活動、一九三八年九月に締結されたミュンヘン協定、一九三九年八月二十三日に締結された独ソ不可侵条約とそれに続くポーランド戦争にまで遡って考えなければならなくなる。

そこで、ポーランドの歴史などを簡単に振り返ってみることにする。

▼ポーランドの対ソ政策

十八世紀末、プロイセン、ロシア、オーストリアの三国による領土の分割により、ポーランド王国は滅亡し、国家としての存在を失い、帝政ロシアの支配下に入ったが、一九一八年十一月、ロシア革命の直後に再生した。

ソヴェト科学アカデミー版『世界史　現代1』は次のように述べている。

「一九一九年秋までにポーランド軍の兵員数は、六〇万人に達した。約三、九〇〇人にのぼるイギリス・フランスの合同軍事使節団は、ポーランド軍の戦闘準備を指揮した。西ヨーロッパの諸国から武器と被服が提供された。アメリカ一国が提供した物資の金額だけでも、十七億ドルに達した。この巨大な軍隊を維持することは、ポーランドの混乱した経済に苦しい負担となった」（註一）と。

つまり、ポーランドは再生の当初から、労農ソヴェト対策という点で、西欧諸国、特にイギリス・フランス・アメリカなどの強力な支援を受けていたのである。

再生したポーランドは農業国であり、地主と資本家に支配されていた。一九二〇年六月、イギリスの外務大臣カーゾンが協商国の委任を受け、ポーランドの民族的東部境界線をソ連・ポーランド国境と決めた。これはカーゾン線と呼ばれている。

レーニンの論文「ガラス＝磁器製造業労働者全ロシア大会での演説」（『レーニン全集』第三十一巻）や『ソ連共産党（ボ）小史』によると、ロシア革命直後、コルチャック軍とデニキン軍などの反革命軍が赤軍によって壊滅されたあと、今度はウランゲリ軍と、ピルスーツキー《＝ピウスツキ＝ピウスツキー＝ピルスドスキー。以下同じ》を首班とするポーランド軍が生まれたばかりのソヴェト国家を絞め殺そうとした。ウランゲリは、クリミアでデニキン軍の残党をかき集め、そこからドンバスとウクライナをおびやかしていた。

ピルスーツキーは、コルチャックやデニキンとの戦闘で赤軍は疲れきっており、ポーランド軍の攻撃のまえにはひとたまりもないだろうと考えていた。そして、ソヴェト・ウクライナ川右岸地域を占領し、ソヴェト・白ロシア《＝ベルルシア＝ベロロシア＝ベロルシア。以下同じ》を占領し、そこでポーランド地主の権力を復活させ、ポーランド国家の境界を「海から海まで」すなわち、北はバルト海沿岸のダンチヒから南は黒海沿岸のオデッサまで拡大し、「大ポーランド」を建設することをもくろんでいた。

一九二〇年四月、ポーランド軍は、ウランゲリ将軍を利用し、フランスやイギリスをはじめ、協商国全体の全面的な支援のもとに、ソヴェト・ウクライナの境界に攻め入り、同年五月、ウクライナの首都キエフを占領した。時をおなじくしてウランゲリも攻勢に転じ、ドンバスをおびやかした。

ハーシェル・メイヤー著『第二次世界大戦の史的分析』は次のように指摘している。

「(ポーランドは)カーゾン線東方のソヴェト領土を併合した。ここは、西ウクライナおよび西ベロロシアに属する地域であって、その人口の七〇パーセントはポーランド人ではなかった。当時、ウランゲリ軍に圧迫されていたソヴェトは、リガ条約によって、これらの地域を放棄せざるをえなかった」(註二)と。

このことについて、『反ソ秘密戦争』は第二次世界大戦前に生起していた次のような事実を明らかにしている。

「ポーランド軍は、全兵員数に対する騎兵数の比率という点で世界一であったが、それは同軍がウクライナの平原で行動するように組織されていたからである。ポーランドの工業はドイツ国境付近に、堡塁はソヴェト国境に集中されていた」(註三)と。

まさしくイギリスやフランスの支配層にとって、ポーランドは社会主義の「侵略」からの防壁であった。いや、社会主義にたいする「攻撃」の拠点であった。

当然、元諜報部将校で、ソヴェト連邦に敵意をもつヨセフ・ベック大佐が指揮したポーランドの外交政策はナチ・ドイツではなく、ソヴェト連邦に敵対したものであった。

また、『第二次世界大戦の史的分析』は次のように指摘している。

「一九三二年には、ポーランドの外務大臣ヨセフ・ベック、およびピルスドスキーは国際連盟へのソヴェトの加入に反対した。同じ年にかれらは、バルトゥ（フランスの外務大臣）とリトヴィノフ（ソ連外相）とのあいだの、東ロカルノについての協定を挫折させるのに手をかした。のちにワルシャワは、ドイツの侵略者を孤立化させるためにソヴェトがおこなった東欧諸国にたいする提案をことごとく拒絶した。かえってベックは、ドイツの希望に了解をあたえ、そのかわりに、リトアニアとチェコスロヴァキアの一部とを手に入れようとした。一九三九年三月二十一日になってさえ、ポーランド政府は、ソヴェトとの合同会議をもつというあらゆる示唆を拒絶した。最後までポーランドは、ソヴェト同盟にたいしてヒトラーと共同の軍事行動をとることを望んでいた。戦利品としてソヴェト・ウクライナを獲得するつもりだったのである」（註四）と。

しかし、ソ連はレーニン以後、ポーランドとの友好を求めてきた。ナポレオン戦争の時も、第一次世界大戦の時も、ロシアはポーランドの土地から攻められたからであり、何よりも人類史始まって以来初めての労働者・農民の国家を建設し、社会主義を発展させるためには、平和が必要だったからである。

▼政権獲得直後のナチスの対外活動

第一次世界大戦で敗北したドイツはヴェルサイユ条約により、一三二〇億金マルクという過大な賠償負担を強いられ、軍備にはさまざまな制限が課せられていた。

一九三三年一月、政権をとったヒトラーは二月二十七日の夜、国会議事堂に放火し、これを共産党のしわざとし、共産党を解散した。一九三四年三月十六日には、ヴェルサイユ条約による軍部制限条項を撤廃し、徴兵制による軍備を宣言した。同年六月、ナチスの突撃隊のレーム隊員ら数千人を射殺した。『世界の歴史　15　ファシズムと第二次世界大戦』によると、突撃隊は他のナチスの組織とは違い、隊員にプロレタリア的分子が多く、ナチス運動の社会主義的・革命的気分を代表し、国防軍とも鋭く対立し、ナチス運動内部の異端分子であったという（註五）。

『世界史　現代5』によると、一九三四年末のドイツ軍正規軍の兵力はSS軍隊、すなわち、親衛隊を合わせると四八万名であり、このほかに一〇〇〜一二〇万の突撃隊員がいた。さらに、黒色国防軍も存在していたが、これは後に国防軍に編入された（註六）。

『反ソ秘密戦争』によると、政権獲得直後のナチスの近隣諸国における破壊活動、テロ工作の実例としては次のものがある。

一九三三年
一〇月　ナチから資金を得ていたウクライナ民族主義の団体「ウクライナ民族同盟」の手先によりポーランドのルヴォフ《＝リヴォフ。以下同じ》のソヴェト大使館秘書官アレクセイ・マイロフが暗殺された。
一二月　ナチおよびルーマニアのテロリストの組織「鉄衛団」がルーマニア首相イオン・ドゥーカーを暗殺。
一九三四年
二月　ナチ党に真似てできたフランスのファッショ団体「火の十字党」がパリで蜂起。
三月　ナチから資金を受けたファッショ団体「自由闘士団」がエストニアでクーデターを起こした。
五月　ブルガリアでファッショ・クーデター発生。
ナチの支配する「バルト民族同胞団」がラトヴィアでクーデターを試みた。
六月　ナチから資金をうけていたウクライナの民族主義テロ団体「ウクライナ民族同盟」の手先がポーランド内相ブロニスラフ・ピェラッキー大将を暗殺。
「ウクライナ民族同盟」の手先がポーランドの「カトリック行動団」長イヴン・バビーを暗殺。
ナチ派の「鉄狼団」がリトワニアで大衆蜂起を試みる。

七月　ナチ党、オーストリアでクーデターを試みたが失敗。ナチのテロ団がオーストリアの総統エンゲルベルトを暗殺。
一〇月　ナチの支配下にあるクロアチャ・ファッショ団体「蜂起団」の手先等がユーゴスラヴィアのアレクサンデル王およびフランス外相バルトゥーを暗殺。

これらの活動、工作の組織と監督に主要な役をつとめたのはアルフレッド・ローゼンベルクとルードルフ・ヘスであった（註七）。

このことから、ナチスの影響力は国内だけでなく、ソ連を含めた近隣諸国の奥深くに浸透していたことがわかる。

一九三五年八月二十日、コミンテルン第七回世界大会は「帝国主義者による新世界戦争の準備に関連する共産主義インタナショナルの任務について」と題し、次のような決議を採択し、ドイツ・ファシズムによる戦争の危険性を訴えた。

「主要な戦争放火者であるドイツ・ファシストは、ヨーロッパにドイツ帝国主義のヘゲモニーをうちたてることにつとめ、戦争の手段によって諸隣国の犠牲でヨーロッパの国境を改訂する問題を提起している。ドイツ・ファシストの冒険主義的計画はきわめて遠大なものであって、フランスにたいする軍事的報復、チェコスロヴァキアの分割、オーストリアの併合をもくろみ、またバルト海沿岸諸国をソ連邦にたいする侵攻拠点に変える目的でこれら諸国の独立を破壊すること、ソヴェト・ウクライナをソ連邦から奪取することをねらっている。彼らは、自分たちにも植民地をあたえるように要求し、世界の新たな再分割のための世界戦争を待望する気分をかきたてることにつとめている。むこうみずな戦争使嗾《しそう》者どものこれらすべてのたくらみは、資本主義諸国相互の矛盾の激化をうながしており、全ヨーロッパにわたって不安をよびおこしている。

ドイツ帝国主義者は、ヨーロッパにおいてポーランド・ファシズムという同盟者を見いだした。ポーランド・ファシズムもまた、チェコスロヴァキアや、バルト海沿岸諸国や、ソ連邦の犠牲で領土を拡張することをねらっているのである。

イギリス・ブルジョアジーの指導層は、ヨーロッパ大陸におけるフランスのヘゲモニーをよわめ、ドイツの軍備の鉾先を西から東に向けかえ、ドイツの侵略性をソ連邦にさしむけようというこんたんで、ドイツの軍備を支持している。こういう政策によってイギリスは、世界的な規模でアメリカ合衆国にたいする対抗力をつくりだすと同時に、ドイツだけでなく、さらに日本やポーランドの反ソヴェト的傾向を強化することにつとめている。イギリス帝国主義のこうした政策は、世界帝国主義戦争の勃発をはやめる要因のひとつである。」と（ディミトロフ著『反ファシズム統一戦線』）（註八）

一九三六年三月七日、コミンテルンの警告どおり、ヒトラーは、パリにあったドイツ諜報部の報告に基づき、ライン非武装地帯占領の命令を発し、同地にドイツ軍を進駐させた。

『現代史年表』や『世界史　現代5』などによると、一九三五年五月十三日、ポーランドの〝大佐団〟を率いたピウスツキーが死亡した。当時、大統領はモシチツキであったが、その後のポーランド軍部、従ってまた国家の指導権を継承したのは〝将官グループ〟を率いたスミグリー元帥（当時は大将）であった。同元帥は、野党のブルジョア諸政党の支持をも得ていた（註九）。

ポーランドにはナチスのような組織はなかったが、親ナチの〝大佐団〟を率いたピウスツキー、〝将官グループ〟を率いたスミグリー、そしてソスンコフスキ《ソスンコフスキー。以下同じ》、アンデルスなどの将軍はファシストであった。また、ポーランドにナチスの手が伸びていたことも疑いない。

ポーランドの支配層は腐敗していた。その状態について『第二次世界大戦史　1』は次のように指摘している。

「国家機関は年々官金横領と堕落でむしばまれていた。ポーランド軍には兵器が非常に不足していたにもかかわらず、一部の高級官吏は秘密裡にまた公然と国外で小銃、高射砲などをうりさばき、それによって儲けていた。彼ら多くはスパイ活動にたずさわり、国家機密を取引し、それを外国への、なによりもまずヒトラー・ドイツへのしかるべき賄賂のようにみせかけた」（註一〇）と。

スミグリー元帥などは一九三九年にドイツ軍がポーランド進攻を開始すると、いち早く国外へ逃亡した。

ナチスの問題を抜きにしてドイツとポーランドの問題を考えることはできない。カチンの森事件も例外ではない。

なお、アメリカにはファシスト政党に近い団体があった。アメリカ第一主義委員会である。同委員会は一九四〇年の春発足したが、急速にひろがり、寄進者の中にはナチ・ドイツ政府から鷲十字章をもらった最初のアメリカ人、ヘンリー・フォードがいた。

アルバート・E・カーン著『叛逆　下』によると、ゲッペルス宣伝相は一九四一年一月二十二日、アメリカ向けの短波放送で次のように述べた。

「アメリカ第一委員会は真にアメリカ的、真に愛国的である！」（註一一）と。

ゲッペルスにとってアメリカ第一委員会は有力な味方であった。

同委員会はイギリスとソヴェトへの貸与武器輸送に猛反対したが、一九四一年十二月の日本の真珠湾攻撃の直後解体した。

しかし、ナチス支持者がいなくなったわけではない。太平洋戦争でマッカーサーのもとで日本軍と戦い、戦後GHQ参謀第二部長として名をはせたウィロビー将軍はナチスの支持者であり、竹前栄治著『GHQ』によると、「小ヒトラー」と呼ばれることを好んでいた（註一二）。

▼ソ連の粛清をめぐって

ヒトラーは一九二三年ミュンヘン一揆に失敗して逮捕され、拘禁されたランツベルク監獄の獄中で『わが闘争』を口述筆記をさせ、そのなかで反ユダヤ主義、反民主主義、ドイツ民族至上主義を明確にし、東方、つまりウクライナ、ソ連に対するゲルマン民族の植民を説いた。この反ユダヤ思想、反共産主義思想は、その後のナチス運動のなかで具体化してきた。

なぜ、ウクライナが狙われたのか。その経済的理由についてエドガー・スノーは『ソヴェト勢力の型態』で次のように説明している。

「ソヴェト連邦の他の部分は大きさに於てウクライナの五十倍に相当するが、ウクライナはこの大国家の戦前重要産業の約半ばを占めていた。一地区だけでも日本とベルギーとイタリーとポーランドを一緒にした以上の銑鉄および鋼鉄を産していた。ウクライナの炭田は全ソヴェト連邦の使用する無煙炭の半分とガス用炭の四分の三を供給していた。そしてウクライナはソ連の鉄鉱石の六二％を産し、そのボーキサイト鉱石は戦前のソ連アルミニュームの七〇％の原料を供給していたのである。

ドニェプル河畔ザボロージェにソ連の技術家は欧州最大の発電所を起こした。一九四一年までにウクライナの電力は一九一三年度の出力の二十四倍に達し、ウクライナの金属加工業の産額は三十四倍に増加した。トラクター十万台の力により豊穣なウクライナの農場は極度に機械化された。ウクライナの農業は九九％までが集団化されており、全国の麦の五分の一、甜菜の三分の一以上を産していた。ウクライナの農業は欧州でも最も盛んな部類に数えられていたのである。

ウクライナの国土を掴みとることができるならソ連を屈服の余儀なきに至らしめることができるとヒトラーが信じたのも無理ではなかった」（註一三）と。

ウクライナが狙われた経済的理由は以上の通りであった。

ヒトラーの攻撃の的《まと》になったソ連では、トロツキーが一九二七年十一月七日、一揆に失敗し、アルマ・アタに追放されたが、トロツキーはここでもソヴェト政権転覆の陰謀を指導して国外へ追放され、一九二九年一月、トルコのプリンキポ島に移った。

亡命白色ロシア人たちは、ポーランド、イタリア、フィンランド、ルーマニア、ユーゴスラヴィア、ハンガリアなどで反ソヴェト秘密機関を指揮していたが、イギリス諜報部とフランスの「第二局」の反動分子などとともにプリンキポ島のトロツキーにさまざまな便宜を提供していた。

『反ソ秘密戦争』は次のように指摘している。

「最も重要なことは、ドイツ陸軍情報部（第三B課）とトロツキーとの関係がますます密接なものとなって来たことである。この第三B課はヴァルター・ニコライ大佐の指揮下にある機関であって、当時成長しつつあったハインリッヒ・ヒムラーの秘密国家警察（ゲシュタポ）とすでに協力していたのであった。

一九三〇年までに、トロツキーの手先クレスティンスキーがドイツ陸軍から受けた資金は金貨約二百万マルクにおよんでいた。これはソヴェト・ロシア内のトロツキー派の活動資金として受けていたものであって、交換条件としてトロツキー派は情報をドイツ陸軍情報部に供給していたのである」（註一四）と。

つまり、トロツキーのソヴェト政権転覆の陰謀はドイツ国防軍の動きと連動していたということである。

ポーランドはどうであったか。

『ソ連極秘資料集　大粛清への道』によると、一九三六年十月十一日、ソ連でエジョフが内務人民委員部長官に就任した当時、チェーカー（秘密警察組織）のあらゆる部署にポーランドのスパイが潜入していた。エジョフは一九四〇年二月三日、ソ連最高裁判所軍事合議部公開法廷での最終陳述で次のように述べている。

「ソ連諜報機関はかれらの手中ににぎられていたのであります。『ポーランドのスパイ』と言われているこの私がポーランドのスパイの粉砕から仕事をはじめたのであります」と（註一五）。

このことは、ポーランド情報機関もソヴェト政権転覆の陰謀に重要な役割を果たしていたことを証明している。

ソ連でクーデターを計画していた人物に元帥・トハチェフスキー《＝トゥハチェフスキー。以下同じ》がいた。同元帥について、W・アンデルス著『裏切られた軍隊　上』は次のように述べている。

「（トハチェフスキー元帥は）『電撃戦（ブリッツクリーク）』のドイツ流の理論の信奉者であった。彼はこの新しい戦法の実験場として、ソ連内にある地域をドイツ軍の使用に供したくらいであった。そしてソ連の戦車工場と航空機工場とを、ドイツ軍のための兵器工場に転換させたものだ」（註一六）と。

確かにトハチェフスキーはワイマール共和国時代からドイツ国防軍の幹部とは親密であった。ヒトラーが政権についてからもこの関係は続いていた。

『ベネシュ回想録』によると、第一次モスクワ裁判（合同本部事件）直後の一九三六年十二月、ヒトラー政府はプラーグに代表を派遣し、ベネシュ大統領と外交交渉を行わせていた。この交渉は実を結ばなかった。ヒトラーはその一方、別系統に命じてであろう、トハチェフスキー元帥、ルイコフその他の反スターリン派との秘密交渉をも行なわせていた。確実な筋からこの情報を入手したベネシュ大統領は、翌一九三七年一月後半、つまり第二次モスクワ裁判（並行本部事件）の直前、これをプラーグのソヴェト公使アレクサンドロフスキーに伝えた。その結果についてベネシュ大統領は次のように述べている。

「一九三七年春、ゲッペルスはチェコスロヴァキアに対し、組織的、連続的嫌がらせや報復活動を展開し、ベルリンはこうして自らが提起した協定をわが国に受け容れさせることができなかったからといって、煽動、テロ、一連の暴力沙汰など、さまざまな策略に訴えてきた。」（註一七）と。

また、シェレンベルク著『秘密機関長の手記』はナチスの一親衛隊員であり、ヒムラーから厚く信頼されていたハイドリッヒに関し、次のような事実を明らかにしている。

「ハイドリッヒは白系ロシア人の亡命者スコブリン将軍からある情報を受け取っていたが、それによるとソ連元帥トハチェフスキーが参謀本部とともにスターリン政体をくつがえす陰謀を行っているということだった。」（註一八）と。

このことを知らされたヒトラーは迷いに迷った末、この情報をスターリンに提供することを決意した。

ところで、『ソ連極秘資料集　大粛清への道』によると、モロトフは一九七〇年代に次のように語っていた。

「一九三六年の後半、一九三六年の末だったかも知れないが、かれはクーデターを急いでいた。……その気持ちはわかる。逮捕を恐れていたのだ。」（註一九）と。

そのトゥハチェフスキーの軍事クーデターの準備は一九三七年三月の終わりまでに最後の段取りに入っていた。『反ソ秘密戦争』は次のように述べている。

「トゥハチェフスキーは、モスクワのローゼンゴリツのアパートでクレスティンスキーならびにローゼンゴリツと面会した際、軍人団は六週間のうちに行動準備を完了する、行動開始の日取りは五月の上旬とすることが出来る、いずれにしても五月十五日前とすることが出来る、また軍人団内部では政権把握の実行につき『いろいろの方法』を論じている。こう語ったのであった」（註二〇）と。

以後、トハチェフスキーの逮捕、処刑の経過の概略を辿ってみよう。

☆　☆　☆　☆

五月　三日　この日、トハチェフスキーがイギリス国王の戴冠式に参列するという書類がモスクワのイギリス領事館に提出された。

五月　四日　トハチエフスキーのロンドン行きは取りやめになったという通告がイギリス側に届けられた。病気のためという。

五月第二週　五月第二週は五日から始まるが、『反ソ秘密戦争』によると、クレスチンスキーはクーデターによって逮捕される者の名簿を作成していた。スターリンはローゼンゴリッツによって殺害される計画であった（註二一）。

五月一〇日　児島襄著『第二次世界大戦　ヒトラーの戦い　第二巻』によると、この日の夜、「首相スターリンはトハチェフスキー元帥に電話して、元帥の国防人民委員部次長解任とヴォルガ河軍管区司令官への転出を伝えた」（註二二）。

五月一一日　『反ソ秘密戦争』によると、トハチェフスキー元帥は陸海軍人民委員代理の職から、ヴォルガ地方のあまり重要でない司令部へ左遷された（註二三）。

五月半ば　シェレンベルク著『秘密機関長の手記』およびジョン・ウォーラー著『ヒトラー暗殺計画とスパイ戦争』によると、ヒトラーはベネシュとソ連のエジョフを通じ、一九三七年五月半ばにクーデター情報をソ連政府に売却した（註二四）。

五月一七日　『第二次世界大戦　ヒトラーの戦い　第二巻』によると、「各軍管区司令部は『三人委員会』（うち軍人は一人）によって構成される旨が布告され、党の軍にたいする支配力が確立された。」（註二五）

ボナパルト式野心家であるトハチェフスキーにとって軍が党に指導されることは耐えられないことであった。

五月一八日　『第二次世界大戦　ヒトラーの戦い　第二巻』はこのような事実を明らかにして次のように説いている。

「首相スターリンは、『NKVD』長官エジョフにドイツ側から入手したトハチェフスキー文書を提出させ、検事総長A・ヴィシンスキーを招いて検討させた。検事総長ヴィシンスキーは書類の欄外に署名して、次のように書き加えた。『本件は一九三四年一二月一日特別法令の罪状に適合する』」（註二六）と。

十二月一日特別法令は『キーロフ条例』ともいわれ、党政治局員S・キーロフの暗殺直後に制定されたもので、次の要旨を内容としている。

「テロ手段による反革命行為者は最高軍法会議に付し、その判決については控訴を許さず、一審を以て最終審とし、死刑を宣告すべし」（註二七）

この二つの事実から検事局がトハチェフスキーらを起訴する方針を固めていたことがわかる。

五月二二日

サイモン・セバーグ・モンテフィオーリ著『スターリン　赤い皇帝と廷臣たち』によると、トハチェフスキーとその仲間が逮捕されたのはこの日の夜であった（註二八）。

ただし、トハチェフスキー逮捕の日は五月十一日説、六月四日説などがある。

五月二四日

『ソ連極秘資料集　大粛清への道』によると、スターリンはVKP（b）（全連邦共産党〈ボリシェヴィキ〉）中央委員会書記の資格で、党中央委員および中央委員候補に書簡を送り、その中で、次のように述べた。

六月一一日

『ＶＫＰ（ｂ）中央委はＶＫＰ（ｂ）中央委員ルズタークと中央委員候補トハチェフスキーがファシスト・ドイツのために、反ソ・トロツキスト右派陰謀ブロックとソ連にたいするスパイ活動に参加していたという証拠資料を受けとった。これに関連して、ＶＫＰ（ｂ）中央委政治局はルズタークとトハチェフスキーを党から除名し、この件をＮＫＶＤに委任するという提案を、中央委員および中央委員の評決に付す』」（註二九）と。

『ソ連極秘資料集　大粛清への道』によると、赤軍最高幹部八名が逮捕され、国家反逆およびドイツと日本のためのスパイ行為のかどで起訴されたというソ連の新聞発表が、全世界に衝撃を与えた。そのリストに、Ｍ・Ｎ・トハチェフスキー元帥（※）（国防人民委員部次官）などの実戦部隊指揮官が名を連ねられていた（註三〇）。

※　トハチェフスキーと共に処刑された将軍のなかにブトナ（＝ブートナ）がいた。笠原直造編集発行『蘇聯邦年鑑一九三九年版』によると、ブートナは極東赤軍の基礎を確立した軍政家として知られ、満州事変後は極東軍副軍司令官に任ぜられた。ゾルゲ手記にもその名前が出てくる。なお、一九三七年五月に帰国したユレネフ駐日ソ連大使も反政府派であった。

六月一二日

『ソ連極秘資料集　大粛清への道』は次のような事実を明らかにしている。

「六月一二日、最高裁判所軍事合議部の拡大会議で全員が有罪の宣告を受け、即日銃殺された。赤軍政治部長のヤン・ガマルニークは逮捕を予期して、その前に

自殺した。」（註三一）

『スターリン　赤い皇帝と廷臣たち』によると、「トハチェフスキー裁判ではドイツ側の証拠は使われなかった」という。けだし、軍事法廷、軍法会議で敵性国の情報、資料を決定的証拠にしないことは当然のことである（註三二）。

☆　☆　☆　☆

トハチェフスキーのクーデターは必ず、内乱、内戦をもたらす。内乱についてはパリ・コンミューンの教訓がある。

一八七〇年九月、セダンでフランス軍を敗退させたプロイセン軍（ドイツ軍）がパリに迫ってきた。フランス政府は民衆の要求に押され、六〇大隊の国民軍に、更に二〇〇大隊を増設したが、その実、この民衆からなる国民軍を恐れていた。九月十九日、プロイセン軍はパリを包囲した。メッツ城を守っていたバゼーヌ元帥がプロイセン軍に降伏するとパリの人心は動揺を始め、ジュール・ファヴル外相などはプロイセン政府と秘密談判を始める有様であった。フランス政府の敵はプロイセン軍ではなく、パリの国民軍であった。

政府軍がプロイセン軍の存在を背景に、モンマルトルにある国民軍の大砲を奪い取ろうとしたことから、民衆は憤激し、一八七一年三月十八日、パリにコンミューン（共同体）が成立した。ティエールを首班とするフランス政府はヴェルサイユに逃亡し、パリ進撃の兵力を集めていた。

パリ・コンミューンについてマルクスは一八七一年四月一二日、クーゲルマンへの手紙で次のように説いている。

「六ヶ月ものあいだ、外敵よりもむしろ内部の裏切りによって餓えさせられ、荒廃させられたあとで、彼らはプロイセンの銃剣のもとにありながら，立ちあがるのだ。フランスとドイツのあいだに戦争などかつてなかったかのように、また、敵軍がなおパリの城門のまえにたむろしていないかのように！　歴史上にこれほどの偉大さの実例は一つもない！　もし彼らが敗れるとすれば、それは彼らの『お人よし』のためにすぎない。まずヴィノアが、つぎにはパリの国民軍の反動的部分が自分で逃亡したあとでは、すぐにヴェルサイユへ進撃すべきであった。だが、せっかくの好機は、いらぬ遠慮のためにとりにがされてしまった。彼らは内乱を始めたくなかったのである。そのじつ、mischievous avorton〔邪魔な一寸法師〕ティエールが，パリの武装解除を企てたことで、すでに内乱を始めていたのに！」

モロトフの頭の中には、パリ・コンミューンの教訓が染みついていたのではないだろうか。

『ソ連極秘資料集　大粛清への道』によると、大粛清から三〇数年後、モロトフはつぎのように指摘している。

「一九三七年は必要だった。……われわれは一九三七年に、戦争が起こった場合に第五列が出現しないよう対策を講じなければならなかった。事実、ボリシェヴィキのなかには、万事が順調で、国も党も危険にさらされていないときには、善良で忠実にふるまう人たちがいたし、いまもいる。しかし、いったんなにかが起きると、ふるえあがって逃げてしまう。［私はフルシチョフがやった］

一九三七年に弾圧された多くの軍人の名誉回復が正しかったとは思わない。いまはまだ資料が隠されているが、やがて明白になるだろう。これらの人びとがスパイであったかどうかは疑問だが、スパイと関係をもっていた。かんじんなのは、決定的な瞬間に彼らを信用できなかったという点だ。……もしもトハチェフスキーとヤキールがルイコフやジノヴィエフとともに戦争中に反対派にまわったら、激烈な闘争が起こり莫大な犠牲者が出ただろう。莫大な、ですよ。双方が破滅しただろう。降伏するわけにいかないから、［内部闘争は］とことんまでつづく。容赦ない皆殺しがはじまっていただろう。もちろん、終局的にはだれかが勝ち残るが、双方に膨大な犠牲者が出ていただろう。」（註三三）と。

トハチェフスキー事件によって、ソヴェト政権は国際的支援を受けた反革命勢力との食うか食われるかの闘いに勝利をおさめたのである。

資本主義世界では、自国の将軍連を処刑した裁判と粛清に対し、気違いじみた宣伝が行われ、ソヴェト政府は今にも崩壊するかのような流言まで飛ばされていた。

ポーランドのアンデルス将軍は独ソ戦開始直後、部下の将校らに、赤軍はここ数カ月ののちに壊滅すると語っていた。

しかし、冷静な観察者はソ連の粛清を正確に評価しようと努めていた。

『反ソ秘密戦争』によると、モスクワ駐在アメリカ大使ジョーゼフ・イー・ディヴィーズは一九三七年七月四日、ソヴェト外務人民委員マクシム・リトヴィノフと会見し、包み隠すところなく、この将軍連の処刑とトロツキー派公判とがアメリカ合衆国およびヨーロッパにおいて悪い反響を起こしていると告げた。同書は次のように述べている。

「大使はソヴェト外相にたいして、

『フランスとイギリスとはソヴェト連邦がヒトラーに立派に対抗しうると信じていたのでありますが、この事件のために英・仏のこの信頼は動揺したと私は思います』

と語った。

リトヴィノフも大使同様に何等包み隠すことなく、ソヴェト政府は、避けうべからざる戦争が勃発した際、ベルリンあるいは東京と協同して活躍するような逆徒のないように、これらの公判や処刑を通じて『保証』しなければならなかったのであると大使に告げたのであった。

『いつか世界は、われわれがわれわれの政府を大逆の脅威から守るために何をしたかということを理解するでしょう。……われわれは、ヒトラーの脅威とナチ党の世界制覇に対して、われわれ自身を護り、ソヴェト連邦をナチの脅迫にたいする強力な堡塁として維持し、かくして世界に奉仕しているのであります』。

こうリトヴィノフは語ったのである。

一九三七年七月二十八日、ソヴェト・ロシア内の実情をみずから調査したディヴィーズ大使は、国務長官コーデル・ハルに対して『通報第四五七号、極秘』という通信を送った。この中で大使は最近の出来事を概略にのべ、大衆の不満とかソヴェト政府の崩壊が迫っているとかいうのは全く事実無根の噂にすぎないと指摘したのである。『コザック兵がクレムリン附近に露営せりとか、赤の広場を彷徨しつつありとかの新聞の報道これあり候えども、かかる事実の形跡は全く御座無く候』と大使は記し、次いでトハチェフスキー事件をみずから分析して、次のように結んだ。『暗殺あるいは外国との戦争ある場合は別として、現政府ならびに現政権の地位は現在、また、今後も相当の期間、確固不動のものと見受けられ候。コルシカ人（※）的危険は現在の所全く除去せられたるものに御座候』」（註三四）と。

※　「コルシカ人」というのはナポレオンのことである。

『反ソ秘密戦争』の以上の記述から、ディヴィーズ大使が一連の反ソ陰謀に関連する粛清と、その結末としてのトハチェフスキー事件を冷静に観察していたことが明らかになる。

またリトヴィノフ外相は、世界はいつかはソ連の粛清を理解するだろうと述べたが、事実はどうか。

ディヴィーズ大使はナチス・ドイツ軍のソ連侵攻直後、次のように述べている。

「当時じつに乱暴に見え、世界を愕然とさせたところのこれら公判、清党工作、反対派の掃蕩は、今になってみれば、国内の革命のみならず、国外からの攻撃に対してスターリンの行った徹底的な、そして断固たる防衛努力の一部であったことが明らかにわかる。ソヴェト当局は国内のあらゆる売国的分子を徹底的に清掃し、これを社会から追放するために仕事に取りかかったのであった。疑念を持っていたものも、結局政府の措置の正しかったことを知ったのである」（註三五）と。

またラピエール、コリンズ共著『今夜、自由を』によると、ロシアのツァー・ニコライ二世の甥であるイギリスの貴族、マウントバッテン元帥は、一九四一年六月二十一日、チャーチルと会談した。チャーチルはヒトラーが明朝、ロシアを攻撃するという情報を入手し、ロシアは少なくとも三ヵ月はもちこたえるが、いずれ敗北すると判断していた。マウントバッテン元帥はチャーチルの見解に反対し、敗けるのはロシアではなくて、ドイツであると主張し、その理由を次のように説明した。

「まず第一に、スターリンの国軍粛清によって、ナチスが利用できるような内部的対立の芽がすべて摘みとられてしまっているからです。第二に、ロシアに長く君臨した王朝の末端につらなるものとして、これを認めることは私にとってつらいことではありますが、ロシア国民はいまや防衛すべきものを持っております。今後はロシアは全国民が戦うでしょう」(註三六)と。

確かに、リトヴィノフ外相のいうように、ディヴィーズ大使やマウントバッテン元帥のような冷静な観察者はロシアの粛清を正当に評価していた。事実、ソ連軍が主力となって戦った反ファシズム解放戦争、すなわち第二次世界大戦の勝利は粛清の必要不可欠性をはっきりと証明した。ソ連のジューコフ将軍も『ジューコフ元帥回想録』で次のように述べている。

「モスクワ付近で、ファシスト軍を阻止したのは雨や雪ではない。一〇〇万をこえるヒトラーの精鋭部隊は、ソヴェト国民、首都、祖国をバックにしたソ連軍の鉄の頑強さ、勇気、英雄性に、ぶつかって粉砕されたのである」(註三七)と。

もしも粛清が行われず、反革命分子が多数潜み、ソ連が敗北していたら、カチンの森事件はおろか、すべての虐殺事件はボルシェヴィキのしわざにされてしまったことであろう。けれども、やはり、歴史に「もしも」はなかった。

▼ミュンヘン協定をめぐる英・仏・ソの動き

ヒトラーは、一九三八年三月十二日のオーストリア占領につづいて、チェコスロバキアの分割と支配に乗り出した。

コミンテルンの警告を待つまでもなく、ヒトラーの危険性を熟知しているスターリンとソヴェト政府は、まず英・仏・米などをはじめとする諸国に対し、ヒトラーの侵略の最初の第一歩であるチェコへの攻撃を粉砕するよう呼びかけた。具体的には、外交機関を通じ、ソ連・フランス相互協定、ソ連・チェコ相互協定、さらにはチェコ・フランスの間の相互条約などを活用し、ソ・仏・英・チェコによる反ヒトラー同盟を形成し、チェコの防衛工作を行った。ソ連外務人民委員部は一九三八年三月十五日、右のことをチェコをはじめ、英・仏・米の各政府へ正式に通告した。

第二次大戦終結後、ソ連政府がドイツから押収した資料によると、各国政府、とくにイギリスのチェンバレン首相、フランスのダラディエ首相らは、表向きはヒトラーに反対しながら、裏では闇取引をつづけていた。そしてしつようにチェコのベネシュ大統領に対して、チェコの領土の一部（ズデーテン地方）をヒトラーに渡すよう説得した。チェンバレンとダラディエは、チェコを生贄《いけにえ》にしてヒトラーをなだめ、ヒトラーの侵略の矛先をソ連に向けさせようとしていたのである。

ヨーロッパの弱小国は、ソヴェトとスターリンの呼びかけにもかかわらず、ナチス・ヒトラーと闘うことをせず、妥協と宥和によって狼との「平和」を求めたのである。

一九三八年九月二十九日から三十日まで、ミュンヘンにヒトラー（独）、ムッソリーニ（伊）、チェンバレン（英）、ダラディエ（仏）の四首脳が集まり、〝ミュンヘン会談〟を開いた。闇取引で決定ずみのチェコ分割を正式に、形式的に確認するための会議であった。当のチェコスロバキアの代表は会議場に入れず、ドアの外で会議の決定を知らされるのを待つだけであった。

『ミュンヘン協定』——ヒトラーの脅喝に屈し、ヒトラーの口述する条件を、そのままチェコスロヴァキアにのませる手伝いをしたチェンバレン英首相とダラディエ仏首相の行動は、近代ヨーロッパの歴史に前例のない〝腰抜け外交〟の標本であり、ファシズムに対する民主主義の〝全面的降伏〟を意味するものだった。これこそ、まさしく〝宥和主義外交〟の見本であった。

「ミュンヘン」という言葉は一九三八年九月以来、裏切りと屈服、階級的エゴイズム、ファシスト侵略者を平和愛好諸国にけしかける政策の同義語となった。

このとき、ポーランドの支配者はどうしたか。

『第二次世界大戦史　1』はミュンヘン協定締結の一週間前、すなわち、九月二十二日のことについて次のように述べている。

「チェコスロヴァキア外相は、ポーランドがチェコスロヴァキアとの国境にその軍隊を集結したことに、厳重な警告を発するよう、ソビエト政府に要請した。ソ連邦政府は、はやくもその翌日には、もしポーランド軍部隊がチェコスロヴァキア共和国の国境を越えるならば、一九三二年七月二十五日にポーランドと締結した不可侵条約を予告なしに破棄する、とポーランド政府に声明した。」（註三八）と。

ポーランドのファシストはチェコスロヴァキア侵攻を目論んでいたのである。これに反対し、チェコスロヴァキア政府の要請に応じたソヴェトは、ポーランドのファシストにとって、憎んでも憎みきれないほどの敵であった。

▼独ソ不可侵条約の本質

ソヴェト政府が外交機関を通じてよびかけたように、ソ・仏、ソ・チェコ、仏・チェコ、英・仏、などの各種相互条約をからみあわせ、目標を反ファシズムという一点に絞り、お互いに力をあわせたら、ヒトラーの侵略を容易に許すことはなかったはずである。

ミュンヘン協定の本質を見抜いていたスターリンは一九三九年三月十日、ソ連共産党（ボ）第十八回党大会で、ヨーロッパやアメリカの若干の政治家や新聞記者たちとドイツ人との関係を説くという形式で、次のように指摘した。

「ソ同盟と戦争をはじめる義務をおう代価として、ドイツ人にチェコスロヴァキアをあたえられたのであるが、ドイツ人はいまやこの約束手形を支払うのをこばんで、それをどこかへやってしまおうとしているのだ」

ドイツ政府は英仏両国政府の要請に応じ、ソ連侵攻を約束したが、この二つの勢力の間には大きな矛盾が存在するという意味に理解できる。

事実、ソ連の前にはゲルマン民族主義を掲げたヒトラーのドイツと、植民地保有大国である老獪なイギリス、フランスという二つの帝国主義勢力が、お互いに、史上初めて生まれたソヴェト連邦政権という名の労農政権の圧殺を目指しながら、その反面、お互いに解決することのできない争いの渦中にあった。こういう情勢の中でソ連に残された道はただ、一つ。それは二つの狼の争いを活用することであった。それが最も危険な侵略者にソ連侵攻を先送りさせ、時を稼ぐための協定、つまり、独ソ不可侵条約を締結することであった。

独ソ不可侵条約は一九三九年八月二十三日、モスクワで調印され、同月三十一日、最高ソビェト会議で批准された。

『第二次大戦の史的分析』によると、条約批准の際、モロトフは次のように演説した。

「ドイツは、他の諸国がわれわれを戦争にまきこもうとしているときに、いまだかって例のない有利な通商協定を提唱してきた。……イギリスおよびフランス政府の態度、その矛盾した政策の底にあるものはなにか？　これらの政府は、侵略されることを恐れており、自国を強化するためにソビェトとの協定を必要としている。だが同時にかれらは、ソヴェト同盟との協定が、ソビェトを強化するかもしれないとおそれている。かれらはこれをのぞんでいないのだ。…ソビェト＝ドイツ不可侵条約の結果、ソヴェト同盟は、イギリスの側にたってドイツと戦う義務も、またドイツの側にたってイギリスと戦う義務もなくなったのである。」（註三九）と。

ソ連政府は行動の自由をいささかも放棄していないのである。

このスターリンとソ連政府の採用した高度の、ブルジョアジーには理解しにくい政策について、大武礼一郎議長は論文「レーニン、スターリンの偉大なプロレタリア外交、社会主義的外交政策を擁護せよ！」で次のように簡潔で、平易で、明快で、しかも本質を衝いた説明をしている。

「二匹の狼（ファシスト三国同盟と、英・仏・米の帝国主義連合）に戦闘をしかけられたとき、人間（社会主義とソヴェト）はいったいどうしたらよいのか。レーニンの政策、あの〝ブレスト講和〟に示された対外政策をすすめる以外に道はないのである。

すなわち一匹の狼に何かの餌をあたえてこれをけしかけ、他の一匹の狼とかみあわせる以外にない。レーニンもそうしたし、そして今スターリンもそれを実行した。もちろん、スターリンは『ミュンヘン』以前から英・仏という狼に餌（反ファシズム戦線）をなげかけたが、この方はこれに見向きもしなかった。そのはずである。彼らは逆にヒトラーに餌をあたえていたのである。ここでスターリンとソヴェトはこの方は見切りをつけ、こんどは他方（ヒトラー・ドイツ）に餌をなげかけた。ところが、こっちの方は、あっさりと食いついてきたのである。なぜかといえば、こっちの狼（ヒトラー・ドイツ）は、あっちの狼（英・仏）よりも単純で、しかも腹が減っていた。だからすぐぱくついてきたのである。

レーニン的政策、そしてスターリン的政策は成功した。やがてソヴェトとの関係に安心したナチス・ドイツは、全力をあげて、バルチック海の支配から大西洋への進出をめざして、ポーランドの制圧に乗り出す。イギリスはポーランドと相互援助条約を結んでおり、再び『ミュンヘン』の誤りをくりかえしたくなければ、どうしてもポーランド支援のためナチス・ドイツと戦闘する以外になく、そうなればフランスも英国に同調せざるをえない。こうして、二匹の狼（独・伊のファシスト同盟と、英・仏の帝国主義連合）が争うことになり、イギリスの、ヒトラーへのけしかけは見事に失敗する。

歴史はその通りに進んだ」（註四二）と。

ナチス・ドイツとソ連の間に挟まれながら反ソ政策を捨てきれず、独ソ友好条約締結の事情をまったく理解できなかったポーランド政府が戦いの方向を見失ったことは疑いない。

▼ドイツ軍のポーランド侵攻

◎ナチス・ドイツのポーランド進攻とその理由

『反ソ秘密戦争』によると、トハチェフスキー将軍は一九三六年一月、イギリス国王ジョージ五世の大葬に列席のためロンドンへ行く途中、ワルシャワに立寄り、ポーランドの〝大佐団〟員と会談し、自分がドイツ軍国主義の崇拝者であることを包みかくそうとはしなかった。

それから約三年九カ月後の一九三九年九月一日午前四時四十五分、ドイツ軍機械化部隊は、〝大佐団〟や〝将官グループ〟などに支配されたポーランドに侵入した（註四二）。

〝大佐団〟や〝将官グループ〟は親ナチ主義集団であり、その後、ファシズム反対を目的としてソ連が唱えた集団安全政策に反対した。その〝大佐団〟や〝将官グループ〟がナチ軍の侵攻によってちりぢりになり、残存者はナチ軍によって掃蕩されたのだから歴史は皮肉なものである。

ナチス・ドイツは何故ポーランド侵攻に武力を行使したか。

『世界の歴史　15　ファシズムと第二次世界大戦』はナチス・ドイツの外務省、海軍省、経済界などの伝統的支配者層の対外政策について次のように述べている。

「（彼らは）できるだけ平和な方法で、まず中部と東南部ヨーロッパを制覇を立てし、ついでアフリカに植民地を獲得しようとしていた。彼らはソ連と戦うよりは植民地獲得を望んでいたのである。」（註四三）と。

これら伝統的支配者層に対し、新興のナチスが求めたのは武力によってソ連の領土であるウクライナの南部、クリミヤ半島、コーカサスなどを獲得し、自給自足経済を実現することであった。それには先ず、ポーランドを制覇する必要があった。

武力を行使するかどうかの違いはあっても、ポーランド制覇、という点ではドイツの伝統的支配層とナチスの考えは統一されていた。結局、ナチスの意見が通り、武力侵攻となったのである。

第二次世界大戦終了後明らかになったことであるが、ナチスの東方政策はその後、一九四一年五月十九日、東部軍三四〇万人に配布された「ソ連における軍隊の行動に関する指針」に具体化されていた。すなわち、永岑三千輝著『独ソ戦とホロコースト』によると、この指令による占領政策には「現地住民の利益」が表面に出されていたものの、実際は次のような項目が挙げられていた。

①ウラル山脈よりも西側ではドイツ人以外に武器をにぎらせない。
②新しく占領した東部地域をわれわれのエデンの園にする。
③ウクライナに関しては、当面、ドイツの食糧確保を最優先する。
④アントネスク（佐藤注…ルーマニア首相）の希望に応え、ルーマニアには旧ルーマニア国境より外に領土を少し与える。味方につけておく以上、少しの分け前は与えるということである。
⑤ハンガリーやトルコ、スロヴァキアには、はっきりしたことを約束しない。
⑥全バルト海岸地域はドイツ帝国領土としなければならない。

⑦ヴォルガ地域（ドイツ人植民地）は、ドイツ帝国領土としなければならない。
⑧バクー周辺地域もドイツ帝国領土としなければならない。
⑨フィンランド人は東部カレリアを望んでいるが、大量のニッケル埋蔵量を考えるとコラ半島はドイツのものとすべきだ。

つまり、「現地住民の利益」は口先だけのことであって、実際にはドイツの利益だけが図られていることになる。結論として同書は、こうした構想こそヒトラーと彼の同志たるナチ党指導部の本音だった、と指摘している（註四四）。

要するに、ソ連にとってポーランドは、平和で、友好的で、ナチスの侵略に強力に抵抗できるような国家であってほしかったが、ナチスにとってポーランドは東方政策を実現するための手段であり、通路であり、根拠地であった。そのポーランドのブルジョア・地主政権はあくまでも親ナチス、反ソヴェト連邦であった。国内の工業はドイツ国境、堡塁はソ連国境というポーランドの拠点配置が、その動かすことのできない証拠である。ポーランドのブルジョア・地主政権の考えは甘い、といえば甘かった。

◎　英仏のポーランド援助

一九三九年三月末、ドイツ政府はポーランド政府に対し、グダニスク（ダンチヒ）引き渡し要求を突きつけた。これについて『世界史　現代6』は次のように述べている。

「この要求はポーランド人民のなかに憤激の嵐をよびおこした。そこで政府はこれを拒絶して、そのような要求をのめばポーランドの現体制の転覆という事態にいたるだろうとベルリンに通告した。」（註四五）と。

イギリスとフランスの両国政府はドイツ軍の侵略にそなえての「保障」をポーランド政府に与えることを約束し、八月二十五日、イギリス政府はポーランドとの間に相互援助条約に調印した。九月一日にドイツ軍がポーランドに侵攻すると、イギリス政府はただちにフランス政府とともにドイツに対し、宣戦を布告したが、実際の援助は何も与えなかった。イギリス、フランス両国政府の「保障」はただの紙のうえでの宣言にすぎなかった。イギリス、フランス両国政府はドイツと、そしてドイツに支配されたポーランドをソ連と戦わせたかったのである。

◎ポーランド政府の国外逃亡

ポーランド参謀本部はかねてから対ソ戦に備え、軍事演習などは東部国境で行ったが、その反面、西部における対独戦争の準備は著しく立ち後れ、ドイツ軍の侵攻当時、まだ完成してはいなかった。いわば背後から襲われたポーランド政府は浮き足立っていた。

当時のことについて『第二次世界大戦史　①』は次のように述べている。

「九月六日、スラヴォイ・スクラドコフスキー政府はこっそりとワルシャワを放棄し、リュブリン《＝ルブリン。以下リュブリンで統一する》にかくれた。最高総司令官リーズ・スミグリー元帥も臆病にも首都から逃げ出した。かれは自分の軍隊とのいっさいの連絡をとらなかったので、戦線の成行きをまったく知らなかった」（註四六）と。

同書は、ベック外相とその代理、シャンベクが、フランス政府からフランス領土内に避難所を与えるという了解をとりつけ、ルーマニア政府から同国領土通過の許可を受けたと指摘し、さらに次のように述べている。

「ポーランド銀行の金貨と有価証券をつみこんだ政府装甲車の縦列は、九月八日にルュブリンからリヴォフにむけ出発し、九月九日、政府部員も同地へ出かけた。リーズ・スミグリーはワルシャワを放棄してブレストへ出発し、ついでさらに遠く東南のルーマニア国境方面ウラジーミエシュに移った。」（註四七）と。

ポーランドは文字どおり、無政府状態にあったというのである。

事実、当時の新聞報道によると、九月十三日、ハンガリーの首都、ブダペストでは、ポーランドのクイアトコフスキー副首相兼蔵相ら政府要人十二名のルーマニアへの脱出説が流布していた。十六日、ポーランド政府はルーマニア国境の小さな町、ザレシチキにあったが、ルーマニアではポーランド政府のパリへの逃避説が伝えられていた。

『カティンの森の夜と霧』には、

「血闘死闘三十五日間の後、ポーランド軍の組織的抵抗は壊滅して、ポーランド政府はルーマニアにのがれた」（註四八）

とあるが、ポーランド政府に関するかぎり、これはまったく事実に反している。ポーランド政府は国民を見捨て、戦わずして逃亡したも同然であった。

なお、ファシスト、スミグリー元帥はその後、地位と名誉を剥奪された。同元帥の敵前逃亡はナチス・ドイツの軍隊とは戦えないような、よくよくの事情があったと判断するほかはない。

◎ポーランド人民の闘い

ポーランド人民は自国の独立を守るため、ドイツ・ファシスト侵略軍との英雄的な闘いを展開した。『第二次世界大戦史　1』は、この闘争でポーランドの素朴な勤労者たちの大衆的英雄精神が発揮された、と次のように述べている。

「ヘル、グディニャ、モドリン、ワルシャワの防衛にあたって労働者、農民、兵士、進歩的インテリゲンツィアのすぐれた代表者たちがとくに敵と大胆にたたかった。

ひとにぎりのポーランド兵士からなっていたヘルの小守備隊は、ドイツ軍が地上、空中、海上からひっきりなしに攻撃したにもかかわらず、一九三九年十月二日までもちこたえた。海軍基地グディニャの防衛者たちには武器が不足していた。しかし彼らは敵を殺すことのできるものはなんでも利用して、戦いつづけた。

ポーランドの首都ワルシャワを頑強に防衛したのは勤労者であった。昨日まで牢獄と強制収容所の囚人であった共産主義者は最前列でたたかった。彼らの多くは牢獄の鉄格子からぬけでてから、ただちに戦争におもむいた。

九月九日、勤労者の要求によって、ワルシャワ労働者防衛旅団がつくられた。形式的にはその組織者は、労働組合とポーランド社会党とみなされていたが、実際には旅団の指導部は共産主義者と左派社会主義者の手にあった。旅団の指揮官は社会主義者のマリアン・ケーニヒであり、旅団の積極的な組織者のうちには左派社会主義者ピオトル・ガエフスキーと左派農民活動家マリアン・クビツキーがいた。ワルシャワ労働者防衛旅団の隊列ではヴラディスラフ・ゴムルカ、エドヴァルド・オハブ、マリアン・チェルヴィニスキー、ミコライ・サルヴァ、その他の共産主義者が英雄的にたたかった」（註四九）。

「最初にワルシャワに強引に突進したドイツ戦車師団は全滅の危険にひんした。それで戦車兵は大急ぎで市から立ち去ることを余儀なくされた。数日後に、敵は歩兵、戦車、飛行機の大兵力をもってワルシャワ攻撃をたくらんだ。ワルシャワ防衛者は苦しくなった。彼らには武器、弾薬、薬品、医務員が不足していた。市では電話、水道、下水設備が働かなくなり、電燈が消え、ガスの供給がとだえた。軍隊と住民への食糧の補給は日ごとにますます困難になった。だがワルシャワの防衛者はもちこたえた。九月二十五日、敵は市の集中爆撃をくわだてた。大火事がはじまったのに、それを消すものがなにもなかった。水がなかった。九月二十七日までに市の防衛者にはほとんど弾薬が残っていなかった。弾薬は敵のもう一回の突撃を撃退するに足るにすぎなかった。九月二十八日にワルシャワは陥落した」（註五〇）と。

矢張り、祖国を防衛するのは勇敢な労働者、農民、兵士、進歩的インテリゲンツィアなどだということである。

後年の亡命政府首相・ミコワイチクは一九四八年に書かれた『奪われた祖国ポーランド』で、「ポーランドでは抵抗運動がきつく閉め出されたので、あからさまに活動できなくなった。そこで、多くの軍事組織は中立国に転進するように命令を受けた」（註五一）と述べているが、これも事実ではなかった。多くのポーランド国民は活動できなかったどころか、国外へ脱出することなく、踏みとどまって勇敢な抵抗運動を続けていた。しかし、軍事組織（の最高幹部）は中立国へ逃げ出した。これが現実であった。

◎ソ連軍のポーランド侵攻

ポーランド政府の国外逃亡はポーランドの無政府状態を招く。それはナチスにとってまことに好都合であるが、ソ連にとっては西部国境の防衛上、由々しい事態である。そこで九月十七日、ソ連軍は西ウクライナと西ベロロシアへ進攻した。伊藤孝之・井内敏夫・中井和夫編『ポーランド・ウクライナ・バルト史』によると、これについて、英仏はなんの措置もとらなかった（註五二）。ここはロシア革命直後はロシアの領土であった。ナチス・ドイツの占領、という脅威からまぬかれた住民はソ連軍の占領を歓呼の声で迎えた。このことはベルリング元大佐とその戦友たちが、将校への任官さえ願い出ないで、赤軍に一兵卒として入隊を志願した、という事実にも示されている。

『第二次世界大戦史　2』はソ連軍を迎えたポーランド軍について次のように指摘している。

「ポーランド正規軍の諸部隊は、士官学校をふくめて、降伏した。ウクライナとベロルシア民族出身の兵士は、ただちに解放されて家に帰された。のこりの軍人は、現地にとどまって西ウクライナおよび西ベルルシアの勤労者とともに新しい生活を建設するか、それともドイツ軍の占領している郷里に帰るか、それとも外国に亡命するかの選択をまかされた。多くのポーランド軍将兵はポーランドへ帰って、ドイツ侵略軍とたたかうことを希望した。一部のものはポーランド人愛国団体がつくられていたソ連邦に出発し、一部のものはフランスに出発した。

しかしポーランド軍部隊、植民者、憲兵隊の小部分は降伏しなかった。彼らは赤軍との決定的な衝突を回避しながら、個々のグループをつくって森林や大きな住宅地点に身をかくし、ソ連邦とドイツのあいだに武力衝突がおこるのを期待した。このようなグループの若干の指導者は、共同でソビエト軍部隊とたたかうという条件つきで、ウクライナとベロルシアの諸都市を、たたかわずしてヒトラー軍に明けわたす件についてドイツ・ファシスト軍司令部と交渉を行った。こうしてベロストック、ドロゴブィチ、ストルィその他は明けわたされたのである。

赤軍の解放戦役は一二日間つづいた」（註五三）と。

このことから明らかなように、ポーランド軍の将兵のなかの一部の少数の分子はソ連軍に降伏することなく、反ソ地下活動をしていたのである。

◎ソ連は何のためにポーランドを占領したのか

ソ連のポーランド占領理由について、ソ連情報部は『歴史の偽造者』で次のように述べている。

「一九三九年八月、ソ・独不可侵条約を締結はしたが、ソ同盟は、ヒトラーがおそかれ早かれソ同盟を攻撃するであろうことを、一時たりとも疑ってはいなかった。ソ同盟のこの確信は、ヒトラー徒輩の基本的な政治的、軍事的方針にもとづくものである。それは戦前の全期間にわたるヒトラー政府の実際活動によって裏づけられたものである。

それゆえに、ソ同盟の第一の任務はヒトラー侵略にそなえて、『東部』戦線を創設し、ベロロシアとウクライナの西部の境界に防衛線を構築し、かくてドイツ軍の東方への無障害進出にたいする防壁を組織することであった。このためには、一九二〇年、帝国主義的ポーランドによって奪取された西部ベロロシアおよび西部ウクライナを、ソヴェト・ベロロシアおよびソヴェト・ウクライナと再結合し、ここへソヴェト軍を進駐せしめることが必要であった。これは一刻も猶予すべきことではなかった。なぜならば、装備不完全のポーランド軍には持久力がなく、ポーランド軍司令部およびポーランド政府はすでに逃亡しつつあり、一方ヒトラーの軍隊は、強力な障害に出会うことなく、ソヴェト軍が到着するまえに、ベロロシアとウクライナの地を占領するかもしれなかった。

一九三九年九月十七日、ソヴェト政府の命令によって、ソヴェト軍は戦前のソ・ポ国境を越え、西部ウクライナを占領し、かの地において、ウクライナおよびベロロシアの西部境界線に沿い、防禦線の構築を展開した。この線は、その根本において、ヴェルサイユの連合国総会議で定められた、史上カーゾン線として知られている線であった。

これより数日を経て、ソヴェト政府は、沿バルト諸国との間に相互援助条約を調印した。同条約はエストニア、ラトヴィアおよびリトワニアの領域内におけるソヴェト軍守備隊の配置、ソ軍用飛行場の建設ならびに海軍基地の創設を規定したのである。

かようにして『東部』戦線の基礎は創られた。

『東部』戦線の創設が、たんにソ同盟の安全保障のみならず、ヒトラー侵略と闘う平和愛好諸国共通の事業にとっても重大な貢献であることは、理解するに難くなかった。それにもかかわらずアメリカ・イギリス支配層の圧倒的多数は、ソヴェト政府のこの措置にたいし、これを侵略と名づけ、敵意ある反ソ運動を行ったのである。

もっとも中には、ソヴェト政策の意味を理解し、『東部』戦線の創設を正しいものと認めるための十分な見透しをもっていた政治家もあった。これらの連中の筆頭にかぞえられるのは、当時まだ海軍大臣であったチャーチル氏である。かれは、一九三九年十月一日のラジオ放送演説で、ソ同盟にたいする非友好的な毒舌を一くさりふるった後、次のように述べた。

『ロシアの軍隊がこの線におかるべきであったということは、ドイツからの脅威にたいするロシアの安全保障のためにまったく必要だったのである。いずれにせよ、陣地はつくられ、ドイツがあえて攻撃しえないような東部戦線が創設されたのだ。フォン・リッペントロップ氏が先週モスクワによばれたのは、かれが右の事実を知り、沿バルト諸国およびウクライナにたいするナチの野望を打ちきらなければならないことを認めるためになされたことなのである』」（註五四）と。

以上のことから明らかなように、ソ連のポーランド占領は自国の防衛のためであり、同時にナチス・ドイツの占領から西ウクライナ、西ベロロシアの住民を保護するためであり、ひいてはファシズムに反対し、平和を愛好する諸国のためでもあった。

◎逃亡したポーランド政府のその後

フランスやイギリスの支配層は、フランスに亡命し、完全に没落したポーランドの政治屋たちを支持しようとはしなかった。一九三九年九月三十日、パリにシコスルキー将軍を首班とする亡命政府が成立した。シコルスキー自身はソ連に敵対する政策を採ってきたピルスドスキー政権の反対派であった。

『第二次世界大戦史　1』によると、シコルスキー政府は、それまでの在野党であったブルジョア諸政党やグループ（人民党、勤労党〔農民党〕、国民党、ポーランド社会党右派指導部）をよりどころとしていた。同書は次のようにのべている。

「ピルスドスキー派も新内閣に入閣した。シコルスキーは、自分の政府の『合法性』と『継承性』を保つという口実でピルスドスキー派との妥協におうじた。その結果、あまり評判をおとしていなかったファシスト的活動家ラチキェーヴイチが、下野したモシツィツキーの推薦によって大統領に指名された。副大統領と亡命政府軍指導者にはピルスドスキー派のソスンコフスキー将軍がなった。

亡命政府のすべての活動は、人民にきらわれた一九三五年のファシスト憲法を指針としていた。この憲法によれば、大統領は『神と歴史にたいして』のみ責任を負っていた」（註五五）と。

要するに、シコルスキー政府は政治の「合法性」、「継承性」、「神と歴史にたいして」のみ負っている責任という制約のもとにあり、国民に対する責任などは論外であったことが分かる。

亡命政府はフランスの敗戦により、一九四〇年六月十八日、ロンドンに移った。『反ソ秘密戦争』によると、ロンドンの亡命政府は、ポーランドの軍閥、地主の代表、ファシスト、社会党および農民の指導者などの数名からなっていた。

ロンドン亡命政府について、スターリンがチャーチルに送った五月四日付書簡には次のように書かれている。

「ポーランド政府の周囲には大勢のヒトラーびいきの分子がおり、シコルスキーは彼らのまえには頭があがらず、彼らからおどかしつけられていますから、シコルスキーがほんとうに忠実であることをのぞんでいると前提しても、彼がソヴェト同盟との関係で忠実な態度をたもつことができるというなんの確実性もありません」（註五六）と。

註一　ソヴィエト科学アカデミー版『世界史　現代1』（東京図書、一九六四年）二八九頁
註二　ハーシェル・メイヤー著『第二次世界大戦の史的分析』（三一書房、一九五三年）八六頁
註三　マイケル・セイヤーズ、アルバート・イ・カーン共著『反ソ秘密戦争』（富士出版社、一九五三年）四一八頁
註四　ハーシェル・メイヤー著『第二次世界大戦の史的分析』（三一書房、一九五三年）八六頁
註五　『世界の歴史　15　ファシズムと第二次世界大戦』（中公文庫、一九七五年）三五〇頁
註六　ソヴィエト科学アカデミー版『世界史　現代5』（東京図書、一九六四年）四〇〇頁
註七　マイケル・セイヤーズ、アルバート・イ・カーン共著『反ソ秘密戦争』（富士出版社、一九五三年）二四六～二四七頁
註八　ディミトロフ著『反ファシズム統一戦線』（国民文庫、一九六七年）二三一～二三二頁
註九　ソヴィエト科学アカデミー版『世界史　現代5』（東京図書、一九六四年）四八八～四九四頁
註一〇　ソ連共産党中央委員会付属マルクス・レーニン主義研究会編『第二次世界大戦史　1』（弘文堂、一九六三年）三一八頁
註一一　アルバート・E・カーン著『叛逆　下』（筑摩書房、一九五四年）三五頁
註一二　竹前栄治著『GHQ』（岩波新書、一九八三年）一〇一頁
註一三　エドガー・スノー著『ソヴェト勢力の型態』（時事通信社、一九四六年）一二〇頁
註一四　マイケル・セイヤーズ、アルバート・イ・カーン共著『反ソ秘密戦争』（富士出版社、一九五三年）二二八頁
註一五　『ソ連極秘資料集　大粛清への道』（大月書店、二〇〇一年）五九二頁
註一六　W・アンデルス著『裏切られた軍隊　上』（光文社、一九五二年十二月）七三頁
註一七　〝Memoirs of Dr. Eduard Benes〟Arno Press:New York Times:1972, p.20
註一八　シェレンベルク著『秘密機関長の手記』（角川書店、一九六〇年）頁
註一九　『ソ連極秘資料集　大粛清への道』（大月書店、二〇〇一年）四七一頁

註二〇　マイケル・セイヤーズ、アルバート・イ・カーン共著『反ソ秘密戦争』（富士出版社、一九五三年）三一〇頁
註二一　前掲書三一〇頁
註二二　児島襄著『第二次世界大戦　ヒトラーの戦い　第二巻』（小学館、一九七八）一八三頁
註二三　マイケル・セイヤーズ、アルバート・イ・カーン共著『反ソ秘密戦争』（富士出版社、一九五三年）三三一頁
註二四　シェレンベルク著『秘密機関長の手記』（角川書店、一九六〇年）三二頁およびジョン・ウォーラー著『ヒトラー暗殺計画とスパイ戦争』（鳥影社、二〇〇五年）七一頁
註二五　児島襄著『第二次世界大戦　ヒトラーの戦い　第二巻』（小学館、一九七八）一八三〜一八四頁
註二六　前掲書一八四頁
註二七　前掲書一八四頁
註二八　サイモン・セバーグ・モンテフィオーリ著『スターリン　赤い皇帝と廷臣たち』（白水社、二〇一〇年）三九九頁
註二九　『ソ連極秘資料集　大粛清への道』（大月書店、二〇〇一年）四七四頁
註三〇　前掲書四六九頁
註三一　前掲書四六九頁
註三二　サイモン・セバーグ・モンテフィオーリ著『スターリン　赤い皇帝と廷臣たち』（白水社、二〇一〇年）四〇六頁
註三三　『ソ連極秘資料集　大粛清への道』（大月書店、二〇〇一年）四七二頁
註三三　前掲書四七二頁
註三四　マイケル・セイヤーズ、アルバート・イ・カーン共著『反ソ秘密戦争』（富士出版社、一九五三年）三二〇頁
註三五　前掲書三二三〜三二四頁
註三六　ラピエール、コリンズ共著『今夜、自由を』（早川書房、一九八一年）二五六頁
註三七　ゲ・カ・ジューコフ著『ジューコフ元帥回想録』（朝日新聞社、一九七〇年）二八二頁
註三八　ソ連共産党中央委員会付属マルクス・レーニン主義研究会編『第二次世界大戦史　1』（弘文堂、一九六三年）

註三九　ハーシェル・メイヤー著『第二次世界大戦の史的分析』（三一書房、一九五三年）八二頁
註四〇　フレデリック・シューマン著『ソヴェトの政治』（岩波書店、一九五七年）三八頁
註四一　『新・共産党宣言』（国際政治経済研究所、一九八〇年）三四七〜三四八頁
註四二　マイケル・セイヤーズ、アルバート・イ・カーン共著『反ソ秘密戦争』（富士出版社、一九五三年）三〇九〜三一〇頁
註四三　『世界の歴史　15　ファシズムと第二次世界大戦』（中公文庫、一九七五年）三六三頁
註四四　永岑三千輝著『独ソ戦とホロコースト』（日本経済評論社、二〇〇一年）六〇頁
註四五　ソヴェト科学アカデミー版『世界史　現代6』（東京図書、一九六四年）六八一〜六八三頁
註四六　ソ連共産党中央委員会付属マルクス・レーニン主義研究会編『第二次世界大戦史　1』（弘文堂、一九六三年）三一六頁
註四七　前掲書三一六頁
註四八　J・K・ザヴォドニー著『カティンの森の夜と霧』（読売新聞社、一九六三年）一六頁
註四九　ソ連共産党中央委員会付属マルクス・レーニン主義研究会編『第二次世界大戦史　1』（弘文堂、一九六三年）三一七頁
註五〇　前掲書三一八頁
註五一　スタニスワフ・ミコワイチク『奪われた祖国ポーランド』（中央公論社、二〇〇一年）二〇頁
註五二　伊藤孝之・井内敏夫・中井和夫編『ポーランド・ウクライナ・バルト史』（山川出版社、一九九八年）二六六頁
註五三　ソ連共産党中央委員会付属マルクス・レーニン主義研究会編『第二次世界大戦史　2』（弘文堂、一九六三年）二四〜二五頁
註五四　ソ連情報局『歴史の偽造者』（外国語図書出版所、一九四八年）六六〜六八頁

註五五　ソ連共産党中央委員会付属マルクス・レーニン主義研究会編『第二次世界大戦史　1』（弘文堂、一九六三年）三一六頁
註五六　『第二次世界大戦中の米英ソ秘密外交書簡　英ソ篇』（大月書店、一九五七年）一二四頁

Ⅳ　ポーランド軍捕虜の行方調査

▼ロシア国内でのポーランド軍の編成

独ソ戦が始まった直後の一九四一年七月三十日、英外務省で、亡命政府のシコルスキー首相とソ連のマイヤー駐英大使により両国間の新協定が調印された。『奪われた祖国ポーランド』は協定の内容について、次のよう述べている（註一）。

一、一九三九年の独ソ不可侵条約で認められたポーランドの領土変更を無効とすること
二、ソ連と在ロンドン・亡命政府との外交関係を復活させること
三、ソ連で同国の作戦指揮下にポーランド軍を創設すること
四、ロシアにいるポーランド人捕虜に恩赦を与えること

八月二日、ソ連政府は「現在ソ連領内にあって、戦時捕虜または他の理由により自由を剥奪されているすべてのポーランド人に対して恩赦を認める」という布告を発表した。

八月四日、恩赦の布告に基づき、アンデルス将軍は二十ヵ月近く収容されていた監房から解放された。

八月十四日、ソ連とポーランド政府間の軍事協定が締結された。その内容は次の三点よりなっている。

一、ポーランド共和国の軍隊としてのポーランド軍を即時、ロシアで組織すること

二、ロシア駐留のポーランド軍は赤軍兵士と同様の俸給、食糧、扶養を受けること
三、武器、装備、軍服、装具、自動車輌などはソ連政府のストック、およびポーランド政府が米国の武器貸与法によって得た軍需品によって賄うこと

『裏切られた軍隊　上』によると、ポーランド亡命政権は、ロシアで組織される軍隊の総司令官にハーレル将軍を任命することに決定していたが、同将軍の所在不明のため、アンデルス将軍が起用された。

同書によると、アンデルス将軍はかつてビウスツキ元帥のクーデターに際し、政府軍側にとどまったが、それは一九二六年当時のことである（註二）。その後のアンデルスは『反ソ秘密戦争』によると、〝大佐団〟に属していた。つまり、アンデルスは〝大佐団〟の先輩格にあたり、軍の中枢にあった（註三）。

〝大佐団〟ないし〝大佐グループ〟はピウスツキ子飼いのグループであった。『ポーランド・ウクライナ・バルト史』によると、健康がすぐれず、首相の座をスワヴェクに譲っていたピウスツキは一九三〇年当時、日常業務をこの〝大佐グループ〟に任せきりにした。またこのグループはピウスツキの意思と思われるものを熱心に、争うように実行し、一九三五年、ピウスツキが死去すると、権力基盤はほりくずされはじめた（註四）。

アンデルス将軍は強烈な反ソ主義者であった。ポーランド戦争でポーランドの将軍、将校が三つ

の収容所に収容されたのに、アンデルス将軍が監獄の独房に入れられたことには、それだけの理由があった。

　ではソ連側はアンデルス将軍をどのように見ていたか。

『第二次世界大戦史　3』は次のように説いている。

「ソヴェト、ポーランド両国民の友好は、共通の敵にたいして共同でたたかっているうちに進展し、かたいものになった。だが、ポーランド政府はその反ソ陰謀をつづけた。亡命政府の政策は、ソ連邦領土内で編成されるポーランド軍総司令官のポスト候補者をえらぶさいに、とくにあらわれた。このポストには、ソ連ぎらいで有名な、W・アンデルス将軍が任命された。」（註五）と。

つまり、ナチス・ドイツという共通の敵との戦いのためには、ロシア国内にポーランド軍を置かせることも、やむを得ないが、亡命政府によるアンデルス将軍起用は亡命政府の反ソ陰謀の現われだというのである。

『反ソ秘密戦争』によると、それでもソヴェト政府はアンデルス将軍に対し、ドイツ軍に対する軍事行動に備え、アンデルス軍の訓練と装備のために、無利息の借款三億ルーブルをはじめ、兵の募集と兵営建設の便宜などをあたえた（註六）。

　ソ連側はアンデルス将軍のポーランド軍に対する影響力を打診していたのである。

▼ポーランド軍将校によるポーランド人捕虜の行方調査

アンデルス将軍がポーランド軍を編成しようとして先ず直面したことは、同将軍の呼びかけに応じて集まった将校の少ないことであった。

ポーランド側の言い分はクキェル国防相の一九四三年四月一六日の前記声明の続きを読めば分かる。それによれば、コット大使とシコルスキー将軍は一九四一年当時、ソ連当局に、ソ連の三つの収容所から出たポーランド人将校のその後の行方について調査並びに説明を求めた。同声明は次のように述べている。

「一九四一年一〇月六日、ソ連外務人民委員部のヴィシンスキーとの会談で、コット大使は行方不明になっている将校の安否について問うた。ヴィシンスキーは、捕虜の全員が収容所から解放され、自由の身になったと答えた。

一〇月、一一月、コットは、スターリン、モロトフ、ヴィシンスキーと会談する機会を捕らえては、捕虜の問題に言及した。ソ連政府はポーランド人捕虜についての詳細なリストを作成しているはずなので、それを提供してほしいとコットは申し出た。

シコスルキーは、モスクワ訪問中の一九四一年一二月三日、スターリンとの会談の席で、ポーランド人捕虜全員の解放の問題に触れた。それまで、ソ連当局が作成した一覧表が渡されていなかったので、シコルスキーは、収容所にいた仲間が作成した、不十分ながらも三九四五名の将校の一覧表をスターリンに手渡した。

スターリンはシコルスキーに、恩赦は一般的・普遍的なものなので軍人にも市民にも適用されると述べた」と。

ミコワイチクは『奪われた祖国ポーランド』で、この会談の模様を次のように記述している。

「『諸君の将校？』とスターリンはシコルスキーの最初の質問にそう答えた。『彼らなら釈放されました。まだ兵舎に着いていないですって？　たぶん満州のどこかにいるのでしょう』

『そんなことはありません。数万人のポーランド兵がロシアを彷徨しているのだからすぐに見つかるはずです』とシコルスキーは主張した。彼らがロシアで解放されているのであれば、対ナチ戦に参加したいと懸命なはずだ、ともシコルスキーは述べた。

『逃亡したのかも知れない』、スターリンは肩をすくめた」（註七）と。

ミコワイチクは会談に出席していないのだから、これはシコルスキー、あるいは会談に同席していたアンデルス将軍からの聞き書きであろう。この会談当時、スターリンはポーランド人捕虜の行方を知らなかったのである。

このことは次のようなことからも明らかである。

すなわち、この頃、首都モスクワは、ドイツ軍がほんの数マイルのところまで迫り、市内ではドイツ軍の砲声が響きわたっていた。ソ連政府の一部は十月十日の国家防衛委員会の決定に基づき、モスクワとバイカル湖の中間よりやや東寄りにあるクイブイシェフに移転していた。

毎日新聞の特派員として十月二十七日に同地入りした渡辺三樹男は『ソ聯特派五年』で次のように指摘している。

「クイブイシェフは人口四十万足らずであったが、戦争にともない、モスクワから外交団、外国新聞記者団、それにソ連の外務省、国防省、海軍省、貿易省、国立銀行の一部が移転してき、ウクライナ、白ロシアその他独占領地からは避難民と傷病兵が殺到してきたため、クイブイシェフはその隣接地を合せれば、一躍、人口百万近い大都会になってしまった」（註八）

「ソ連政府は発表しなかったが、モスクワでは当時、相当のパニック状態があったそうだ。外交団、政府機関一部、それに市民でモスクワにとどまる必要のないものが撤退と決したときなど、市民はわれ勝ちにとモスクワ脱出に殺到し、駅々はいうにおよばず、東に通ずる街路という街路は、延々たる避難民の列であふれたといわれる。モスクワにはどうしてもなくてはならぬ人だけが残り、そしてスターリンみづから最後までモスクワに踏みとどまって首都防衛の総指揮にあたったのであった」（註九）と。

首都機能の一部移転で、モスクワは一時、大混乱を来したというのである。

同書によると、クイブイシェフの日本大使館も上を下への大騒ぎであった。このような状況下では、モスクワで、カチンの森にいたポーランド人将校の関係資料を探し出すことは容易ではなかったであろう。

スターリンがポーランド人捕虜の行方を知らないのも不思議ではなかった。

この頃のソ連、満州経由の難民の動きについて、日本上海史研究会著『上海人物誌』は次のように述べている。

「ドイツのヒトラー政権が成立すると、ドイツ・オーストリアのユダヤ人は迫害を受け、やむなく亡命を試みる人も多かった。しかし反ファシズムを唱えたはずの各国も、あまりの亡命者の多さに入国を制限するようになった。その中にあって上海の租界はいかなる外国人も受け入れたので、この地に救いを求めるユダヤ人が殺到した。海路出国の途を失ったユダヤ人もソ連経由で『満州国』から日本・上海に来ることができた。こうして総計二万六千人のユダヤ難民が上海に押し寄せた」(註一〇)と。

この中には杉原千畝・リトアニア領事のはからいで脱出したユダヤ人も当然のことながら含まれていた。

スターリンの

「たぶん満州のどこかにいるのでしょう」

とか、

「逃亡したのかも知れない」

というスターリンの言葉の背景にはこの種の事実が念頭にあったと判断してよい。

スターリンのポーランド側代表接見について、ミコワイチクなどは、

「スターリンは苦境に立たされていたので、行方不明となっているポーランド人将校に何らかの光を当ててくれるはずだ」（『奪われた祖国ポーランド』）（註一一）

と述べた。

このような情勢下での接見であった。アンデルス将軍はソ連側が捕虜の行き先を明快に答えなかったことを、何か隠しているのではないかと勘ぐっていた。

ソ連側がポーランド側に対して慎重な態度をとっていたことは疑いない。ミコワイチクは『奪われた祖国ポーランド』で、

「アンデルス将軍は、軍事力としてかつての部隊や他のポーランド人を求めてロシア中を渡り歩いた」（註一二）

と指摘しており、アンデルス将軍が捕虜の行く先追求にかこつけて、ソ連国内の軍事情勢を探っていたことは疑いない。『反ソ秘密戦争』によると、アンデルス軍の諜報機関「第二部（ドウオイカ）」は、ソヴェトの軍需工場、国営農場、鉄道、陸軍兵廠、赤軍兵の位置などに関する情報をひそかに集めはじめたという（註一三）。

しかし、一九三九年九月に降服した西ウクライナと西ベロロシアの旧ポーランド軍は前述のように解体されていたし、ポーランドの将校は一九四一年八月二日の恩赦で釈放されていた。

このことは、スターリンとの会談後、空路イランを訪問したシコルスキーが、テヘランでイラン国王に拝謁したのち、記者会見を行い、

「（ポーランド人は）ソ連各地の収容所と監獄からすでに解放された」（註一四）

と声明したことからも明らかである。

　この事実はほかならぬアンデルス将軍が自著『裏切られた軍隊　上』で発表している。にもかかわらず同将軍はすぐそのあとで、

「（シコルスキーは）つとめてソ連事情のもっともよい面を強調し、あいかわらず行方不明になっている大多数のポーランド軍将校については全然、ふれもしなかった」（註一五）

と不満をぶちまけている。

　なるほど、アンデルス将軍はスターリンとの会談に同席していたが、会談のポーランド側正式代表はポーランド亡命政府の首班・シコルスキーであった。このシコルスキーの声明はポーランド政府の正式声明であり、一介の将軍であるアンデルス将軍がとやかくいうべき筋合いのものではない。

　それだけではない。アンデルス将軍はポーランド戦争の第一線で戦い、負傷してソ連軍の捕虜となり、ソ連の監獄に収容され、一九四一年八月の恩赦で出獄し、それ以後、ロシア国内でポーランド軍を組織しようと懸命であった。これに反し、シコルスキーは一九三九年九月三〇日にフランスで形成されたポーランド亡命政府の首班であり、それ以後、一貫して亡命政府首班の地位にあった。したがって、ポーランド戦争の総決算を行ない、アンデルス将軍よりずっと広い視野を持ち、大局を見通し、スターリンの言葉を理解することができる立場に立っていた。

　アンデルスの軍隊に参加する将兵の数が少なかったのは、少なからぬ将校がカチンの森その他に

いたことなどによるものであり、西ウクライナと西ベロロシアの軍隊が解散していたためではないか。

▼アンデルス将軍の組織した軍隊とは

『反ソ秘密戦争』によると、アンデルス将軍は一九四二年八月、ソ連からイランへ脱出したが、それまでに、ポーランド軍将兵約七万人を組織していた。

アンデルス将軍がソ連からイランへ脱出する際、連れて出たのはヴィクトル・ザスラフスキー著『カチンの森事件　ポーランド指導階級の抹殺』の訳注によると、兵四万一〇〇〇人、ポーランド一般人女性子供の一部、七万四〇〇〇人、合計一一万五〇〇〇人といわれ（註一六）、『反ソ秘密戦争』によると兵七万五四九一人、家族三万七七五六人、合計一一万三二四七人ともいわれる（註一七）。

前掲書は、アンデルス将軍の言動について次のように指摘している。

「のちに至ってワルシャワ政権の武装兵力の指揮者となったベルリング中佐の暴露したところによると、一九四一年、ポーランド軍の諸部隊がソヴェト国土で形成されてからまもなく、アンデルス大将は部下の将校らとの会談で、次のようにのべたとのことである。

『赤軍は、おそくともここ数カ月のうちに、ドイツ軍のあたえる打撃のもとに崩壊するのでありますが、そのときわれわれは裏海を越えてイランまで切りぬけることができると思います。同方面においては、わが軍以外に武装力はないのでありますから、われわれは思うとおりのことを為しうる地位にあるのであります』。

アンデルス大将の予想を裏切って、赤軍はナチ軍の電撃戦によっても崩壊しなかった。このときアンデルスは部下の将校たちにたいし、共同してドイツと戦うというポーランド・ソヴェト軍事協定の条項を守ることについては別に心配する必要はないと告げ、また、ポーランド軍第五歩兵師団長・ボルツィエ＝スピエコヴィチョフ大将にたいしては、『急ぐ必要はない』と語った。つまり、ベルリング中佐のいうところによると、アンデルスならびにその幕僚は、『諸師団の訓練と装備とを長引かせるためにできるだけのことを』なし、ドイツ軍にたいする戦闘に参加しないでもすむようにした。また、ポーランド軍参謀総長オクリッツキー大将は、ポーランド兵の装備を積極的に妨害した。ベルリング中佐は次のようにいっている。

『イランからイギリス製の兵器や糧食を受けとる裏海沿岸基地の組織をオクリッツキーは妨害した。ソヴェト当局は、裏海沿岸諸地域に特別の鉄道と倉庫とを建設したが、アンデルス大将の司令部の妨害のために、小銃一挺、戦車一台、供給品一袋さえもはいって来なかったのである』。

ポーランド軍の一般将兵は、ソヴェト援助のもとに銃を取り、祖国を侵略したドイツ軍に対して戦いたいものと、一生懸命になっていたのであったが、彼等は、アンデルス、オクリッツキー両将軍を首領とする反動閥にたいして非常な恐怖を抱いていた。『ソヴェトの友』といわれたもの、『ポーランドに対する裏切り者』とされたものなどの黒表（ブラックリスト）が作りあげられ、『B（ベー）

書類』という特別の索引には、『ソヴェトに共鳴する』といわれたすべての者の姓名と記録とが記入された」（註一八）と。

アンデルス将軍が、

「ドイツ軍にたいする戦闘に参加しないでもすむようにした」

といったのはスミグリー最高総司令官がドイツ軍と戦わずに逃亡したのと同じく、自己の利益のためにほかならない。

また、アンデルス将軍はイラン方面で、思うとおりのことをするといったが、その本心は、「ここ数カ月のうちに、ドイツ軍のあたえる打撃のもとに」ソ連軍が崩壊するまでイランで待機し、機を見てヒトラーの勝利に便乗し、勝利の分け前を得ることを考えていたということである。

一方、『反ソ秘密戦争』はイラン時代のアンデルス軍について次のように述べている。

「一九四四年三月十三日に、オーストラリヤの通信員ジェイムズ・オールドリッチは、ニューヨーク・タイムズ紙に宛てて、イランにおける亡命ポーランド軍首脳のファッショ行動に関する報道を送っている。この報道は検閲を受けずに発送されたものであるが、この中でオールドリッチは、自分はもう一年以上も亡命ポーランド人に関する事実を報道しようと思っていたが、連合軍の検閲官はこれを許さなかったとのべ、検閲官の一人は自分にむかい、『これがみんな本当であることは私も知っているが、私にはどうすることもできない。御承知のとおりわれわれはポーランド政府を承認しているのだから』と告げたと伝えている。

オールドリッチの報道した事実の一部には次のようなことがある。

『ポーランド軍の宿営は階級にわかれていた。営内の生活条件は、各個人の地位が低ければ低いほど悪くなっていった。ユダヤ教徒は特別区域に隔離されていた。……他のものよりも反動的な分子はたえず反ソヴェト運動を行っていた。……ユダヤ教徒の子供三百人以上が、パレスチナへ行くことになったとき、異常なユダヤ教徒排斥心をもつ上流階級のポーランド人等は、これらユダヤ教徒の子供たちの通過を許さないようにと、イラク当局にたいして圧迫を加えた。……自分たちはこれらのポーランド人について事実を伝えたいが、彼等は強力な院外団ブロックをワシントンにもっているから、まったく無駄だと私に語ったアメリカ人は多かった……』（註一九）と。

アンデルス将軍の軍隊も反ソヴェト、反ユダヤという点ではヒトラーの軍隊と同じであった。当時、ドイツ軍占領地は拡大し続けていたが、ソ連軍の抵抗は予想外に強く、一九四一年末になってもモスクワを占領することはできなかった。アンデルス将軍は軍隊をイランからイタリア脱出させたが、この段階ではヒトラーの勝利の分け前はもらえないと悟っていたからに外ならない。

アンデルス将軍の軍隊はイタリアで英第八軍に合流し、一九四四年一月からのモンテ・カッシーノ攻略戦でナチス・ドイツの軍隊と戦わなければならない羽目に陥った。『裏切られた軍隊　下』によるとアンデルス将軍はその後、同年八月のワルシャワ蜂起の直前、最高司令官ソスンコフスキー将軍に対し、

「ドイツ軍にたいしてどんな反乱行動をとろうとも、それは結局無用の流血の惨事をまねくほか

はない」

と説き、

「（ドイツ軍占領下の）ポーランド本国内で反乱をおこすことを断然、禁止するようにもっとも厳重な命令を発せられたい」（註二〇）

と申し入れた。

アンデルス将軍にとって、モンテ・カッシーノでのドイツ軍との戦いは時の流れであった。同将軍にとって、ナチス・ドイツは本来、利用価値はあっても、敵対すべき相手ではなかった。ドイツ軍とは戦いたくない、というのが当時のアンデルスの本音であった。

註一　スタニスワフ・ミコワイチク『奪われた祖国ポーランド』（中央公論社、二〇〇一年）三五〜三七頁
註二　W・アンデルス著『裏切られた軍隊　上』（光文社、一九五二年十二月）一〇九頁
註三　マイケル・セイヤーズ、アルバート・イ・カーン共著『反ソ秘密戦争』（富士出版社、一九五三年）四一〇頁
註四　伊藤孝之・井内敏夫・中井和夫編『ポーランド・ウクライナ・バルト史』（山川出版社、一九九八年）二六三頁
註五　ソ連共産党中央委員会付属マルクス・レーニン主義研究会編『第二次世界大戦史　3』（弘文堂、一九六三年）二二七頁
註六　マイケル・セイヤーズ、アルバート・イ・カーン共著『反ソ秘密戦争』（富士出版社、一九五三年）四一〇頁
註七　スタニスワフ・ミコワイチク『奪われた祖国ポーランド』（中央公論社、二〇〇一年）四三頁
註八　渡辺三樹男著『ソ聯特派五年』（上海書房　一九四七年三月）二五頁
註九　前掲書三三頁

註一〇　日本上海史研究会著『上海人物誌』（東方書店、一九九七年）六五頁
註一一　スタニスワフ・ミコワイチク『奪われた祖国ポーランド』（中央公論社、二〇〇一年）四二頁
註一二　前掲書三七頁
註一三　マイケル・セイヤーズ、アルバート・イ・カーン共著『反ソ秘密戦争』（富士出版社、一九五三年）四一一頁
註一四　ＷＷ・アンデルス著『裏切られた軍隊　上』（光文社、一九五二年十二月）一五二頁
註一五　前掲書一五二頁
註一六　ヴィクトル・ザスラフスキー著『カチンの森　ポーランド指導階級の抹殺』（みすず書房、二〇一〇年）四三頁
註一七　マイケル・セイヤーズ、アルバート・イ・カーン共著『反ソ秘密戦争』（富士出版社、一九五三年）四一一頁
註一八　前掲書四一〇～四一一頁
註一九　前掲書四一一～四一二頁
註二〇　ＷＷ・アンデルス著『裏切られた軍隊　下』（光文社、一九五二年）七五～七六頁

V 第二次大戦勃発前後から事件の発生直前までの若干の動き

▼カチンの森事件発生

ドイツ軍のソ連侵攻開始は一九四一年六月二十二日であった。

七月初め、スモレンスク会戦が始まった。七月一五日、ドイツの第二九（自動車化）歩兵師団がスモレンスク南部の砲台を占領したのをきっかけに、スモレンスク市は七月十七日、陥落した。スモレンスクから脱出したソ連の第一六軍は反撃に転じ、七月二十四、五日頃、北と南からスモレンスクのドイツ軍を包囲した。

白熱的なスモレンスク攻防戦がくりひろげられた。スモレンスクを包囲したソ連軍の背後から、つまり北方からドイツの第三装甲集団（ホート上級大将）がスモレンスクのドイツ軍と連繋してソ連軍を逆包囲した。ソ連の第一六、第二〇両軍部隊の大部分はスモレンスクのドイツ軍攻撃を中止し、ロコソフスキー少将の率いる部隊集団の助力のもとに、ドイツ軍の包囲から脱出した。

七月十六日現在、カチンの西方約十二キロのグジノにいたドイツ第一八装甲師団は翌十八日にはカチンにいたが、その後ふたたびグジノに戻り、それから数日後には他の方面に移動した。

ソ連側の発表によると、七月十日から八月十日までの一ヶ月間の戦闘によるソ連軍の損害は、行方不明者（戦死者を含む）約三万二〇〇〇人、戦車六八五台、火砲一一七八門であった。

『ジューコフ元帥回想録』によると、スモレンスク地域の激戦の後、西部戦線の戦闘は、しばらくの間、小休止が続いた。両軍とも戦線を整理し、来るべき次の戦闘に備えた。ただ、スモレンスクの東南東約六十キロのエリニャの地域では、依然戦闘が続いていた（註一）。

スモレンスク会戦が最終的に終わったのは九月末であった。

『歴史の偽造者』によると、ソ連は一九四五年にベルリンを占領した後、大量のナチスの文書を押収したが（註二）、そのソ連のソヴェト大百科事典『第二次世界大戦』（青木書店）は次のように述べている。

「ヒトラー司令部の予定によれば、七月一〇日にボリソグレブスク、七月二五日にはスターリングラード、八月一〇日にはサラトフ、八月一五日にはクイビィシェフ、九月一〇日にはアルザマス、九月二五日にはバクーを占領することになっていた。さらに、ドイツ・ファッシスト軍がスターリングラードを占領すれば、日本とトルコが対ソ攻撃を開始することになっていた」（註三）と。

スモレンスク市での二ヶ月間の足ぶみはこの電撃戦を完全に失敗に終わらせた。

なるほどスモレンスク会戦自体はドイツ軍の勝利に終わったが、冬がやってくる前に電撃戦によるモスクワ攻略を企図したドイツ軍の電撃戦は頑強な抵抗を受けて失敗に終わった。

ニコラス・ベサル著『独ソの激闘』によるとヒトラーは七月下旬、モスクワに向かった戦車隊の一部をレニングラードへ、一部をウクライナ方面へ向かわせた。電撃戦失敗の体面を取り繕ったのである（註四）。

この激烈な戦闘の過程で、ソ連側がカチンの森のポーランド人将校らの消息を見失ったことを理解するのは困難ではない。

ただ、スモレンスク会戦直後に殺害されたポーランド軍将校の死体は革製の、たけの高い長靴のほかに勲章まで身につけていたというから、移動可能な状態にあったと考えられる。手の縛り方は「いかなる抵抗もすることができなかった」（註五）というが、それは抵抗したからであり、革製の弾帯を身につけていた遺体もあったから、戦いに備えていた可能性もある。彼らがドイツ軍に捕らえられて以後、殺害されるまで、ドイツ軍との間にどのような接触があったかは明らかではないが、いずれにせよ、ナチスに殺害されたことは疑いない。

『カティンの森の夜と霧』はポーランドからアメリカへ亡命したワシントン大学のJ・K・ザヴォドニー教授の著作である。同書によると一九四三年秋、カチンの森を訪れたソ連調査団はドイツ軍の捕虜になったポーランド軍将校の動静について次のように指摘している。

「彼らは逮捕された後、しばしば独軍当局から逃亡したので、カチンの森とスモレンスク周辺の住民たちは、よく彼らの姿を見かけた。またドイツ警察が彼らを捜索しているのをながめた。それは、とくに一九四一年（昭和十六年）の秋に目立った」（註六）と。

ヒュー・トレヴァー、ローパー解説『ヒトラーのテーブル・トーク』によると、ヒトラーは、「スラヴの劣等人種」と軽蔑したポーランド人を含めた東方地域の民衆教育について、一九四一年七月二十七日のテーブル・トーク（卓上演説）で次のように述べていた。

「そこの大衆を教育しようなどと愚かなことを考えてはいけない。大衆は道路標識が分かればいいのだ。現在彼らは読むことができないが、そのままにしておかねばならぬ」（註七）と。

つまり、ナチスにとって、ポーランド人はソ連の政治委員やユダヤ人とは違っていた。ポーランド人は絶滅の対象ではなく、奴隷労働の担い手とされていたのである。

このような観点から判断すると、奴隷労働に適さないポーランドの知識階層はナチスにとっては邪魔な存在であった。つまり、ほとんどが予備役召集で、医師、弁護士、技師、教師など当時のポーランド社会の知識人であったカチンの森のポーランド人将校は、ナチス・ドイツには必要のない存在であった。


ポーランド軍将校殺害の残虐性、遺体の状況、そして遺体の両手をしばってあったナワが全部同じ長さのものであったことなどから考えて、殺害が戦闘中ではなく、戦闘終了後であったことは疑いない。アルバート・シュペール著『ナチス　狂気の内幕』によると、ロシアのスターリングラードの二、三十キロほど西方では、十一月になると地面が凍結してしまい、地面を掘り起こして、陣地を構築することなどはとうてい考えられないという（註八）。そうすると、カチンの森で遺体を埋めるための大きな穴を掘った時期は十月の可能性が大きい。スモレンスク会戦の最終的終了が九月末であり、キエフ市近辺のバビ・ヤール峡谷の虐殺がキエフ占領の十日後であったことから判断すると、カチンの森での殺害は十月十日前後という可能性もある。

『カティンの森の夜と霧』によると、独軍部隊に雇われていた一人のソ連婦人は、「三十名ばかりのポーランド軍捕虜が森の方へ連れていかれるのを見かけたが、それから二十分たったあとで彼女は銃声を聞いた」（註九）と証言しているが、このことから判断すると、殺害は何回にも分けて行われたことになる。

殺害の実行者はドイツ国防軍ではなく、ナチス親衛隊のアインザッツコマンドであろう。アインザッツコマンドについては後述する。

▼カチンの森の殺害の国家的背景

ドイツ軍によるポーランド侵攻後の一九三九年十月、ヒトラーは二つの布告により、工業的にもっとも発達している北部・西部地方を「併合地区」としてドイツに編入し、ワルシャワを含めた残りの地方、すなわち中部と東部を「総督府」に編入した。「併合地区」はライヒ領とも呼ばれるが、ライヒとはナチスが支配したドイツ第三帝国のことである。

カチンの森における殺害は、

一、ドイツ民族強化帝国全権ヒムラーが出した命令

二、一九四〇年五月二十五日、ヒムラーがヒトラー総統に提出した覚書

三、フランク総督が出した一九四〇年五月三十日の命令に基づいていた。

◎　ドイツ民族強化帝国全権ヒムラーが出した命令

A　独ソ捕虜交換条約

『カチンの森　ポーランド指導階級の抹殺』によると、「一九三九年一〇月末から十一月初旬にかけて、ドイツ・ソ連両国はポーランド人捕虜の交換をおこなった。ドイツ支配下に入った地域出身のポーランド人将兵四万三〇〇〇人がドイツ側に、ソ連支配下の東部地域出身のポーランド人将兵一万四〇〇〇人がソ連側に引き渡された」（註一〇）という。

捕虜の交換が約束されたのは事実であろう。しかし、それが実行に移され、「四万三〇〇〇人がドイツ側に引き渡された」というのは同書の著者の思い違いであろう。ドイツ政府の民族政策によりポーランド人将兵はドイツへ帰国することができなかったはずである。

B　ナチス・ドイツの裏工作

ヒムラーがドイツ民族強化帝国全権に任命されたのは一九三九年十月であるが、翌十一月、彼は捕虜交換条約と相反することをやってのけた。すなわち、彼はポーランドの総人口二、七〇〇万人のうち、約三五〇万人を占めるユダヤ人をポーランドから退去させる命令を発した。

永岑三千輝著『ドイツ第三帝国のソ連占領政策と民衆』はこの命令について次のように指摘している。

「(この命令は)ライヒ領土に属することになった旧ポーランド共和国領から、すべてのユダヤ人を退去させ、また、インテリゲンツィアに属するか、あるいはその民族的な立場がドイツ民族の強化・安定化にとって危険であるような、すべてのポーランド人を退去させるように命じていた。

通常の犯罪分子も、これらユダヤ人やインテリゲンツィアと同じ扱いとした。同じ扱いをわざわざ取り立てて命令することで、行為の正当性に重みを加えるのであった。反ドイツ抵抗運動も、ドイツ統治の観点からは犯罪であった。抵抗の顕在的・潜在的先頭に立ったポーランドのインテリゲンツィア、すなわち、男女の教員、弁護士、公証人、薬剤師、裁判官、税務官、市職員、その他種々の職業の人々は、治安警察（Sicherheitspolizei）の特別出動部隊の掃討行動で、多くのものが、一九三九年一〇月から一一月にかけて粛清された。掃討行動は、秩序警察、自衛団、国防軍部隊などとの『もっとも良好な協調関係で摩擦なく』進められた」(註一二)と。

この命令は殺害を命じているわけではないが、これではライヒ領土外にいるポーランドのインテリゲンツィアは帰国できないことになる。

C　ソ連側は着々と捕虜送還準備を整えていた

一九四〇年初頭、ソ連当局が、三つの収容所を間もなく閉鎖し、戦争捕虜を解放するので、解放後の行く先希望地を調べていたことは前述の通りである。

こうしてコゼルスクをはじめ、三つの収容所の戦争捕虜一万四七三六人のうち、パヴェリシュチェフ・ボール収容所からグラゾヴェッツ（＝グリャーゾヴェッツ）収容所に移されたソ連残留希望者・四四八名を除いた一万四二八八人がナチス占領下のポーランドに向け出発することになった。

ソ連共産党政治局はさらに、一九四〇年三月二日、次のような決定を下した。

「元ポーランド軍将校用収容所に拘禁している戦争捕虜、警察官、刑務所看守、憲兵、秘密警察官、元地主、事業家、元ポーランド政府高官の全家族、合計二万二〇〇〇　二万五〇〇〇世帯を、カザフスタン・ソヴィエト社会主義共和国に一〇年間追放する」（註一二）。

「（この）家族の追放命令を二〇日以内に用意し、これをソ連NKVDに提出する」（註一三）と。

前記三つの収容所の戦争捕虜一万四二八八人は故郷へ帰されるまでの間、元ポーランドにある元ポーランド軍将校用収容所に収容し、ソ連国内の三カ所の戦争捕虜収容所は一九四〇年四月に閉鎖される予定になっていたということである。

ところが『カチンの森　ポーランド指導階級の抹殺』は、同年三月ドイツがポーランド人将校の受け入れを断ってきたと次のように指摘している。

「（一九四〇年三月の直前）ドイツ側はロシアに、三万人のウクライナ人は帰還させるがポーランド人将校は要らないと伝えた」（註一四）と。

これはソ連に対する嫌がらせである。三つの収容所閉鎖を決めてしまっていたソ連政府は困ってしまった。しかし、ともかく、他の収容所へ移送するほかはなかった。

こうして、一万四二八八人の戦争捕虜は、『カチンの森事件　ポーランド指導階級の抹殺』が指摘するとおり、一九四〇年四月三日から同年五月十六日のあいだに、ソ連NKVD護衛・護送部隊によって、二ないし三両連結の列車で九〇人、一〇〇人、一二四人というグループごとにポーランドの収容所へ移送されることになっていた（註一五）。

『奪われた祖国ポーランド』および『カチンの森　ポーランド指導階級の抹殺』によると、情報機関員、防諜機関員、憲兵、警察官、看守からなるオスタシュコフ捕虜六五七〇名は、汽車でヴィヤジマに送られた。ヴィヤジマからはスモレンスクを経由してポーランドへ向かう鉄道便がある。将軍、大佐、中佐、その他のポーランド上級国家公務員、軍関係公務員からなるスタロベリスクの捕虜約四〇〇〇名は汽車でハリコフに移送された。ハリコフからはコノトプ、キエフ経由でポーランドへ向かう鉄道が通じている（註一六）。

問題はドイツ側ポーランド領土出身の戦争捕虜からなるコゼリスクの捕虜約四、五〇〇人である。『奪われた祖国ポーランド』によると、彼らは、

「汽車でグニョーズドヴォに連れられて行き、そこからバスで三〇人単位で大量処刑のため近くの森に運ばれた」（註一七）

という。

もちろん、これはウソである。同書によると、ソ連側は一九三九年十一月、入念にポーランド人の選別作業を行い、出身地ごとに組み分け、その後、再び混ぜ合わせていた（註一八）。その時期を同書は一九四〇年三月、としているが、これも事実と反する。ポーランド人の移動した時期は収容所によって異なっているからである。

しかし、彼らが混ぜ合わされたのは事実である。なぜなら、カチンの森で殺害されたコゼリスクの捕虜は戦争捕虜だけでなかったからである。ゲッペルスによると、そのなかには民間人捕虜、僧侶、知識人、芸術家その他も含まれていたし、『カティンの森の夜と霧』によると、遺体の大半は将校であったが、兵士と背広を着用した二十二名の人々の死体もあった（註一九）。

では、この約一万四二八八人のポーランド人はどこで混ぜ合わされたのであろうか。

それは元ポーランド軍将校用収容所だとしか考えられない。彼らはいったんここに集められて、混ぜ合わされたのち、そのうちの約四、五〇〇人が、一九四一年初頭現在、スモレンスクで作業していた。彼らは八月二日の大赦令で釈放されたが、ドイツ政府の受け容れ拒否によって帰国できず、そのまま作業を続けていた。それはソ連の社会主義建設と国土防衛を目的とした自動車生産の増大と新型戦車生産のいちじるしい増加に即応した道路建設のためである。そしてドイツ軍の侵攻に会い、四、四四三人が殺害されたことになる。

なお、多数の家族のカザフスタンへの移送などはたしかに苛酷である。しかし、アメリカも日米戦争開始後、日系人約十二万人を敵性外人とし、家族ともどもペンペン草も生えないマンザナーを含む三個所の強制収容所へ送り込んだことを考えると、このような歴史的時代のソ連の措置はナチス・ドイツの侵略に対する防衛措置としてやむを得ないものであった。

◎　一九四〇年五月二十五日、ヒムラーがヒトラー総統に提出した覚書

『ドイツ第三帝国のソ連占領政策と民衆』は、ヒムラーがヒトラーに提出した「東部における非ドイツ諸民族の取扱いに関する若干の考え」と題する覚書について、次のように指摘している。

「ヒムラーの考えには、バラバラの東欧諸民族を無知蒙昧で従順な労働奴隷として支配下におき、その最底辺に、労働奴隷としての役割さえも否定して支配下の地域から排除すべきものとして『少数民族』ユダヤ人を位置づける、という諸民族の階層的序列化の理念ないし、構想があった。人はたとえ労働奴隷であっても、追放され迫害されるユダヤ人よりはまだましである、ということになろう」（註二〇）と。

この考えからしても、知識階級からなるポーランド人将校は「従順な奴隷労働」にも適さず、ナチス・ドイツにとっては存在理由がないことになる。

同書によると、ヒトラーはこの覚書の内容を高く評価しながらも、その表現のあまりの露骨さの

ゆえに秘中の秘とすべきであると判断し、

「コピーはほんのわずかのみとすべきであり、けっしてプリントしてはならず、完全に秘密に取り扱うように」（註二二）

と、ヒムラーに指示した。

この覚書の内容を「指針」として開陳したのは、ポーランド総督府長官ハンス・フランクなどごく少数の指導者だけであった。

この覚書の重要性は五日後の五月三十日にフランク総督が出した次の命令との関係にある。

◎フランク総督が出した一九四〇年五月三十日の命令

五月三十日、フランク総督は総督命令を出した。当時、ドイツ軍は西部戦線のダンケルクで英仏連合軍を撃退しようと戦っていた。嬉野満洲雄・赤羽龍夫編著『ドキュメント現代史　3　ナチス』によると、フランク総督はヒトラー総統の命令を次のように説明した。

「何千という最善のドイツ人が西方で一分ごと、一秒ごとに犠牲にされている以上、われわれ国家社会主義者は、ポーランドの民衆がこれらドイツ人の犠牲の上に蜂起しないようにする義務がある。これがこの時期にこの例外的平定計画を討議する理由である。この平定計画はわれわれが捕らえている大量の不逞なレジスタンスの政治家やその他政治的に疑わしい分子を一掃することを目標とする。……。

これが、とくにポーランドの知的指導階級にかんするかぎり、数千のポーランド人の生命を奪うことになることを率直にみとめる。時はわれわれすべて国家社会主義者に、ポーランド人民が二度とレジスタンスを起こさないようにする義務を課している。私はその場合、われわれの負う責任を知っている。……諸君、諸君の持っている一切の力をあげてこの義務の遂行に協力していただきたい。私は国家社会主義の戦士としての諸君に訴える。これ以上いう必要はないだろう。われわれはこれらの措置をとるだろう。これは内密だが、われわれは総統が私に与えた命令に従って、行うのである。

諸君、われわれは殺人者ではない。職務上これらの処刑を実行する警察官とSS隊員にとって、これは恐ろしい任務である。死の令状に何百枚も署名するのはたやすい。しかし尊敬すべきドイツ兵士、ドイツの同僚にこれらの宣言の執行を求めるのは、恐るべき重荷を課すことを意味する。……これらの死の宣告を実行するきびしい義務を与えられたすべての警察署長、SS指導者は自分がドイツ国家が宣告した合法的判決を単に実行しているだけだという百パーセントの確信を持つべきである。したがって即決裁判の手続きもこれらの場合に適用さるべきで、そのようにしてこれが恣意的行動であるとの印象が起こる可能性をなくすべきである」（註二二）と。

要するに、ポーランドの知識人を殺害せよ、と命令しているのである。

この説明から判断すると、フランクは警察官やSS隊員に対する自分自身の要望、要請という形で、総統のポーランド知識人殺害命令を伝達するつもりであった。けれども、自分の署名ひとつで数千人の生命が奪われる、という精神的重圧に耐えかねてか、「例外的な討議」とか、総督の「要望」とか「要請」などと言ってみたものの、それもほんの束《つか》の間、総督命令は実は、総統自身の命令であることを、「内密だが」認めざるを得なかったのである。

このヒトラー総統の命令はフランク総督に対するものであるが、すでにドイツ領土に編入されていたポーランド西部と北部はもちろん、総督領内でも、なし崩し的、実験的に実行されていたことであり、その拡大をフランク総督に実行を迫ったものと考えてよい。

▼ポーランド人被拘束者は一部、大赦で釈放され、一部はナチスの捕虜になった

カチンの森事件はヒトラー、ヒムラー、フランクという三人の指導者の命令や覚書と切り離して考えることはできない。

つまり、カチンの森事件はドイツ政府が国家の政策として行ったのである。

このことについて、『カチンの森事件　ポーランド指導階級の抹殺』は次のように述べている。

「一九四一年八月一日付政治局宛NKGBの声明書によると、国家保安機関の監督下におかれたポーランド人収容者・追放者は合計で三八万一二二〇人に達した。うち二万六一六〇人が戦争捕虜、一三万二四六三人がオサドニツィ、四万六五九七人が有罪判決を受けた者か調査中の者、一七万六〇〇〇人が有罪判決を受けた者の親族および避難民だった」（註一三）と。

オサドニツィとは何か。同書は次のように説明している。
「オサドニツィ（Osadnicy）は帝政ロシアのコザックに似ている。一九二一年のリガ条約でロシアからポーランドに割譲された西ウクライナと西ベロルシアの領土で、土地を政府からもらった元ポーランド兵士たちである。農業労働に従事しながらポーランド東部国境の防衛にあたった。」（註二四）と。

いわば日本の屯田兵とでもいった存在である。

この三八万一二二〇という数字はＮＫＧＢが設置された一九四一年はじめのものであろう。

前掲書はまた、一九四一年十月一日、ベリヤがスターリンに、合計三九万一五七五人の投獄・拘禁・追放されていたポーランド国民のうち、三四万一八四〇人が九月末までに釈放されたと報告したと指摘している（註二五）。

人数の増加増は国境警備強化によるものと思われるし、投獄・拘禁・追放された三九万一五七五人と、一九四一年八月に大赦で釈放された三四万一八四〇人の間には、四万九七三五人の開きがあるが、これは独ソ開戦後、ナチス・ドイツ軍の支配下に置かれたポーランド人の数と考えてよい。

すなわち、一九四一年九月末現在、ドイツ軍はレニングラード、スモレンスク、キエフを結ぶ線にまで進出していた。すなわち、レニングラードは九月八日には陸上で封鎖され、ラドガ河からネバ河に入る船舶の運航は麻痺状態となった。スモレンスクでは激烈な会戦が七月初めから九月終わりまでつづいていた。キエフは九月十九日、ドイツ軍に占領された。

四万九七三五人の運命がどうなったか。それはナチス・ドイツの他民族政策、具体的には対ポーランド人政策によって決定された。

▼ナチスの他民族政策の実行部隊としてのアインザッツグルッペ、アインザッツコマンド

カチンの森事件はナチス・ドイツの国家的政策によって起こされたものであるが、それにしても、その残酷な殺害など正常な人間にはとうていできないことである。これに関し、ロジャー・マンベル著『ゲシュタポ〈恐怖の秘密警察とナチ親衛隊〉』は、ナチス支配下のポーランド領内でのポーランド人〝浄化〟のために編成されたSS行動隊〔アインザッツグルッペ〕の〝浄化〟作業について次のように指摘している。

「この作戦を実施したのは、ドイツ軍隊ではなかった。血も涙もなく、組織的に人を殺すということは、慣れない人間には、とうていできないことである。ふつうの人間は、戦場で人を殺すのが精一杯だった。数は比較的少なかったが、人をあつめて、いくつかグループをつくり、これを軍隊のうしろにつけて送り込んだのは、ヒムラーの仕事だった。これらのグループはレジスタンスに出くわしたら、どこでも、ただちに秘密警察と死刑執行人の二役を演じた。軍の高級将校のおおくは、ヒムラーのSS突撃隊がやったことをみて、大へんなショックをうけながら、ポーランドからもどっ

てきた」（註二六）と。

そうすると、カチンの森事件の犯行を実行したのは、ドイツ国防軍ではなかった。それは、ナチスの治安警察・保安部の特別出動部隊、アインザッツグルッペ、アインザッツコマンドであると考えてよい。

事実、『独ソ戦とホロコースト』は次のように述べている。

「陸軍後方地域の治安平定は、治安警察・保安部の特別出動部隊（アインザッツグルッペ）が、陸軍最高司令官ブラウヒッチュと治安警察・保安部長官ハイドリヒとの協定により行うことになった。その協定は四一年四月二八日に出来上がった。ブラウヒッチュ陸軍最高司令官の自筆署名の協定書によれば、この調整事項は、治安警察・保安部との協力・責任分担関係を明確にするものであった。」（註二七）と。

ルパート・バトラー著『ヒトラーの秘密警察』によると、アインザッツグルッペとその個々の特別行動中隊（アインザッツコマンド）はソ連地区ではA、B、C、Dの四隊が行動し、そのうち、スモレンスクを行動範囲とするのはB隊であった。中隊にはゲシュタポ（秘密警察）、秩序警察（オルポ）、刑事警察（クリポ）、SD（親衛隊保安部）からの支援要員も参加していた（註二八）。

『ゲシュタポ〈恐怖の秘密警察とナチ親衛隊〉』は一九四一年六月六日、ヒトラーが布告した「赤軍人民委員の殺害命令」〔コミッサールベフェール〕のことを忘れてはならないと指摘し、次のようにつづけている。

「この命令にひきつづいて、いろいろな命令が出され、やがては、これがSS〔親衛隊〕による絶滅計画に発展した。政治代表や政治委員ばかりだけではなく、一般の戦争捕虜もふくまれていた。これらのソ連兵捕虜は、ドイツ軍にとらえられてから、ユダヤ人とおなじように、のぞましくない人間の階級にいれられた。ソ連兵の捕虜の大々的な死刑執行の結果、ユダヤ人にたいして考えられたとおなじような、絶滅計画の完全なパターンができあがっていたのであった。」（註二九）と。

独ソ戦開始後、ソ連軍将兵の殺害は次第にエスカレートしたのである。

ソ連侵攻直後の七月三日、スターリンはラジオ放送のなかで、一般市民などに対しパルチザン闘争を呼びかけた。『独ソ戦とホロコースト』によると、ヒトラーは一九四一年七月一六日の会議で次のように説いた。

「パルチザン戦争は、われわれにとってまたしても有利である。それはわれわれに対抗する者を根絶する可能性を与えるのだ」（註三〇）と。

『ゲシュタポ〈恐怖の秘密警察とナチ親衛隊〉』はドイツ軍のソ連侵攻後のことについて、次のように指摘している。

「（ソ連侵攻後は）SSの行動隊が、ふたたび軍についていった。こんどのばあいは〝治安〟のためという大義名分はともかく、最初から大量虐殺せよという秘密指令をうけていた。もっとも行動隊の報告では、出くわしたユダヤ人はすべて〝パルチザン〟ということになっていた」（註三一）と。

『ヒトラーの秘密警察』は特別行動中隊（アインザッツコマンド）の各部隊について、次のように述べている。

「各部隊は行政府※とともに行動し、通訳者、無線技師、テレタイピスト、事務係、女性スタッフからなる移動オフィスだった。

少なくとも書類のうえでは、各隊は当該地域の国防軍部隊の指揮下にあった。それが戦後の連合軍による裁判で、SDやゲシュタポの役割の重要性を否定する弁護に利用された。軍の指揮官との連絡は密だったが、実際の作戦の指示はハイドリヒによって下され、軍がその内容を知ることはなかった」（註三二）と。

※　後述の「国家行政委員会」のことであろう。

この事実は、スモレンスク会戦に参加したドイツの第二装甲集団の司令官、グデーリアン上級大将も認めている。グデーリアンは自著『電撃戦　上　グデーリアン回想録』で次のように述べている。

「（スモレンスク）付近の住民は、はなはだ好意的だった。戦場になっている集落から出てきた婦人たちは、木皿の上にパンやバターや卵を載せて持ってきて、私が少しでも食べないうちは承知しない、といったふうであった。しかしドイツ軍に対する住民のこうしたくつろいだ気分も、残念ながら、わが軍の寛大な軍政が実施されているあいだしかつづかなかった。やがて『国家行政委員会』（軍政から民政に移すため、ナチ党員で組織された民政機関）の委員が派遣されてくるようになると、ドイツ人への共感はたちまち失われ、ただパルチザン反乱の地盤を準備されるだけになってしまったのである」（註三三）と。

これにより、開戦初期のドイツ国防軍とナチス親衛隊、秘密警察との間には大きな違いがあったことがわかる。

「寛大な軍政」という点については、『ジューコフ元帥回想録』からもある程度、察知できる。同書によると、戦争直後の数ヶ月間、戦闘において、野外勤務においてドイツ軍兵士は、よく任務をわきまえており、根気強く、自信満々で規律正しかった。

こうして先ず、大量殺人の「模範」を示したのがカチンの森事件発生の直前、すなわち一九四一年九月二九、三〇の両日、バビ・ヤール峡谷で行われたユダヤ人大虐殺である。『ホロコースト全史』によると、バビ・ヤール峡谷の虐殺は九月二十六日、親衛隊と警察の協議により決定された（註三四）。

この事件では、ドイツ軍の命令に従わず、所定の場所に出頭しなかった者は死刑に処され、命令に従って出頭した者は銃殺された。つまり、命令に背いても殺され、従っても殺されることになる。これこそユダヤ人絶滅政策の現れにほかならない。つまり、この事件はナチス・ドイツの政策の実行であり、これはやはり、ナチス・ドイツの国家政策であった。

虐殺を実行したのはナチス親衛隊の行動部隊、アインザッツコマンドである。

カチンの森事件はヒトラーの命令を受けて、フランク総督が出した前述の命令、

「ポーランドの知識人を殺害せよ」

および次に述べるフランクの、

「A　B作戦、ポーランド指導者の絶滅計画」（註三五）

と関連づけて考えなければ理解することは困難であろう。

なお、『アウシュヴィッツ収容所　所長ルドルフ・ヘスの告白遺録』によると、一九四二年初めまで、というからスモレンスク決戦の頃まで、アウシュヴィッツ強制収容所の被収容者は主としてポーランド系の人々であった。しかし、被収容者の人員過剰のため、同収容所への移送は困難になっていった。一九四一年三月、ヒムラーの命令で、この強制収容所を一〇万人収容の捕虜収容所に拡大することになった。そして、実際に建設工事が始まったのはカチンの森事件の発生した一九四一年一〇月であった（註三六）。つまりカチンの森事件が発生した一九四一年秋、同収容所の収容余力はなかったということになる（註三六）。

▼カチンの森での遺体発見直前のポーランド情勢

『カティンの森の夜と霧』によると、一九四〇年五月のフランクのもとで開かれたドイツ警察幹部の特別会議の結果、「A　B作戦、ポーランド指導者の絶滅計画」という命令が出され、その結果、ポーランドの指導的立場にある人々には次のような事態が発生した。

「ポーランド全土にわたり恐怖（テロ）がけたたましくわめく緑色の警察自動車に乗って走り回った。人々は、その寝ていた寝台より引きずり起こされ、また市内電車より引き降ろされ、あるいは勤め先の机や、授業中の教室から捕らえられ連行された。それから数時間後に、彼らはみんな死んでいた」（註三七）。

これが第二次世界大戦勃発当時の現実である。悲惨な目にあったのは指導者だけではなかった。ヒューレット・ジョンソン著『東欧の新世界』は次のように述べている。

「ヒトラー帝国の一部となることにきめられた地域※のドイツ化政策は、これらの地域が軍事占領されるやいなや、無慈悲な速さですすめられていった。たとえば、グディニアでは、十月八日の布告が発効する以前に、すべてのポーランド名とポーランドのポスターがとり去られ、すべての町名が改名されてしまっていた。十一月二十六日にブロングベルグでフォルスター※※は、すべてのポーランド人とユダヤ人はダンチヒ（西プロイセン州）から退去せねばならぬと声明した。それから数週間後にヒトラー帝国宣伝省の高官は、『ベルリーナー・ベエルゼン・ツァイトング』紙に発表した論文で、このような追放政策がドイツに併合されたすべての地域でおこなわれるはずであることをあきらかにした。大ヒトラー新国境と独ソ境界線のあいだの地帯※※※へのポーランド人およびユダヤ人の強制移住は、一九三九　四〇年の冬におこなわれた。伝えられたところによると、移住させられた都市の住民たちは、一日前に予告されて、町ごとにつぎつぎと追い出されてしまったのである」（註三八）と。

※　ドイツ第三帝国領土
※※　州指導者。州指導者は、ヒトラー政府の命令によって活動したが、彼自身の行政地域内では、ヒトラーの個人的代表として全権をもっていた。
※※※　総督領

ポーランド人やユダヤ人の迫害はこれで終わったのではなく、始まったばかりだということである。

しかし、それはさておくとして、いま、ここで理解しておく必要のあることは、この状態ではソ連からの手紙の配達など、容易ではなかったということである。


第二次世界大戦が始まると、ポーランドには二つの大きな軍事的、政治的勢力ができた。

一つは「国内軍」（Armina Krajowa—AK《アー・カー》）である。J・M・チェハノフスキ著『ワルシャワ蜂起　1944』によると、ポーランドには一九四〇年一月、武装闘争団（ZWZ）が結成されていたが、ロンドン亡命政府との関係を明確にするため、一九四二年にシコルスキーによって名称を変更されたものである（註三九）。しかし、これは決して単なる名称変更ではなかった。現実をみれば、亡命政権はこれによって対内的には国内に基盤を持ち、対外的にはポーランドを代表するにいたった。国内軍は、祖国軍、国民軍などと訳されている。以下混乱回避のため、名称を「国内軍」に統一する。

『第二次世界大戦史　7』は国内軍の指導部がポーランド国内にブルジョア・地主制度を復活さ

せようとしていたと述べ、次のように指摘している。

「同指導部は、占領軍と戦うように見せかけ、ポーランド領土からのドイツ軍の退却の瞬間における権力の奪取をめざして、武力決起のために兵力を温存しようとつとめた。」（註四〇）と。

『世界史　現代8』は国内軍とロンドン亡命政府の戦術について次のように述べている。

「（国内軍の）兵士たちのあいだに待機戦術に対する不満がうまれてきた。兵士たちをおとなしくさせておくために、祖国軍の司令部は〝限局闘争〟戦術をとると宣言しなければならなくなった。これは実質上は将来のために力をたくわえる目的で、ヒトラー一派に対して積極的に作戦するのをさける政策をつづけるということであった。ロンドン亡命政府は、イギリスとアメリカの援助をたのみとして、ヒトラー・ドイツが壊滅したときにポーランドで権力をにぎり、ブルジョア地主体制をうちたてようと思っていたのである。」（註四一）と。

いかにもナチス占領軍と戦うように見せかけながら、ドイツ軍とはできるだけ戦わないで、ドイツ軍がポーランド領土から退却する瞬間に、権力を奪取しようとし、武力、兵力の温存をはかるという夢想的な戦術であった。もちろん、ソ連軍の協力なしに、ポーランド軍単独での権力奪取は不可能であり、この戦術では、決定的な瞬間に、ソ連との対立が生まれることは目に見えていた。

国内軍の指導者が考えていることは、独ソ戦の中で、ポーランドに地主と資本家の支配権を確立することであった。

いま一つは人民親衛隊である。

『カティンの森の夜と霧』は次のように指摘している。

「一九三九年（昭和十四年）以前のポーランドの諜報ならびに防諜機関が、欧州で最優秀なものの一つであったことは、あまりよく知られていないようである。たとえば、その特務機関はポーランド共産党のあらゆる組織層に非常によく浸透していたので、一九三八年（昭和十三年）にソ連の指導者は、ポーランドで共産党を解消することを決定した。それは、ポーランドの治安維持機関の手による完全な党員登録より、残余の党員を救出するための唯一の手段であった」（註四二）と。

事実、『ソ同盟大百科事典』第二二巻の共産党の項を訳した『世界の共産党』（国民文庫）は次のように指摘している。

「ポーランドのファシスト、ピルスドスキー一派は、長年にわたってポーランド共産党内に自分の手さきをおいた。それらの手さきは、優秀な共産党員を保安課にひきわたしたばかりでなく、組織的に党の方針をゆがめ、党の活動を失敗させ、共産党にたいする労働者階級の信頼をうしなわせ、ポーランド共産党をピルスドスキーの犯罪計画に従属させようとした」（註四三）。

同書によると、一九三八年、ポーランド共産党（一九二五年まではポーランド労働党）は、コミンテルン執行委員会の決定によって解散した。

その後、一九四一年一月に設立されたポーランド労働党が編成したのが人民親衛隊、後の人民軍である。

人民親衛隊と国内軍との統合について

『第二次世界大戦史6』によると、一九四三年一月、つまり、ゲッペルスがカチンの森の遺体発見を発表する直前、ポーランド労働者党中央委員会はロンドンの亡命政府に対し、人民親衛隊と国内軍の統合を提案したが、拒絶された（註四四）。

『世界史　現代8』によると、ロンドン亡命政府が統合提案を正式に拒否したのは同年四月二十八日である（註四五）。それはポーランドの地下抵抗運動、つまり国内軍の秘密分子が密かにカチンの森の遺体検証に加わった直後のことである。

これによって人民親衛隊と国内軍の間の溝は超えられないほど深いことが明確になった。これはやがて国内軍によるワルシャワ蜂起の失敗を招く。ゲッペルスは五月一日の日記に、

「アングロ・サクソン陣営はわが方の宣伝が敵国連合にくさびを深く打ち込むことに成功したという事実におびえている」

と書いているが、このゲッペルスの判断は正しかった。

▼カチンの森事件発生当時のナチスの残虐行為

カチンの森の虐殺がおこなわれた前後、すなわち一九四一年にはバビ・ヤール峡谷以外にもヒムラーの命令によるユダヤ大量虐殺事件が少なからず発生していた。

『世界戦争犯罪事典』によると一九四一年秋に犠牲になった人数は次の通りである。

リガ（ラトヴィア）　一〇、〇〇〇人
ミンスク（ベラルーシ）　一二、〇〇〇人
ドニェプルペトロフスク（ウクライナ）　一五、〇〇〇人
ヴィリニウス（リトアニア）　二〇、〇〇〇人
ウマン（ウクライナ）　二四、〇〇〇人（註四六）

また『ホロコースト全史』によると集団虐殺で犠牲になった数は次の通りである。

オデッサ（ウクライナ）　三九、〇〇〇人
イャーン（ルーマニア）　一五、〇〇〇人
ベッサラビア（ルーマニア）　一五〇、〇〇〇人（註四七）

以上はすべて一九四一年内だけの大量虐殺の、判明分の数である。殺害されたのはほとんどがユダヤ人である。

これだけの大量殺害が行われた根底には、多くの人々がユダヤ人迫害に無関心であったことが大

きな役割を果たしていた。『ホロコースト全史』は、「東ヨーロッパで行動部隊（アインザッツグルッペン）が残虐の限りをつくすようになると、昔からユダヤ人を迫害してきた地元の集団までもが、ユダヤ人の虐殺に加担するようになった」（註四八）

とさえ指摘している。

レーニンは「蓄音機のレコードに録音された演説」で次のように説いていた。

「勤労者の敵はユダヤ人ではない。労働者の敵はあらゆる国の資本家である。ユダヤ人のなかには労働者、勤労者がおり――しかも彼らが大多数である。彼らは、資本の抑圧を受けている、われわれの兄弟であり、社会主義のためにたたかう、われわれの同志である。ユダヤ人のあいだには富農、搾取者、資本家がいる。それは、ロシア人のばあいも、あらゆる民族のばあいも同様である。資本家は、異なった信仰、異なった民族、異なった人種の労働者のあいだに、憎悪をまきちらし、たきつけようとつとめている。労働しない人々は、資本の力と権力にささえられている。富んだユダヤ人は、富んだロシア人と同じように、たがいに同盟をむすんで、労働者を抑圧し、圧迫し、掠奪し、分裂させようとしている」（註四九）と。

もちろん、二千年の歴史で社会の隅々にまで染み込んでいた反ユダヤ的感情がロシア革命後、わずか二十数年で簡単に一掃されるものではなかった。

ソ連にも反ユダヤ主義の残滓があった。『独ソ戦とホロコースト』は、ロシアの民衆のなかにかつてもいまも強い反ユダヤ主義の潮流がある、と指摘し、次のように説いている。

「ソ連においては、反ユダヤ主義が死刑も含める罰則のもとにあった。しかし、ユダヤ人は『できるだけ正体を隠しておく』のが賢明だと思っていた。正体を隠すもっとも頻繁に用いられた方法は、名前を変えることであった。この名前の変更は、ソ連では非常に簡単にできた。なぜなら、管轄の事務所に出向いて申告するだけでよかったのである」（註五〇）と。

アメリカやイギリス政府は一九四二年にはナチのユダヤ人虐殺について十分な情報を入手していたが、それでも積極的には動こうとしなかった。

『ホロコースト全史』は次のように説いている。

「一九四二年一〇月、ポーランド亡命政府の秘密特使ヤン・カルスキがワルシャワのユダヤ人組織の指導者と会談した席上、ユダヤ人側の指導者たちはカルスキに次のような要求を提出した。連合国側の戦略に、ナチによるユダヤ人絶滅政策を中止するための対策を加えること。ドイツに絶滅政策を中止させるため、ドイツ国民に対する公的アピールを行うこと。ヨーロッパのユダヤ人の虐殺に関するすべての事実、強制収容所や絶滅収容所、ゲットーに関する情報、ユダヤ人に対するあらゆる犯罪行為を公表すること。最後に、もしさらに虐殺が続くならば、ドイツ国民がその責任をとるべきであるということ。」（註五一）と。

カルスキはこの要請をアメリカやイギリスの最高首脳に伝えたが、アメリカ政府がそれを採り上げるのは一九四四年を待たなければならなかった。

そんな時代だけに、カチンの森の虐殺が国際的に大きな衝撃を与えたことは疑いない。

註一　ゲ・カ・ジューコフ著『ジューコフ元帥回想録』（朝日新聞社、一九七〇年）二二二頁
註二　ソ同盟情報局『歴史の偽造者』（一九四八年、ソ連情報局）三～四頁
註三　ソヴェト大百科事典『第二次世界大戦』（青木文庫、一九五五年）六四頁
註四　『ライフ第二次世界大戦史（6）』のうちニコラス・ベサル著『独ソの激闘』（タイムライフブックス、一九七九年）七五頁
註五　J・K・ザヴォドニー著『カティンの森の夜と霧』（読売新聞社、一九六三年）三一頁
註六　前掲書六〇頁
註七　ヒュー・トレヴァー、ローバー解説『ヒトラーのテーブル・トーク』（三交社、一九九四年）五七頁
註八　アルバート・シュペール著『ナチス　狂気の内幕』（読売新聞社、一九七〇年）二八二頁
註九　J・K・ザヴォドニー著『カティンの森の夜と霧』（読売新聞社、一九六三年）六〇頁
註一〇　ヴィクトル・ザスラフスキー著『カチンの森　ポーランド指導階級の抹殺』（みすず書房、二〇一〇年）二五頁
註一一　永岑三千輝著『ドイツ第三帝国のソ連占領政策と民衆』（同文館出版、一九九四年）三〇頁
註一二　ヴィクトル・ザスラフスキー著『カチンの森　ポーランド指導階級の抹殺』（みすず書房、二〇一〇年）三六頁
註一四　前掲書三六頁
註一五　前掲書一二二頁
註一六　スタニスワフ・ミコワイチク『奪われた祖国ポーランド』（中央公論社、二〇〇一年）六二頁、およびヴィクトル・ザスラフスキー著『カチンの森　ポーランド指導階級の抹殺』（みすず書房、二〇一〇年）一九頁
註一七　スタニスワフ・ミコワイチク『奪われた祖国ポーランド』（中央公論社、二〇〇一年）六一頁
註一八　前掲書六〇、六一頁

註一九　J・K・ザヴォドニー著『カティンの森の夜と霧』（読売新聞社、一九六三年）三七頁
註二〇　永岑三千輝著『ドイツ第三帝国のソ連占領政策と民衆』（同文館出版、一九九四年）三六頁
註二一　前掲書三四頁
註二二　嬉野満洲雄・赤羽龍夫編著『ドキュメント現代史　3　ナチス』（平凡社、一九七三年）二六一頁
註二三　ヴィクトル・ザスラフスキー著『カチンの森　ポーランド指導階級の抹殺』（みすず書房、二〇一〇年）一七頁の原注
註二四　前掲書四九頁
註二五　前掲書四九頁
註二六　ロジャー・マンベル著『ゲシュタポ〈恐怖の秘密警察とナチ親衛隊〉』（サンケイ新聞社出版局、一九七一年）一二四～一二五頁
註二七　永岑三千輝著『独ソ戦とホロコースト』（日本経済評論社、二〇〇一年）八〇～八一頁
註二八　ルパート・バトラー著『ヒトラーの秘密警察』（原書房、二〇〇六年）一三八頁
註二九　ロジャー・マンベル著『ゲシュタポ〈恐怖の秘密警察とナチ親衛隊〉』（サンケイ新聞社出版局、一九七一年）頁
註三〇　永岑三千輝著『独ソ戦とホロコースト』（日本経済評論社、二〇〇一年）八六頁
註三一　ロジャー・マンベル著『ゲシュタポ〈恐怖の秘密警察とナチ親衛隊〉』（サンケイ新聞社出版局、一九七一年）頁
註三二　ルパート・バトラー著『ヒトラーの秘密警察』（原書房、二〇〇六年）一三八頁
註三三　ハインツ・グデーリアン著『電撃戦　上　グデーリアン回想録』（中央公論新社、一九九九年）二八七頁
註三四　マイケル・ベーレンバウム著『ホロコースト全史』（創元社、一九九六年）九一頁
註三五　ヴィクトル・ザスラフスキー著『カチンの森　ポーランド指導階級の抹殺』（みすず書房、二〇一〇年）八九頁
註三六　『アウシュヴィッツ収容所　所長ルドルフ・ヘスの告白遺録』（サイマル出版会、一九七二年）一〇八頁
註三七　J・K・ザヴォドニー著『カティンの森の夜と霧』（読売新聞社、一九六三年）八九頁

註三八　ヒューレット・ジョンソン著『東欧の新世界』（みすず書房、一九五七年）二三九頁
註三九　J・M・チェハノフスキ著『ワルシャワ蜂起　1944』（筑摩書房、一九八九年）八五頁
註四〇　ソ連共産党中央委員会付属マルクス・レーニン主義研究会編『第二次世界大戦史　7』（弘文堂、一九六三年）二八三頁
註四一　ソヴィエト科学アカデミー版『世界史　現代8』（東京図書、一九六六年）三九〇～三九一頁
註四二　J・K・ザヴォドニー著『カティンの森の夜と霧』（読売新聞社、一九六三年）一四二頁
註四三　ソヴェト大百科事典『世界の共産党』（国民文庫、一九五五年）一七五頁
註四四　ソ連共産党中央委員会付属マルクス・レーニン主義研究会編『第二次世界大戦史6』（弘文堂、一九六三年）二八二頁
註四五　ソヴィエト科学アカデミー版『世界史　現代8』（東京図書、一九六六年）三九三頁
註四六　『世界戦争犯罪事典』（文藝春秋、二〇〇二年）五四六頁
註四七　マイケル・ベーレンバウム著『ホロコースト全史』（創元社、一九九六年）二一九頁
註四八　マイケル・ベーレンバウム著『ホロコースト全史』（創元社、一九九六年）三二二頁
註四九　『レーニン全集第二十九巻』（大月書店、一九五八年）二二七・二二八頁
註五〇　永岑三千輝著『独ソ戦とホロコースト』（日本経済評論社、二〇〇一年）六四頁
註五一　マイケル・ベーレンバウム著『ホロコースト全史』（創元社、一九九六年）三三八頁

Ⅵ　カチンの森での遺体の発見と発掘

▼ドイツ側の調査団派遣

一九四三年年一月一八日、ナチスのＳＳ警備兵がワルシャワ・ゲットーのユダヤ人を移送しようとしたところ、これに反対したユダヤ人たちがＳＳ警備兵に襲いかかるという事件が発生した。この事件の経過を見ていたヒムラーは二月一六日、ゲットー壊滅の命令をくだした。

カチンの森での大量の遺体「発見」はその直後のことであった。この事件は客観的には、ソ連の残虐性を宣伝することによって、ナチスの残虐行為を隠蔽するとともに、ゲッペルスのいうとおり、連合国という名の反ファシズム解放戦線内部、具体的には人民親衛隊と国内軍の間に不和をもたらすリンゴの役割を果たしていた。

カチンの森事件がはじめて公表されたのは一九四三年四月十三日であり、ドイツ政府は万国赤十字社に事件の調査を依頼したが受け入れられなかった。そこで、ドイツ政府は国際調査委員会（国際調査団）を現地に派遣した。

国際調査委員会は、ベルギー、ブルガリア、デンマーク、フィンランド、イタリア、クロアチア、オランダ、チェコスロヴァキア、ルーマニア、スイス、ハンガリア、フランスなど十二カ国の著名な学者と法医学の専門家より編成されていた。この十二カ国はスイスとスウェーデンを除けば、ほとんどナチス・ドイツの占領下、支配下、影響下にある国々であった。

▼現地入りした調査団について

◎カチンの森で現地調査を行った三つの組織について

『カティンの森の夜と霧』によると、ドイツ政府がカチンの森に派遣した調査機関は、国際調査委員会、ポーランド赤十字委員会、ドイツ特別法医学委員会の三つであった。同書は別の箇所で、

国際調査委員会、ポーランド赤十字委員会、ドイツ調査委員会

あるいは、

国際委員会、ポーランド赤十字、ドイツ法医学委員会

という三つの組織を並列的に書いているから、

国際委員会は国際調査委員会であり、

ポーランド赤十字はポーランド赤十字委員会であり、

ドイツ特別法医学委員会、ドイツ調査委員会、ドイツ法医学委員会は同一の組織であるか、相互に関連しあった組織だということになる。

◎ 国際調査委員会の現地滞在期間

『カティンの森の夜と霧』には次のような記述もある。

「国際調査委員会は、一九四三年（昭和十八年）四月二十八日にカティンの森に到着した」（註一）

「発掘作業は六月三日に終了して、最後の死体の群れは一九四三年（昭和十八年）六月七日に再び埋葬された。国際調査委員会はカティンの森で三日間すごしたが、ポーランド赤十字調査団は五週間を費やした」。（註二）

ここで重要なことは国際調査委員会が現地にいたのは四月二十八日から四月三十日までの三日間だけだという事実である。

もっとも、『カチンの森　ポーランド指導階級の抹殺』によると、

「一九四三年四月、ドイツ側は、同盟国およびドイツ占領下にある大半の国の代表から構成される国際医学調査委員会を設立した。しかし委員長は中立国の有名なジュネーヴ大学法医学の教授フランソワ・ナヴィールだった。委員会はカチンの森の現地で一ヶ月間調査し、五月三十日に一致した結論を出した」（註三）

という。

アメリカ下院の報告書（註四）によると、ナヴィール教授はドイツ国際医学調査委員会に属しているから、同書の指摘する国際医学調査委員会はドイツ国際医学調査委員会、つまりドイツ特別委員会（＝ドイツ調査委員会＝ドイツ法医学委員会）のことだということになる。

つまり現地に三日間しかいなかった国際調査委員会と一ヶ月間滞在した国際医学調査委員会という二つの組織は名称こそは紛らわしいが、実は別組織で、さらに調べると、国際医学調査委員会はドイツ法医学委員会だということになる。

◎　国際調査委員会の行動について

『カティンの森の夜と霧』は国際調査委員会の活動内容について次のような事実を挙げている。

「（国際調査委員会の）各委員は、カティンの森の付近に居住しているソ連市民たちと会見したり、これまでに全然、手を触れていなかった九名の死体について解剖を行なったり、また調査団一行のために、すでに発掘された九百八十二名の死体を検分した。そして最後に、彼らが調査した結果をまとめた医学的報告書にそれぞれ署名した」（註五）

「（遺体総数は）ポーランド赤十字調査委員会によると、四千二百四十三体であった。この死体数に、さらに一部分だけ発掘された、第八号墓から出た約二百体の死体を加え（ねばならなかった）」（註六）

「ドイツ調査委員会が、墓の上の立ち木の顕微鏡による分析、検査の結果を公表して、ポーランド側と国際調査委員会の委員たちがこれを確証（した）」（註七）

「国際調査委員会の委員たちは、顕微鏡による分析検査と脳髄の鹸化程度の評価とにもとづいて、各死体が最小限度で、三年間は墓の中にあったに違いないことを確証した」（註八）

つまり、わずか三日間で、

A　市民たちとの会見

B　九名の死体の解剖

C　九八二名の死体の検分

D　調査結果を医学報告書にまとめた

E　遺体総数の確認

F　ドイツ調査委員会の立ち木の分析、調査結果の確証

G　顕微鏡による分析検査と脳髄の鹸化程度の評価

などを行なったことになる。

これだけのことを、十二カ国から寄せ集められた委員が、わずか三日間で綿密に行うとすると、手分けして調査をしたとしても大変な作業である。例えば、九八二名の死体検分だけをとってみよう。十二カ国の委員十二名が三日間、毎日八時間検分したとすると、一人が一時間に三体検分したのでは検分しきれず、その他の作業には手を付けられないことになる。同調査団の現地入り以前に行われた調査内容を確認する以上のことをすることは至難のわざになる。結局、後事をナチスのドイツ委員会、すなわちドイツ特別法医学委員会（＝ドイツ特別委員会＝ドイツ調査委員会）に託すことになる。

ここでベルリン放送のウソがまた明らかになった。

「第八号墓」の存在は、墓が少なくとも八基は存在することを意味する。事実、「士官候補生と青年将校の死体」（註九）が埋められていた第五号の墓も存在することが何よりの証拠である。

ここで思い出されるのは四月十三日のベルリン放送である。それによると、墓は「長さ二八メートル、横一六メートルの一二層からなる穴」であり、そこに三、〇〇〇人の遺体が埋められていたのであった。つまり、墓は三、〇〇〇人が埋められた一基しか発見されなかったような報道ぶりであった。しかし、八基だとすると、埋められた遺体は一基平均三七五体で、ベルリン放送の発表とはかなり様相が異なっている。ベルリン放送は「他の埋葬地」の存在を予測していたが、ドイツ政府は、八基の墓が存在することなど、とっくに承知していたのである。もっとも、ゲッペルス宣伝相も当初、野戦警察がしたことの詳細までは知らされていなかった。

墓地の存在を発見した野戦警察は後述するが、実はヒムラー配下の「秘密野戦警察」であった。発見の事実は先ず、ヒムラーに報告され、ヒムラーからヒトラーへ、ヒトラーからゲッペルスに伝わったのである。この課程で、墓地の状況に関する報告内容が変わってきたと考えられる。

何故、八基も存在した墓地が、一基に過ぎないかのように放送されたのか。これについては、デマ宣伝はファシズムの体質だと考えておけばよい。それは日本の一九四一年十二月八日の大本営発表と同じような現象である。

服部卓四郎著『大東亜戦争全史』によると、十二月八日未明、交戦したのはまず、午前二時、西太平洋ではなく、敵の砲火を排して上陸したマレー半島のコタバルであり、次いで午前三時二十分、東太平洋の真珠湾攻撃であった。西太平洋における交戦といえば、フィリピンのクラーク空軍基地攻撃であるが、それは未明どころか、台風のため、大幅に遅れ、午後一時三十分であった（註一〇）。イギリス軍との交戦などまったく報告されていない。

ところが、いまだに、

「帝国陸海軍は今八日未明西太平洋において米英両軍と交戦状態に入れり」

という発表が堂々とまかり通っている。この午前六時の大本営発表に関する限り、真珠湾攻撃などなかったかのようである。これは日本軍国主義の体質である。ナチスも同様で、デマ宣伝は体質に染みついて離れないのである。

◎　ポーランド赤十字委員会について

ポーランド赤十字委員会とドイツ調査委員会（＝ドイツ特別委員会＝ドイツ法医学委員会）の現地入りの時期は明記されていない。ゲッペルスは四月十四日の日記で、中立的なジャーナリストやポーランドの知識人らを発見現場に派遣したと述べているが、四月十三日のラジオ放送以前の段階で、ポーランド赤十字委員会が現地入りすることなど考えられないから、このジャーナリストや知識人はポーランド赤十字関係者ではありえない。ナチスの関係者としか考えられない。

では、ポーランド赤十字委員会の現地入りは、何時だったのか。

前述のように、四月十八日付読売報知は、ポーランド赤十字社が四月十八日に、

「虐殺は殆ど全部頸筋に弾丸を撃ち込まれている」

と発表したと報じている。この記事は、同赤十字社の現地入り時期を明確にしたものではないが、

二十三日付朝日新聞はポーランド赤十字中央委員会が二十二日、

「過般来書記長スカルジンスキー氏を首班とする調査団」

をカチンに派遣したと発表しているから、同調査団は四月十八日にはすでに現地入りしていたと考えてよい。スカルジンスキーはポーランド赤十字の事務局長であり、スカルジンスキー調査団はポーランド赤十字委員会と同一組織であると考えてよい。前述のようにポーランド赤十字委員会は、カチンの森で五週間過ごしたのだから、同委員会は四月十八日前後から五週間目、すなわち五月十五日前後には発掘を終了し、現地から引き上げたことになる。つまり、六月三日の発掘作業終了を待たずに退去したことになる。

ところが発掘作業が終わったのは六月三日であり、その五週間前、というと四月二十八日になる。これは、国際調査委員会（国際調査団）の現地入りと一致する。矢張り、ポーランド赤十字委員会が正式に現地入りしたのは万国赤十字が四月二十三日に現地入りを断った後、ということになる。しかし、それではカルジンスキー調査団（ポーランド赤十字委員会）が四月十八日にはすでに現地入りしていた、という事実と矛盾することになる。

この矛盾をどう解決すればよいのだろうか。これを解決するカギは『カティンの森の夜と霧』に

書かれた、

「（国際調査委員会と）ほぼ同じ時に、独軍占領下のポーランドより派遣された、ポーランド赤十字の九名より編成された医学調査団（その後、十二名に増加した）」（註一一）

という記述である。

つまり、九名で構成されたスカルジンスキー調査団は四月十八日にはすでに現地入りしていたが、国際調査委員会の現地入りと同時に三名増員し、正式にポーランド赤十字委員会を名乗ったと考えるほかはない。

結局、スカルジンスキー調査団はポーランド赤十字委員会（＝医学調査団。事務総長はスカルジンスキー）へと発展的に解消したことになる。つまり、スカルジンスキー調査団は実質的には四月十八日前後から六月三日まで六週間以上の間、発掘調査をおこなったことになる。

ドイツ調査委員会もスカルジンスキー調査団と行動を共にし、スカルジンスキー調査団のお目付役でもしていたと考えてよい。

つまり、一口にポーランド赤十字委員会、といってもスカルジンスキー調査団を含む広義の、非公式のものと、含まない狭義で正式のもの、つまり医学調査団の二通りがあるということになる。

◎ナチスとポーランド赤十字委員会の関係

『カティンの森の夜と霧』によると、スカルジンスキー調査団ないしポーランド赤十字委員会は、「現地で独自の調査を遂行することを独軍から許された」（註一二）という。同書はさらに次のように指摘している。

「この調査団の中には、独軍側にも他の団員にも知られてはいなかったが、ポーランド地下抵抗運動の秘密分子が加わっていたことである。彼らの指定された任務は、殺人下手人の正体を立証するための基礎資料を収集して、それを地下運動の秘密無電網を通じて、ロンドンにあるポーランド亡命政権へ発信することであった。

この医学調査団に加えて、さらにポーランド赤十字の他の役員が現地に連れてこられた。そうして全員が赤十字の腕章を与えられ、思うままに歩き回り、接触し、尋問し、写真を撮影する自由を、すべてみとめられた」（註一三）と。

全員に腕章が与えられたということはほとんどが赤十字社員ではなかったという意味に理解してよいだろうか。その赤十字はドイツ軍から自由行動を認められていたが、この赤十字には亡命政府系地下抵抗軍が潜入していた。国内軍と人民親衛隊の関係から判断すると、この事実をゲッペルスが知っていた可能性がある。

前掲書は続いて、

「さりながらポーランド側では、たとえばラジオ放送でしゃべったり、あるいは反ソ的声明を行なうごとき、ドイツ宣伝組織の利益をはかるような、いかなる活動にも引き込まれることには頑強に拒絶しつづけていた」（註一四）と述べている。これは赤十字を名乗っている以上、当然のことである。

◎ ポーランド赤十字委員会の動き

ポーランド赤十字委員会をめぐる動きを簡単に整理すると次の通りである。

四月十三日　ゲッペルスがカチンの森の墓地の存在をラジオで放送した。

四月十五日　ヒトラーがスイスの国際赤十字に対し招待を申し出た。（『カティンの森の夜と霧』による）

四月十六日　亡命政府もスイスの国際赤十字に対し招待を申し出た。（『奪われた祖国ポーランド』による）

四月十七日　この日の前後、スカルジンスキー調査団が現地入りした。

四月二八日　ポーランド赤十字委員会が国際調査委員会とともに現地入りした。

四月三〇日　国際調査委員会はカチンの森から引き上げたが、ポーランド赤十字委員会は現地に踏みとどまった。

六月　三日　ドイツ特別委員会（＝ドイツ調査委員会＝ドイツ法医学委員会）とポーランド赤十字委員会は発掘調査を終え、現地から引き上げた。

このことから、スカルジンスキー調査団を含むポーランド赤十字委員会は遅くとも四月十七日前後から六月三日まで七週間以上も現地にいたことがわかる。ゲッペルスのラジオ放送の四日後に現地入りしたスカルジンスキー調査団の行動はきわめて迅速であった。

一方、ポーランド赤十字委員会には亡命政府系地下抵抗軍が潜入していたが、その潜入時期は何時だろうか。

ゲッペルスの日記によると、スイス国際赤十字から、ソ連をもふくめた関係当事国の要請があれば専門家を派遣するという趣旨の電報による回答がドイツ政府に届いたのは四月二十四日であった。同じ内容の電報はロンドンにも送られ、亡命政府を経由してポーランド国内軍にも伝わったと思われる。そうすると、国内軍のポーランド赤十字委員会への潜入は四月十七日の段階ではなく、二十四日以後、つまり四月二十八日となる。潜入者らは国際調査委員会の現地入りと同時に増員したポーランド赤十字の委員三名の中に含まれていると考えてよいであろう。それは人民親衛隊と国内軍の統合に関するポーランド労働者党の一月の提案の拒否を亡命政府が決定した日であった。

そう考えると、前述したようにスターリンが四月二十一日、ルーズベルト宛の秘密親書（電報）で、

「連合国の敵ヒトラーとシコルスキー氏のあいだに……接触があり、協定があることを、うたがう余地のないものにしています」

と伝え、さらに四月二十九日の秘密親書で、

「私は、若干の親ヒトラー分子が、ポーランド政府の部内か、その周囲かで、シコルスキー氏を

引きまわし、そのために、ポーランド政府が、おそらく自分の意志とは別に、あなたのご承知の反ソ・カンパニアでヒトラーの思うままの道具の役割をはたしたものと、考えます。」（註一五）と指摘したのは的を射ていた。

国際調査委員会が現地から引き上げて以後、現地に残っていたのは、ドイツ軍を別とすれば、動きの明らかでないドイツ国際医学調査委員会とポーランド赤十字委員会だけであろうから、カチンの森事件のドイツ側の調査は事実上、ポーランド赤十字委員会、国際医学調査委員会によって行なわれたことになる。

ポーランド赤十字委員会がドイツの国際医学調査委員会と緊密に協力していたことは、ヒトラーと密かに交渉した国内軍が、ヒトラーに幻想を抱いていたことを意味する。そこから、ワルシャワ蜂起にかんする「プージャ」（嵐）作戦がうまれることになる。

「プージャ」作戦は一九四三年七月、亡命政府の最高司令官カジミェルシ・ソスンコフスキ将軍がタデウシュ・ブル＝コモロフスキ将軍を国内軍総司令官に任命したことに端を発して生まれた。

『ワルシャワ蜂起　1944』は国内軍の作戦について次のように説いている。

「国内軍の作戦は、軍事的な意味ではドイツ軍に銃口を向けていたが、政治的な意味ではソ連軍と『ポーランド共産党』に向けていたのである。」（註一六）と。

それは要するに次のような意味である。

それはソ連軍に押し返されたドイツ軍がポーランドから撤退する時期に蜂起してドイツ軍をせん

滅し、共産党（ポーランド労働党）がポーランドを支配しないようにソ連軍とも戦うという、極めて虫のよい作戦であった。

▼発掘された遺体の数

ここで発掘された遺体の数について調べてみよう。

四月十三日のベルリン放送はそれまでの発掘遺体数を約三、〇〇〇体と報道しており、最終的な発掘総数は後述のように四、四四三体であるから、差し引き約一、〇〇〇体は三、〇〇〇体を発掘して以後、四月二十七日までの間、つまり国際調査団の現地入りまでの間にスカルジンスキー調査団によって発掘されたことになる。

ここで注意しなければならないのは、

① 四月二十日付毎日新聞の【チューリッヒ特電十八日発】は、ポーランド赤十字社が十八日、最初の発表において、すでに百名以上の身元が判明している、と述べていること

② 前述の四月二十三日付朝日新聞は、スカルジンスキー報告書に、

「同地で発掘された約三〇〇の死体を検査した」

とある、と報道していること

③『カティンの森の夜と霧』は、国際調査委員会の各委員が、

「調査団一行のために、すでに発掘された九八二名の死体を検分した」と述べているが、この百名とか、三〇〇体とか、九八二体とかいうのは発掘した数ではなく、発掘された遺体のうち、身元が判明し、遺体を検査し、あるいは検分した数である、ということなどである。

以上のことから遺体の数に関する『カティンの森の夜と霧』の記述を表示すれば、次のようになる。

遺体発掘当時の調査団名	発掘遺体数	発掘遺体数累計
（ドイツ軍野戦警察による発掘）	約三、〇〇〇体	約三、〇〇〇体
スカルジンスキー調査団（四月二十七日まで）	？※	？
ドイツ調査委員会の発掘遺体	？※※	四、一四三体
ポーランド赤十字委員会（広義）の発掘遺体	二〇〇体	四、二四三体
第八号墓からの発掘遺体	二〇〇体	四、四四三体

※　『カティンの森の夜と霧』には国際調査団は「調査団一行のために、すでに発掘された九八二名の死体を検分した」と書かれているので、この数字は最大九八二体と考えられる。

※※　※との関連から判断すると、少なくとも約六一体と考えられる。

この場合、次の点に注目しておく必要がある。

A『カティンの森の夜と霧』が発行された一九六二年以後に発表された遺体数は、一九九一年に発行された『第二次世界大戦事典』（朝日ソノラマ）では「一、七〇〇から四、五〇〇名」となっている（註一七）。一九九七年に発表された、兵藤長雄論文「クレムリン極秘文書に見るカチンの森事件の真相とその後」（以下「兵藤論文」と略称する）によると、シェレーピン国家保安委員会議長からフルシチョフ第一書記に宛てた手書きの書簡が存在するが、その書簡では四、四二一人となっている（註一八）。これについては後述する。また二〇〇四年に発行された『新版ロシアを知る事典』では「四、三二一人」と書かれているが（註一九）、その根拠は明示されていない。

また、兵藤論文の〝註〟には、

「カチンの森の発掘についても九四年、九五年と続けられたが、スモレンスク州当局との折衝も難航し、必ずしも円滑に進んでいない」（註二〇）

と書かれている。

つまり、遺体数は文献・資料の上では四、四四三体で増減していないことになる。

B　カチンの森の遺体が四、四四三体であったということは何を意味するか。前述したように四月十三日のベルリン放送はカチンの森で殺害された将校はコジェリスクからコソゴリ、つまりカチンの森へ運ばれたと放送していた。これも前述したことであるが、ポーランド政府が入手した情報によれば、コゼリスク収容所には約四五〇〇人の将校を含む約五〇〇〇人がいた。

約四、五〇〇人という数は、四、四四三人と一致する。これらの将校が殺害された時期はともかく、コゼリスクから運ばれたという点では、ベルリン放送は間違ってはいなかった。

C　『カティンの森の夜と霧』には、第八号墓は、

「一部分だけ発掘された」

と書かれているが、一九九四、九五年にいたっても遺体数の増減がないのは第八号墓から発掘された遺体は、埋められた遺体の「一部」ではなく「全部」であったことを物語っている。

D　ポーランド赤十字調査委員会が調査した遺体総数は四二四三体であった。この死体数に、さらに第八号墓から出た二百体の死体を加えると、きっかり四四四三体となる。二〇〇体は概数ではなく、「約」のつかない、きっかり「二〇〇体」である。それは何故、なのか。この二〇〇人は特別に選り出された将校だと思われる。

E　八基の墓のうち、ポーランド軍将校に関する遺体が出て来たのは第一号、第五号、第八号の三基だけである。残りの五基は発掘されはしたものも、それは一般人の墓であり、ポーランド軍将校の遺体など埋められていなかったと考えてよい。

F　スカルジンスキー調査団員九名が発掘した遺体について、兵藤論文は、

「スカルジンスキーは約二週間で約一、〇〇〇体を発掘した」

と説いている。正確には九八二体である。ただし、スカルジンスキー調査団の現地入りは十七日、三つの調査団が現地で出そろったのは二十八日であり、遺体の法医学的検分の主力は国際医学調査委員会、つまりドイツ法医学委員会であった。従ってスカルジンスキー調査団の任務は遺体の法医

学的検分ではなく、遺体の発掘と遺体のポケットにあった証拠文書の処理であった。

ところで、スカルジンスキー調査団とは、一体、どんな性格を持っているのだろうか。スカルジンスキーはポーランド赤十字の事務局長であり、同国の地下運動組織とは密接な関係にあった。このことは遺体から抜き取られた証拠書類の処理の際に明らかになる。これについても後述する。

▼カチンの森の遺体発掘に関与した「野戦警察」は「秘密野戦警察」であった

『カティンの森の夜と霧』によると、

「森の中で墓の大群が発見されるや、ただちに独軍野戦警察は、背後に思慮深く潜伏している宣伝担当将校とともに、その地区の指揮をとった」(註二一)

という。そうすると、国際調査委員会やポーランド赤十字調査委員会が現地入りした四月二十八日には、墓地や遺体の状態などは、すでにドイツ軍によって細工が施されていたことになる。

つまり、国際調査委員会、ドイツ調査委員会、ポーランド赤十字委員会という三つの組織が現地で勢揃いした四月二十八日には、すでにドイツ側(スカルジンスキー調査団を含む)により、「自由な」調査のための、周到な受け入れ準備が整えられていたのである。カチンの森の墓地の資料はほとんどが野戦警察によって細工された資料であった。

ではドイツの野戦警察とは何か。山下英一郎著『SSガイドブック』は次のように述べている。

「（野戦警察は）表面的には国防軍最高司令部（OKW）の管轄下にあり、陸軍最高司令部（OKH）が作戦の指揮をとっていた。しかし、彼らは実際には秩序警察（オルポ）の所属で、身分も警察官であった。したがって。SS全国指導者がドイツ警察長官を兼任している以上、彼らからSSの影響を排除することは実質的に不可能であった。」

「陸軍では、フランス、ベルギーの占領後は、かなりの部分で対独協力政府の自治を認める方針であった。すなわち、占領の初期段階での治安維持には野戦警察を投入するが、これは対独協力政府の体制が整い次第、撤退させることにし、あとは通常の野戦警察ではなく、臨時野戦警察（Geheimfeldpolizei）を配置することとした。ちなみにこのGeheimfeldpolizeiを『秘密野戦憲兵[※]』と訳すのは誤りである。また『秘密野戦警察』というのは訳としてよいが、あたかもゲスターポが私服でウロウロするようなイメージを生みやすく、これまた誤解を招きやすい。」（註二二）

※　ゲシュタポのこと

つまり、野戦警察は表面的にはドイツ国防軍に属しているが、実際はSS全国指導者ヒムラーの影響下にあった。占領初期、つまり、一九四一年頃は占領地の治安には野戦警察が投入されたが、スモレンスクに、ナチの民政機関である『国家行政委員会（※）』が派遣された一九四二、三年ころになると、秘密野戦警察（臨時野戦警察）が配置された、ということになる。

一方、『ヒトラーの秘密警察』は秘密野戦警察（GFP）について次のような説明をしている。

「（親衛隊保安部〈RSD〉は）アドルフ・ヒトラーと第三帝国の幹部の警護だけを任務とした組織だった。RSDはのちの国家保安本部（RSHA）の前身である。RSDの設立により国内の政治警察（ジポとゲシュタポ）が一つにまとめられた。」（註一二三）

「（GFPは）国防軍最高司令部OKWの最高司令官ヴィルヘルム・カイテル陸軍元帥の求めにより一九三九年に組織された、基本的には平服の軍事警察。対敵情報活動、対破壊活動、反逆行為の捜査や対プロパガンダ対策を任務とした。軍法会議のための捜査では軍の法務機関の補足活動も行なった」（註一二四）。

「RSDの幹部はヒムラーに選ばれ、ヒトラーの前で宣誓就任した。1936年まではドイツ国防軍の誓いの言葉を述べていたが、その後はSS※の誓いの言葉に変わった。1937年5月、すべてのRSDの要員は、アーリア人の血筋を証明してヒムラーを満足させることができればSS隊員となった。SSと国防軍のあいだには、戦時下でヒトラーを守ることにかけてはかなりの対立があった。国防軍はRSDの将校は国防軍から任命されるべきだと主張した。その後、RSDは秘密軍事警察の地位を与えられ、秘密野戦警察と呼ばれるようになった。その権力は絶大で、警察機構のどのセクションにも協力を『要請』でき、どの制服でも着ることができた。」（註一二五）。

※　親衛隊のこと

つまり、秘密野戦警察は当初ドイツ国防軍に属していたが、その後ヒムラーの影響下に入り、秘密野戦警察と呼ばれるようになった、というのである。

そうすると、『ＳＳガイドブック』と『ヒトラーの秘密警察』は同じことを説明していることになる。

つまり、一九四一年頃、ドイツ国防軍は戦場に野戦警察を投入したが、一九四三年頃は親衛隊が秘密野戦警察を使ったことになる。

カチンの森の遺体を発掘した野戦警察は、実は秘密野戦警察であった。

では、何故、遺体の発掘に従事したのが親衛隊支配下の秘密野戦警察だったのか。その解答はゲッペルスの日記にある。

ゲッペルスの三月九日の日記には、

「総統は私の反ボルシェヴィキ宣伝を全面的に了承した。……わが方の反ボルシェヴィキ宣伝は、敵陣営内部に不和をもたらすリンゴの実なのである」。

と書かれ、四月二十八日の日記には、

「（ラジオ放送、新聞報道の）解説者たちはカチン事件を高度の政治問題化させたわが方の絶妙さに驚嘆している」

「この戦争を通じて、これほどの勝利をえたことはまずなかった」

と記述されている。このことから明らかなように、カチンの森の遺体発見は、ヒトラー自身が深く関与した政治事件であった。だから遺体の発掘に秘密野戦部隊を投入したのである。

では、何故、ゲッペルスは秘密野戦警察を野戦警察と発表したのか。それは簡単明瞭である。秘密野戦警察などと発表すれば、たちどころに怪しまれてしまうからである。

▼国際調査委員会などによる発掘調査

『カティンの森の夜と霧』には次のような記述がある。

「各死体は鉄鉤やシャベルや『平らなツルハシ』などで、それぞれ選別された。それはすでに、いずれも死体の重量のため圧縮された上、腐敗分解した酸のために互いに粘着し合っていた。それで各死体は墓の外へ引き上げられて、別々の番号がつけられた。それから、墓の現地に捕虜として連行された、ある米軍将校によると、『たいへん注意深く調査され、検分され、身元調査が行われた各死体より取り出された品物は、保管のために大型のハトロン封筒の中に納められた。死体の調査はきわめて徹底的に行なわれた。そしてタイピスト一名がその場にいて、各死体の調査結果を記録していた』」（註二六）と。

これはカチンの森で発見された第八号墓の発掘状況である。同書によると、発掘に使ったソ連軍捕虜は五〇〇名である。

また、同書には、

「（国際調査委員会は）この現地調査の最終日までに、ドイツ側では同地区内を掘って他の墓をさがすために、約五十名のソ連軍捕虜を使役した」（註二七）

とあるが、国際調査委員会が五〇〇名のソ連軍捕虜のうち、この五十名を使って探しだしたのは第八号墓と、

「完全に軍服を着用した将軍の死体」(註二七)

などがあった個別の二つの墓だけである。四月二十八日以後も、発見された墓の数は依然として全部で八基、個別の墓、二基である。つまり、新たな墓は発見されていないことになる。

『FRIDAY』(一九九八年五月四日付)には「『発掘』目撃した米軍将校の『戦慄』証言も」という表題の記事が写真入りで掲載されているが、この将校、すなわちジャック・ヴァン・ヴィレット大佐は『カティンの森の夜と霧』に出てくるヴァン・ヴリート中佐であろうが、同大佐は他の米軍将校一人と英将校二人とともに、証人としてカチンに連れて行かれ、発掘を目撃した(註二八)。もちろん、連れて行かれたのは国際調査委員会の滞在期間中であろうし、目撃した「発掘」作業は第八号墓についてであろう。

国際調査委員会の調査活動について『カティンの森の夜と霧』は次のように述べている。

「(国際調査委員会の)各委員は完全に行動の自由を持ち、彼らが検視したいと望んだいかなる死体でも選ぶことを許可された。

各委員は、カティンの森の付近に居住しているソ連市民たちと会見したり、これまでに全然、手を触れていなかった九名の死体について解剖を行なったり、また調査団一行のために、すでに発掘

された九百八十二名の死体を検分した。そして最後に、彼らが調査した結果をまとめた医学的報告書にそれぞれ署名した。」（註二九）と。

調査団の主力は現地に三日間しかいなかった国際調査委員会ではなく、ドイツ調査委員会、ポーランド赤十字委員会であるが、ドイツ軍の犯行の裏付けとなる書類等はすでに処理されているのであるし、遺体の医学的な調査などは親衛隊にとって政治的意味の乏しいことであった。そうしたことは調査団の自由に任せ、圧力を加える必要などなかった。

ゲッペルスとドイツ政府が特に深い関心をよせているのは政治上、宣伝上の問題である。

カチンの森の調査には、医学調査団などとともに少なからぬ新聞記者が参加していた。前掲書は次のように述べている。

「医学調査団の一行と、カチンの森へ連れてこられた連合軍捕虜と、ポーランド本国からの視察者にまじって、ドイツ新聞記者はもちろんだが、スウェーデン、スイス、スペイン、ノルウェー、オランダ、ベルギー、ハンガリア各国からの外人新聞特派員が参加していた。彼らは全員とも自由に行動した。スウェーデン国民で『ストックホルム・チドニンゲン』紙の駐独代表エーデルルント氏のごときは、一頭の乗馬まで借りて『だれにも邪魔されたり、妨害されたりする』ことなしに森の中を乗り回した。

独軍の発見者こそ大虐殺の張本人であった、という証拠物件を、熱心に探し出そうとする調査立ち会い人も多勢いたものだ。とくにポーランド代表は、墓の中よりドイツ側の非難を打ち消すような資料が、いくつか出てくることを期待していた。この当時にはソ連政府は事実によって自己弁護することができなかった。それは、この森の中の墓の大群に近寄ることができないからであった。」（註三〇）と。

馬で森の中を乗り回したのは、滅多なことを報道されては困るから、馬に乗せられ、遊ばされていた、つまり優遇されていたのであろう。

ポーランド代表はドイツ側の非難を打ち消すような資料を探しに来たのであったが、探すことができなかった。ポーランド代表の調査活動にはドイツ政府から一定の圧力がかかっていた。

『カティンの森の夜と霧』は次のように述べている。

「あるドイツの宣伝担当者は、ポーランド赤十字委員会は発掘死体の最終総数を一万二千名と発表すべきである、と主張した

そして、もしこれに応じなければ『諸君の生命にかかわるかもしれないぞ』と、まったく無遠慮に言明した。それにもかかわらず、ポーランド側はこれを拒絶した。」（註三一）と。

もちろん、反ソ宣伝を誇大に吹聴するためであった。スカルジンスキーらにしてみれば、反ソ宣伝は大いに結構である。しかし、あまりにも現実離れしたドイツ側の数字は受け入れられなかったのである。ドイツの宣伝担当者の主張は抵抗というよりは、むしろ助言、進言のたぐいである。

ドイツという帝国主義国家（資本主義国家）と社会主義国家の間で、民族主義国家（資本主義国家）としての生存を全うしようとする限り、帝国主義国家の側に引きつけられがちになるのは当然

のことである。一九四三年四月という時点では、クルスクの戦闘を見てもわかるように、ドイツ軍はまだまだ強力であった。ワルシャワのゲットーでもナチスによる弾圧は続いていた。

▼カチンの森の遺体発掘とワルシャワのゲットー蜂起

『世界史　現代8』によると、カチンの森事件が国際問題化し始めていた四月十九日、ワルシャワではゲットーの住民を皆殺しにせよ、という指令を受けたナチスのSS隊員が戦車、砲兵、飛行機の助けをかりて、攻撃を開始していた。同書は次のように指摘している。

「ゲットの蜂起者の英雄的な闘争は四月末から五月なかばにかけて絶頂に達した。侵略者どもは、ゲット地域を一メートル前進するのにも突撃をもって奪取しなければならなかった。五月八日にユダヤ人戦闘組織の司令部は、SS隊員によって全滅させられたが、いくつかの部隊は頑強不屈の戦闘をつづけた。赤軍勝利の報道は、蜂起した人々の心を大いにはげました。ポーランド労働者党、人民親衛隊は、武器、軍需品、食糧を蜂起者に送りとどけ、ゲットの壁の外で牽制作戦をおこなうなど蜂起に対する支援を止めなかった。ポーランド人パルチザンはゲットのなかにはいりこみ、銃をとってSS隊員とたたかった。蜂起のいくつかの拠点は七月のなかばまでもちこたえた。占領者はその参加者の大部分を実際に消滅させてはじめてこの蜂起を鎮圧することができたのである。ゲットを脱出した少数の蜂起参加者は、アニレヴィチ記念部隊をつくり、その後人民親衛隊に加わってたたかいつづけた。

一九四三年夏に人民親衛隊とウクライナ人パルチザンとの連絡がつき、協力関係がうちたてられた。いくつかの農民大隊も戦闘活動をさかんにし、しばしば人民親衛隊と共同行動をとった。

占領軍との闘争がすすむなかで、階級勢力の編成替がおこなわれた。農民、手工業者、小ブルジョアは、労働者階級とその前衛であるポーランド労働者党のまわりに結集してきた。亡命政府の代表部と国内軍司令部は、占領軍との闘争のためすべての党の全国協定をむすび、戦後には国内に存する階級的勢力配置を反映する政府をつくるというポーランド労働者党の提案を正式に拒否した（一九四三年四月二十八日）」（註三二）と。

政府は国外に逃亡したが、人民は自らの力で勇敢に戦ったのである。

四月十九日のワルシャワにおけるゲットー攻撃開始は、人民親衛隊と国内軍との対立を激化させ、ポーランド人民の闘いとソ連の反ファシズム解放戦争の結合を阻止するという狙いを持っている。

註一　J・K・ザヴォドニー著『カティンの森の夜と霧』（読売新聞社、一九六三年）二八頁

註二　前掲書三九頁

註三　ヴィクトル・ザスラフスキー著『カチンの森　ポーランド指導階級の抹殺』（みすず書房、二〇一〇年）六九頁

註四　〝THE KATYN FOREST MASSACRE〟INTERIM REPORT OF THE SELECT COMMITTEE TO CONDUCT AN INVESTIGATION AND STYDY OF THE FACTS, EVIDENCE, AND CIRCUMSTANCES OF THE KATYN FOREST MASSACRE : UNITED STATES GOVERNMENT PRINTING OFFICE,

WASHINGTON：1952、p.20

註五　J・K・ザヴォドニー著『カティンの森の夜と霧』（読売新聞社、一九六三年）二九頁

註六　前掲書三七頁

註七　前掲書一〇三頁

註八　前掲書一〇三頁

註九　前掲書三一頁

註一〇　服部卓四郎著『大東亜戦争全史』（原書房、一九六五年）二四一頁及び二一八頁

註一一　J・K・ザヴォドニー著『カティンの森の夜と霧』（読売新聞社、一九六三年）二九頁

註一二　前掲書二九頁

註一三　前掲書二九頁

註一四　前掲書二九頁

註一五　『第二次世界大戦中の米英ソ秘密外交書簡　米ソ篇』（大月書店、一九五七年）五六頁

註一六　J・M・チェハノフスキ著『ワルシャワ蜂起　１９４４』（筑摩書房、一九八九年）一五八頁

註一七　『第二次世界大戦事典』（朝日ソノラマ、一九九一年）一二九頁

註一八　『外交フォーラム　下』（一九九七年九月号）六五頁

註一九　『新版ロシアを知る事典』（平凡社、二〇〇四年）一三八頁

註二〇　『外交フォーラム　下』（一九九七年九月号）六九頁

註二一　J・K・ザヴォドニー著『カティンの森の夜と霧』（読売新聞社、一九六三年）二七頁

註二二　山下英一郎著『SSガイドブック』（新紀元社、一九九七年）二一二～二一三頁

註二三　ルパート・バトラー著『ヒトラーの秘密警察』（原書房、二〇〇六年）二九八頁

註二四　前掲書二九七頁

註二五　前掲書二九八頁
註二六　J・K・ザヴォドニー著『カティンの森の夜と霧』（読売新聞社、一九六三年）三三頁
註二七　前掲書三一頁
註二八　『FRIDAY』（講談社、一九九八年五月四日付）二〇～二一頁
註二九　J・K・ザヴォドニー著『カティンの森の夜と霧』（読売新聞社、一九六三年）二八～二九頁
註三〇　前掲書三三頁
註三一　前掲書三七～三八頁
註三二　ソヴィエト科学アカデミー版『世界史　現代8』（東京図書、一九六六年）三九二～三九三

Ⅶ　ソ連調査団の調査報告

▼ソ連調査団の報告書とブルデンコ団長のソ連犯行説

◎カチンの森事件がナチスの犯行であること当初からの通説であった

一九四三年九月二十五日、ソ連軍はスモレンスクを奪還した。その直後、ソ連政府はブルデンコ教授を団長とする調査団をカチンの森へ派遣した。

調査団の名称は、

「カチンの森におけるドイツ・ファシストによるポーランド軍将校射殺の状況確認と調査のための委員会」

であった。この名称について『カティンの森の夜と霧』は、

「調査に入る前からだれが犯人か自明といったような名称です」（註一）

と述べ、ソ連犯行説を匂わせている。

けれども、見方を変えると、この名称はソ連側が、犯行はドイツ軍によるものだとの確信に満ちていることを意味している。（本文では委員会の名称は引き続き「ソ連調査団」を使用する。）どちらの見方が正しいか。いうまでもない。ゲッペルスがの告白どおりである。犯行はドイツ軍によるものであった。

ソ連政府は一九四〇年春、スモレンスク市付近で道路工事の作業に従事していたポーランド軍将

校の殺害など命令していなかったし、そんな命令を出す必要もなかった。

ナチスの残虐性はすでに世界的に有名であった。一九三五年八月二十日に採択されたコミンテルンの決議は次のように述べている。

「ファシスト・ドイツは、ファシズムが勝利したばあいになにが人民大衆を待ちうけているかを、全世界の面前でまざまざと示している。凶暴なファシスト勢力は、労働者階級の精華であるその指導者や組織者を、牢獄や強制収容所でみな殺しにしている。それは、労働組合や、協同組合や、あらゆる合法的な労働者組織ばかりか、さらに他のあらゆる非ファシスト的な政治組織や文化団体まで、のこらずたたきつぶしてしまった。それは、自分の利益をまもる基本的な権利を労働者から奪いさった。それは、高度の文化国を蒙昧《もうまい》、野蛮、戦争の根源地に変えてしまった。ドイツ・ファシズムは、新帝国主義戦争の主要な火付役であり、国際反革命の突撃隊としてたちあらわれている」(註二)と。

このような非情なナチスがカチンの森事件の実行者であることは当初から世界の通説であった。とはいえ、具体的な証拠集めとなると、ソ連調査団の現地調査は決して容易ではなかった。それはブルデンコ博士を団長とするソ連調査団の報告書に反映している。

◎　ソ連調査団長ブルデンコ博士は自身はソ連犯行説をとっていた

『カティンの森の夜と霧』によると、ソ連調査団は九月二十六日から翌年一月二十四日まで、多数の証人に面接した。そして九二五の遺体を発掘したが(註三)、それはドイツ軍が埋め戻した遺体であった。なぜなら、発掘された遺体の総数は諸文献・資料によると、その後も四、四四三体で、増減していないからである。その遺体を医学専門家が調べたのは、一九四四年一月十六日から二十三日までの間の一週間であるが、それでもドイツ側の派遣した国際調査団の三日よりは五日長かった。

『カチンの森とワルシャワ蜂起』によると、一九四四年一月二十四日、ブルデンコ調査団が最終的にまとめた報告書は次のようであった。

（1）スモレンスク西方の三つの収容所に収容されていたポーランド人捕虜は、独ソ戦開始以前に建設作業に使われていたが、ドイツ軍が侵攻したあとも一九四一年九月までそこにいた。

（2）一九四一年秋、ドイツ占領軍はカチンの森で、右の収容所にいたポーランド人捕虜に対して大量射殺を実行した。

（3）ポーランド人捕虜の大量処刑は「第五三七工兵大隊参謀部」のコードネームをもつドイツ軍部隊（アーレンス中佐総指揮、レクス中尉・ホト少尉補佐）によりおこなわれた。

（4）一九四三年初頭の軍事的・政治的情勢の悪化にともない、ドイツ占領軍はみずからの犯行をソ連に転嫁し、ソ連とポーランドの関係を乱すことを狙った。

（5）この目的のもと

a（省略）

b ドイツ占領軍は一九四三年春、他の地域からすでに処刑したポーランド人捕虜の死体を運び、カチンの森の掘った墓場に棄て、みずからの犯行を隠し、残虐なボルシェヴィキの犠牲者として、その数を誇張して伝えた。

c この挑発行為を準備するにあたり、ドイツ占領当局はカチンの森での墓掘り、文書・物的証拠の抜き取り作業のために、ロシア人捕虜五〇〇人を使った。捕虜は作業が終わるや、ドイツ軍に処刑された。（註四）

犯行がドイツ軍によるもので、ソ連とポーランドの関係を乱すことを狙ったものだという点では、ここに書かれたことは正しい。しかし、ここには不可解な点がある。

それは、一方では、ドイツ軍の大量射殺はカチンの森で実行されたと説きながら、他方、他の地域で処刑した死体をカチンの森の墓場に捨てた、としているという点である。

なぜ、このような結論が出されたのか。

実は、ブルデンコ博士自身はソ連犯行説をとっていたのである。すなわち、『カティンの森の夜と霧』によると、ブルデンコ博士は一九四六年に死去したが、死の直前、病床を訪問した元ヴォロネジ大学客員教授オルシャンスキーに次のように語っていた。

「私はスターリンの個人的命令で、その墓の大群が発見された場所に出向いた。それは現場検証であり、墓の中の死体は全部、死後四年経過していた。その死は一九四〇年（昭和十五年）に起こったものだ。実際に医師として私にとっては問題は明白であり、それについて論争の余地はまったくなかった。ＮＫＶＤのわが同志が大きなへマをやったのだ」（註五）と。

つまり、プルデンコ博士は遺体が死後二年ではなく、四年であると判断したのである。遺体が死後四年経過しているはずはない。外科医であるブルデンコ博士は遺体そのものの法医学的分析から結論を導き出したのではなかった。なぜ、死後四年経過という結論が明白なのかについては、ブルデンコ博士といえども証明できるはずがない。

その判断の有力な材料となる物的証拠はドイツの野戦警察によってほとんど消し去られていた。例えば、

「日記類の全部は、一九四〇年（昭和十五年）四月で終わっていた。」（註六）

というから、ソ連軍の犯行を匂わせるものだけが残されていたことになる。

野戦警察は遺体のポケットから一九四〇年四月以後の日付のある文書はすべて抜き取っていたのである。

ナチスの本質を見抜けず、ベリヤを長官とするＮＫＶＤのへマが原因だと判断したこと、ここにブルデンコの弱点があった。

それでは、現地の住民からの聞き取り調査はどうだったか。

ここにも問題があった。モスコウスカヤという婦人からの聞き取り調査の内容である。『カティンの森の夜と霧』はこれについて、次のように説いている。

「一九四三年（昭和十八年）三月に、彼女は一名のソ連兵に出会った。そのソ連兵は、独軍の監視のもとでカティンの森の中で働かされた、と彼女に語った。その仕事は、殺された人々の死体から文書類を取り除いて、それを他の一そろいの文書と取り替えることであり、また、その死体を墓の中へシャベルで埋めることであった。それから四月初めに独軍部隊が、この文書類の取り替え作業の従事したソ連軍の捕虜を射殺しはじめた。それで、このソ連兵は逃げ出したというのである。

この話の中でとくに重要な点は、その日付けである。ソ連側の調書によると、そのソ連兵は三月にモスコウスカヤ証人に向かって、彼の身の上に四月に起こったことを語っていたのだ！」（註七）と。

つまり、四月に起きたソ連兵の身の上話を三月に聞き取ることなどあり得ない、というのである。

確かにその通りである。この誤りはベリヤを長官とするＮＫＶＤのヘマなどではなく、ブルデンコ自身の誤りであった。このことは遺体が死後四年経過していたというのと同じく、住民からの聞き取りがおそろかにされていたことから生じたものである。

前掲書によると、オルシャンスキー教授が、ブルデンコの病床談話を発表したのは、その後、アメリカに亡命した同教授によってであるが、この誤りは八年後の一九五二年、ソ連共産党機関誌『プラウダ』によって修正されたという（註八）。

こうしてモスコウスカヤがソ連兵から聞き取ったのは三月でなく、四月であったこと、問題のソ連軍捕虜の射殺が四月はじめであったことが確認されたことになる。

もっとも、前述したように『カティンの森の夜と霧』には、国際調査員会は「現地調査の最終日までに……約五十名のソ連軍捕虜を使役した」という記述があり、同委員会は四月三〇日まで現地にいたのであるから、少なくとも五〇名のソ連兵捕虜はその頃までは生存していたことになる。

なお、前記、アーレンス中佐は大量処刑の責任を否定したが、それが事実なら、真の責任者はグデーリアンのいう『国家行政委員会』あるいはアインザッツグルッペ関係の別人であったと考えるしかない。一九四四年一月当時、ドイツ国防軍と親衛隊、警察などの相互関係がまだまだ明らかでなかったという条件のもとでは、犯行をアーレンス中佐の「第五三七工兵大隊参謀部」としたのは当たらずといえども遠からずのたぐいのことと考えてよい。調査団自体のこの種の判断ミスは戦争にはつきものであろう。

◎ソ連政府がカチンの森事件に全く関与していなかったことには明確な裏付けがある

ブルデンコ自身のソ連犯行説は別としてソ連調査団そのものの報告書に問題があるということはソ連政府がカチンの森の虐殺事件について何も知らなかったことを意味している。

ソ連政府が知っていたことは精々、一九四一年当時、コソゴリ地方でポーランド軍捕虜が道路建設工事に従事していたということだけであった。その捕虜がスモレンスクの激戦後、どうなったか、正確なことはまったく知らなかった。このことは一九四一年十二月三日のスターリンとシコルスキーとの前述の会談からも明らかである。また、ドイツ軍が、捕虜殺害の事実を隠し、占領地区にあった関係資料などを焼却したことは想像に難くない。

ところで、『カティンの森の夜と霧』は次のような事実を明らかにしている。

「連合軍のドイツ戦争犯罪人に対する告発は、一九四五年（昭和二十年）十月十八日に発表された。この起訴状の章は『戦時捕虜並びにドイツと交戦した諸国の軍隊の将兵と公海上の乗り組み員に対する殺人及び虐待』と題する見出しをつけていた。この種の多くのドイツ戦争犯罪の系統的図表の中には、次のような告発が現われている。

『一九四一年（昭和十六年）九月、戦時捕虜になっていたポーランド軍将校一万一千名が、スモレンスク付近のカチンの森で殺害された』。元来、ソ連側の起訴状は『ポーランド軍将校九百二十五名』と述べていたが、起訴状提起のいよいよ最後の瞬間になって、ソ連代表はそれを『ポーランド軍将校一万一千名』と書き換えたのであった。」（註九）と。

このことは何を意味するのか。

スモレンスク解放直後に現地を訪問したソ連調査団が現地で掘りかえした遺体は九二五体であったが、調査団はこれが遺体の全部であると考えていた。そして、ベルリン放送が遺体数を一〇、〇〇〇体と発表したのは、ソ連軍の犯行を誇大に宣伝するためだと判断していた。なぜなら、ソ連政府は当初、遺体数を九二五体と発表していたからである。

しかし、戦後、ゲッペルスの日記を入手し、翻訳し、それが関係者の目に触れた段階で、

一一、〇〇〇体という数字を発表したのである。

以上の事実は、ソ連政府がカチンの森の虐殺事件について何も知らなかったこと、従って、ソ連政府はこの事件にまったく関与していなかったことを明確に裏づけている。

ポーランド軍捕虜だけではない。後述するが、ドイツ軍によって殺害され、ドイツへ追い立てられた占領地域の何十万という住民はどうなったか。激烈な戦争のさなかのことである。ソ連政府はそういう住民の消息も掌握できなかったのが実情ではなかったか。

▼「百人をこえる目撃者、ならびに墓で発見された証拠物件」（ハーシェル・メイヤー）

『第二次世界大戦史　6』は次のように記述している。

「一九四三年四月、ヒトラーは、一九四三年中にソヴェト連邦の占領地域からの八〇万人をふくむ、一〇〇万人の労働者を追加的にドイツに送り込むよう、労働力利用全権総監ザウケルに要求した。侵略者は、退却にあたって、できるだけ多くの住民を西方へ追いたてようと努力したが、これは、労働力の需要をおぎなうためばかりではなかった。彼らは、荒廃した土地をあとに残していこうとつとめたのである。住民がドイツへ追いたてられたり、大量に殺害された結果、多くの地区は無人の境となった。戦前には一〇万人以上が定住していたノヴォロシースクでは、それが解放されたころには、住民はほとんど残っていなかった。スモレンスク州グジャック地区では三万二〇〇〇人の住民のうち、赤軍がやってきたころ残っていたものは七五〇〇人であった。グジャック市自身でも、一万三〇〇〇人の住民のうち、残っていたものは一〇〇〇人とすこしであった」（註一〇）

グジャック市から西南西約二〇〇キロの地点にあるカチンの森には独軍第五三七通信連隊や野戦警察が駐留していたから、カチン周辺の住民にとって一九四三年春頃のカチンの森は近寄りにくく、カチンの森の出来事に関する深い知識は乏しかったことがこの記述からも理解できる。

それでも『第二次世界大戦の史的分析』によると、

「のちにこの事件は、百人をこえる目撃者、ならびに墓で発見された証拠物件によって確証された」（註一一）

という。

ブルデンコの思想がどうであれ、最後を決定するのは大衆の力と物質的な裏づけであったということになる。

『カティンの森の夜と霧』は、ソ連調査団のソ連側証人の証言内容の不備を多々指摘しているが、この百人を超えるソ連側証人たちがドイツ軍侵入前の一九四〇年春頃と、侵入直後の一九四一年秋頃の時期を取り違えることは先ず考えられない。証言内容の不備は、ソ連犯行説の立場をとっていたブルデンコ調査団長の思想の反映である。

ただ、ここで『カティンの森の夜と霧』が次のような事実を指摘していることは見逃せない。

「ソ連側の医学調査団は、その発掘した死体が、以前には決して医学的検証を受けたことがなかったこと、しかし死体が、すでに所持品を捜査されていたこと、また上着のポケットには裂け目が見えていて、その一部のポケットは裏返されていたこと、などを申し立てていた」（註一二）と。

ここで、「（以前には決して医学的検証を受けたことがなかった）遺体」というのはどういうことだろうか。

前述の通り、ソ連が発掘した遺体はドイツ軍が埋め戻した九二五体だから、それはスカルジンスキー調査団員九名が発掘したものであろう。この九二五体に対する国際調査委員会の検分は医学的検証ではなかったことになる。

ポケットの裂け目は、ドイツ軍が遺体から記録文書などを抜きとった痕跡である。

▼ドイツ軍による遺体のポケットの書類抜き取りなどについて

◎遺体からの証拠資料抜き取りに関する証言

A　遺体からの証拠資料抜き取り…ソ連調査団の聞き取り調査

『カティンの森の夜と霧』によると、ソ連調査団は地元住民から次のことを聞き取った。すなわち、ドイツ軍がカチンの森の死体の衣類から、一九四〇年（昭和十五年）五月六日以後の日付のある一切の記録文書を取り除いて、それから再び死体を墓へ戻したというのである（註一三）。この点に関し、同書はソ連側の主張、すなわち、

「（ドイツ軍による発掘の）作業を実行するためには、五百名のソ連軍捕虜が使役されたが、その終了した後にいずれも射殺された」

という主張に反論し、次のように述べている。

「これら五百名のソ連軍捕虜の死体は、国際調査委員会によっても、またドイツ調査団やポーランド調査団の手でも発見されなかった」（註一四）と。

つまり、遺体発掘にソ連軍捕虜を使ったことはないというのである。

そもそも、ソ連軍捕虜の使用は、カチンの森での虐殺が一九四〇年ではなく、一九四一年であるという強力な証拠である。野戦警察がそんな強力な証拠をそのまま残しておくはずがない。また、バビ・ヤール峡谷での証拠隠滅に囚人が使われたという実例から判断すると、ソ連軍捕虜の使用は事実ではないか。

それだけではない。『カティンの森の夜と霧』には、

「（国際調査委員会は）現地調査の最終日までに、ドイツ側では同地区内を掘って他の墓をさがすために、約五十名のソ連軍捕虜を使役した」

とあり、さらに、ソ連側の証人三名が次のように証言したことが紹介されている。

「『数夜にもわたり、防水布でおおわれた大型トラックが、死体のひどい悪臭をまきちらしながら、

スモレンスクに向かって走ってゆくのに出会った』と証言した。それは一九四三年（昭和十八年）三月と四月のことであった」（註一五）と。

これは遺体発掘作業などドイツ軍への協力に抵抗し、あるいは協力させられて射殺されたソ連兵捕虜の遺体をどこかへ運び去ったということではないか。※

※　但し、一九四三年当時、ソ連兵に対する憎しみ、あるいは恐怖の感情を持っていたカチンの森の住民の日時に関する証言の正確さに疑問がないではない。

なお、マーティン・ギルバート著『第二次世界大戦　下巻』によると、ヒムラーはユダヤ人及びソ連人捕虜の殺害を加速しながらも、一方で大量殺戮の証拠を完全に消し去ろうと決断した。そして第一〇〇五特別コマンド部隊、別名ブロベル・コマンドの指揮官・パウル・ブロベルＳＳ大佐に命令を発した。ユダヤ人強制労働者からなるこの部隊は、一九四三年六月十五日、東部ガリチアのリヴォフ近郊の死の穴で作業を開始した（註一六）。同書は次のように指摘している。

「（ブロベル・コマンドは）死体を焼却し、その骨を特種な機械で砕き、遺骨を灰のようにしてまいた。」

「ユダヤ人強制労働者からなるこの異常なコマンド部隊がソビボルに送り出された際、労働者たちはガス室に入れられるのではないかと怖れて逃亡をこころみたが、全員射殺された」（註一七）と。

カチンの森の発掘作業に協力させられたソ連軍捕虜の殺害の経験がこの証拠隠滅作戦に適用された可能性もある。

B　遺体から証拠資料を抜き取ったのはナチスであった

『カティンの森の夜と霧』は、ポーランド赤十字の報告書に基づき、

「数千通の手紙と身分証明書と写真類、その他の個人所持品が死体から発見された」（註一八）

と指摘し、遺体からの所持品抜き取りの事実を認めている。抜き取ったのは五〇〇名のソ連兵捕虜である。遺体の処理は次のようにしておこなわれた。

第一、『カティンの森の夜と霧』には、

「（遺体から発見された）数千の記録文書類と、約三千三百通の個人的手紙及びハガキ類と、身分証明書類の中で発見された、いちばん最近の日付けは一九四〇年五月六日であった」（註一九）

と書かれている。

つまり、三つの調査委員会は三、三〇〇通の手紙をはじめとする証拠資料を入手していた。しかも、この証拠資料は箱詰めにされ、運び去られたが、このことについて同書は次のように述べている。

「巨大な九個の木箱の中には、死者たちの個人所持品が、いっぱい詰められていた。」（註二〇）と。

そして、遺体から発見された証拠資料のなかで、

「いちばん最近の日付けは一九四〇年五月六日であった」（註二一）

と断定している。

この二つの事実は発掘された四、四四三体の遺体のすべてのポケットが丹念に調べられたことを

裏づけている。

第二、前掲書は発掘遺体の状態について次のような事実を明らかにしている。

「大量の死体を積み重ねた層が、死体の腐敗、分解作用で生じたねばねばした酸のためにくっつき合っていたこと、また、この酸が死体の分解とその重みと相まって、まるで圧縮した死体のような明白な印象を一同に残した」（註二二）と。

また、遺体からの書類抜き取りの困難性については次のような事実を述べている。

「地下の水気でしめった証拠資料はポケットの中から取り出された。多くの場合に、書類を取り出すためには、細いナイフでポケットを縦に切り裂かねばならなかった」（註二三）と。

この二つの事実から、遺体のポケットからの証拠資料抜き取りや、文書の挿入が技術的な意味で、非常に困難であることは理解できる。

しかし、五百名のソ連兵が捕虜が野戦警察の掘り出した三、〇〇〇体の遺体を処理するとすれば一人一日に一体なら六日間、二体なら三日で処理できる。

また、五十名のソ連兵捕虜が、スカルジンスキー調査団の現地入りした四月十七日以後掘り出した約一、四〇〇体の遺体を処理するとすれば、一人二〇体となるが、一人一日に一体なら二〇日、二体なら一〇日で処理できる。ポーランド赤十字団員が参加すれば更に容易となる。

いずれにせよ、遺体の処理は時間的には決して困難ではない。

以上の二点から判断して、遺体からの証拠資料の抜き取りは技術的には困難であるが、時間的には困難ではない。文書の抜き取り、挿入は現実に行なわれたのである。

第三、『カティンの森の夜と霧』は、遺体からの記録資料抜き取りがドイツの野戦警察であることを否定して次のように説いている。

「ポーランド赤十字調査団の団員は、実際に死体の発掘作業に参加した。彼らは死体が、その死の直後以外に、いかなる時期にでも、はたして以前に動かされていたかどうか、疑念の余地なく確かめる実際の目的のために、この気味の悪い仕事に志願したのである。彼らは全員一致して、各死体が以前に手を触れられてはいないことを主張した。

かくて独軍側の手で死体を発掘した後、偽造した記録文書を挿入した可能性は、これを除外することができる。これは問題外であった。なぜなら、各死体は検証のため墓の中より、手当たり次第に自由に取り出されたからである。国際調査委員会の調査団は検視を行っていた時、墓の中の一つの死体を指差して、その死体を地中より引き上げて外へ運び出させて、検証のために台の上に安置した」（註二四）と。

つまり、ポーランド赤十字団員はドイツ軍が遺体から文書類を抜き取ったのではないかを調べるために現地に赴いたのであるが、少なくとも、自らの手で発掘した遺体に関する限り、遺体が動かされたとか、文書が抜き取られたことはもちろん、偽造文書を挿入された形跡はない、というのである。これは事実ではない。

ドイツの野戦警察が、遺体から発見された文書類の検分を調査団に全面的に任せることなどあり得ない。そんなことをすれば、犯行がナチスであることがたちまち明かるみに出されてしまう。そんなことをヒムラーやゲッペルスが認めるわけがない。仮に、調査団の報告通りだとすれば、三つの調査団が掘り出した遺体は、最初に発掘された後、埋め戻され、再び掘り出されたことになりかねない。しかし、矢張り、遺体の検分などの作業にはドイツの野戦警察が直接関与したか、厳重に監視していたものと考えてよい。遺体は調査団の現地入り前、動かされ、手が触れられていたのである。

そもそも、スカルジンスキーと密着していたポーランドの地下組織は、ナチスと戦わずに祖国から逃亡した亡命政府系の組織であった。詳細はワルシャワ蜂起のところで述べるが、亡命政府系の国内軍の幹部、たとえば将軍コモロフスキー《＝コモロフスキ。以下同じ》はナチスと徹底的に戦う気など毛頭なかった。そうすると、スカルジンスキー調査団なども、反ナチスと反ソヴェト、ナチス犯行説とソ連犯行説を天秤にかける場合、どうしても後者に加担し、意識しようがしまいが、ナチスの側に立っことになってしまう。

ヒトラーがスカルジンスキーを招き寄せたのは、このことを分析してのことであった。

◎ 証拠資料はどこへ行ったか

『カティンの森の夜と霧』によると、死体から抜き取られた証拠資料は、「ソ連軍の手に獲得されることを避けるために、西方の地区に一括して、急いで隠されていた」という。

ゲッペルスのいうとおり、「ボルシェビキは遅かれ早かれ、ナチスが一万二千人のポーランド将校を射殺した事実を、かぎつけるだろう」からである。

この巨大な九個の木箱に詰められた証拠資料はトラックに満載するほど大量にあった。

この点について、同書は次のように記述している。

「ポーランド赤十字の事務総長スカルジンスキー氏は地下運動組織と合作して、証拠資料が納められている大きな木箱と外観が同一の箱を九個つくることに決めた。この『ポーランド製』の木箱は、その内側を錫で張り、また密封することになっていた。この名案は、『ドイツ製』の木箱の中から証拠資料を『ポーランド製』の木箱の方へ内密に移して、それから最大の秘密の中にある湖に、これらの木箱を沈めるというものであった。この重い木箱は湖底に沈下して、戦争のすむまでそこに落ち着くものと期待されていた。ポーランド側では、この行動に移り、独軍警備隊がこの陰謀計画に気付いた時には、証拠資料の一部分は、すでに他へ『移転』されていた」（註二五）と。

「ドイツ製」の木箱に詰めたのでは、万一、発見された場合、犯行が一九四〇年当時のソ連軍でないことが明らかにされる可能性がある。「ポーランド製」ならその可能性はない。単純な発想である。むしろ、最初に「ドイツ製」木箱を使ったのが大きな失敗であった。

スカルジンスキーが地下運動組織と合作し、証拠書類の箱詰めを計画し、それが独軍警備隊に発見されたのはポーランド赤十字委員会が現地にいた六月三日以前ということになる。この一部分の木箱がどうなったかは明らかでない。

ここで注意すべきことは、証拠資料の入った木箱の移し替えは、「ポーランド製」から「ドイツ製」へではなく、「ドイツ製」から「ポーランド製」へであったことである。つまり、最初は「ドイツ製」の木箱に詰め込まれたことになる。箱を用意したのはドイツ軍将兵であった。

証拠書類の残りはベルリンに向けて運ばれた。それはドイツ警察署長から命令を受けた法医学犯罪科学研究所所長ベック博士の手によって、十四個の木箱に再包装され、クラカフ市からドレスデン市、ブレスラウ市（現在のヴレツラフ市）を経て、ラデボイル（現ラツィーブシュ）の駅に到着した。同書によると、同駅の貨物取り扱い人は、ベック博士から、もしソ連軍の部隊が接近してきた場合は、

「その木箱を完全に焼却すべし」（註二六）

という命令を受けていた。そこで同駅の貨物回送係は命令どおり、

「ソ連軍がその町に侵入する直前に、その木箱に火をつけた。木箱全部は焼けて灰燼になったものと推定される」（註二七）

という。同書によると、焼却されたのは、

「それから数日中に、第二次世界大戦は欧州方面では終了したであろう」(註二八)というから、五月七日の、フランスのランスにあるアイゼンハワー司令部での降伏文書調印前後であった。

『カティンの森の夜と霧』によると、ドイツの二台のトラックが木箱をクラカフ市に向けて出発したころ、

「ソ連軍は、すでに東部ポーランド地方へ侵入中であり、そこ機甲部隊は、クラカフ市を目ざして国内を横断して殺到していた」(註二九)

という。ソ連軍第一ウクライナ方面軍がクラカフ市を占領したのは一九四五年一月十九日であるから、トラックの出発は年末から年始にかけて、あるいはそれ以後であろう。

それまで西方の地区に隠されていた文書が、どこで、どのような形で保管されていたのか、『カティンの森の夜と霧』からは明らかにならない。

以上のことから、ドイツ軍警備隊、ドイツ警察署長などが、遺体から抜きとられた証拠資料の隠蔽にきわめて熱心であったことは明らかである。

そこで次のような問題が起きる。

ドイツ政府が警備隊や警察署長などを使い、ナチス・国防軍崩壊の瞬間まで、二年の歳月をかけ、証拠資料を懸命に隠そうとしたはいったい何故か、という問題である。

それは形勢が逆転し、ナチスが勢いをもりかえした暁には、この資料を逆用して、スターリンの

犯罪にすることを考えたからである。そういう政治的、謀略的意味ではこの資料は貴重な存在であった。

◎　遺体のポケットの日記の複写、ということについて

『カティンの森の夜と霧』によると遺体から抜きとられた証拠資料のなかに日記二十二点があった。このペンの走り書きの日記について同書は次のように指摘している。

「全部、一九四〇年（昭和十五年）四月から五月の間で終わって、日記の記入事項の一部は、文字通り処刑の数分前に、あわただしく書き込まれたものであるようにみえた」（註三〇）と。

この場合、「処刑」はあくまでも一九四〇年春に執行されたことが大前提になっている。このことはここでは触れないとしても、次のような問題がある。

この日記の「原物」は前述の通り、他の証拠書類とともに行方不明になったか、あるいは焼却されたことになっており、現存していない。要するに実在したかどうかは不明である。

しかし、同書によれば、

「（これらの日記類は）複写がロンドンのポーランド亡命政権へ送付されていた」（註三一）という。

つまり、日記自体は保存されていないが、「複写」は存在するというのである。ここで注意しなければならないことは、日記の「複写」は日記帳の「複製」ではないということである。「複写」

はあくまでも日記の一部のページであって、日記帳自体ではない。性能のよいコピー機などなかった時代のことである。「複写」とは写真撮影を念頭に置いてのことであろうが、撮影したのはせいぜい数ページであろう。

それなら、ねつ造も不可能ではない。

しかも、「処刑」は一九四〇年春ではなく、一九四一年秋である。一九四〇年春の日記が一九四一年秋にカチンの森で埋められたということ自体がうさんくさい話である。

ゲッペルスはすでに一九四三年三月二日の日記に、「数ヶ月後に予定していることがら」があると書いていた。従って、複写された日記は入念な計画のもと、捏造されたものだといえよう。日記帳の複製の存在だけでなく、日記帳そのものの存在が疑わしいのである。

なお、『カティンの森の夜と霧』によると、戦後、ポーランドで刊行された『カチン事件の真相』には次のような記述、すなわち、大量虐殺された捕虜の死体から発見された記録文書類は、ドイツのザクセンハウゼンの集団収容所内でドイツ側の手で捏造されたのだという記述があるという（註三二）。ザクセンハウゼン（現ベルリン市内）の偽造工場については斉藤充功著『謀略戦』にもその存在が明らかにされている。（註三三）

▼ポーランド軍将校の遺体の長靴の保存状況は建設工事の事実を証明している

ソ連情報部によると、ポーランド人将校は、一九四一年九月まで、スモレンスク地方に住む多くのソ連人とともに建設工事に従事していた。

これについては、その遺体のはいていた「皮製のたけの高い長靴」がその事実を証明している。すなわち、『カティンの森の夜と霧』はこの長靴について、その保存状況がよく、ほとんどすり切れてもおらず、「かかともすり減ってはいなかった」くらいであったと述べ、次のように指摘している。

「第二次世界大戦中以前並びに大戦中に、ポーランド将校団の中には一風変わった教養的価値が存在していた。胴の長い長靴は、威信と身分の象徴であった。ただ将校と陸軍士官候補生のみが、このような手縫いの、精妙に仕上げた胴長の長靴をはく資格を持っていた。このような長靴は、きわめて軽く、その意匠も優雅であり、いちばん柔らかい皮でつくられて、長らく時間を欠けてみがくと、完全な光沢を出すようになるものであった。それは戦闘用長靴としては、あまり実利的な価値を持っていなかったが、ポーランド軍の将校団としては、このような長靴をはくことが『気のきいた流行』になっていた（※）」（註三四）と。

※　日本陸軍の将校や騎兵・砲兵・輜重兵など、乗馬が本分の下士官兵は革製拍車つきの長靴をはいていたが、これについて寺田近雄著『続・日本軍隊用語集』は次のように説明している。

「下士官兵の長靴は官給品なので材料も色も決められた頑丈一式の規格品だが、将校の長靴は私物であり、黒または茶の革製品とある程度で、あとは各人の裁量や好みに任せてある。将校の軍服に極端に襟の高いハイカラーや裏地に真っ赤な繻子があるのも、武人特有のダンディズムである。

将校の長靴も、がいして硬い筒型のタイプだが、なかには筒の部分に柔らかい高級ななめし革を使った伊達者もいた。手をはなすと上の部分がぐしゃぐしゃとつぶれるので、グシャ長という俗語を生んだ」（註三五）と。

このグシャ長はポーランド将校軍の長靴と同じようなものではなかったか。

同書はさらに、日露戦争当時の、乃木希典大将の長靴はフランス製の黒いグシャ長であった、と述べている。


こんな長靴をはいて建設工事ができるわけはない。長靴をはいた将校は工事現場から移動できる状態にあった。『カティンの森の夜と霧』は、この長靴の状態から、ポーランド人将校が建設工事をしていたというのはウソであると判断しているが、そうではない。工事のさい、長靴は着用せず、別の履き物を履き、長靴はとっておいた。当然、「かかともすり減ってはいなかった」し、その保存状態はよかった。彼らが建設工事をしていたというのはウソではない。そのほとんどは西ベルルシアと西ウクライナ出身であること、彼らの郷里がナチスに占領されたこと、彼らは大赦で釈放されたが、帰国先がなかったこと、などを考えると、彼らは釈放後も、しばらく自主的に建設工事を続けていたのではないか。

▼カチンの森事件の生き証人の証言とは何か？

『カチィンの森の夜と霧』にはロンドンに在住するポーランド人のS・スヴィアニエヴィッチ教授について、次のような「事実」が紹介されている。

「(同教授は) カチンの森の大虐殺での唯一の生存者であり、彼は処刑の文字通りわずか数分前に、大虐殺の現場付近から連れ去られた」(註三六) と。

いかにも同教授がカチンの森事件の生き証人であるかのようであるが、一九四〇年春、現場付近から連れ去られた同教授に一九四一年秋の証言を期待することはそもそも無理な話である。

▼処刑の仕方

『カティンの森の夜と霧』は、多数の死体、とくに士官候補生と青年将校の死体は両手をしばられていたとし、これらの死体の発掘を目撃したある証人が、次の通り報告していたと指摘している。

「この第五号の墓より発掘された死体の典型的な特色は、その死体の全部の両手が背中で、白いナワで二重の結び目をつくってしばられていた事実であった。彼らの冬外套を頭部のまわりにかぶせて、しばりつけられていた。この冬外套は、同じ種類のナワで首の高さをしばられていて、時には二番目の結びめが犠牲者の頭上につくられていた。首筋にはただ一つの結びめがあり、そのナワの残部は背中を下方へ通って、しばられた両手のまわりにグルグルと巻きつけられた上、さらに首筋で、もう一度しばりつけてあった」（註三七）と。

同書はこのナワがソ連製であること、遺体の刺傷と衣服の刺し穴はソ連軍が使用していた四角の銃剣によってつくられたものであると説いている。

『奪われた祖国　ポーランド』は、犠牲者の全員が、例外なく銃で後頭部から撃ち抜かれていたが、これはロシアで一般に行われていた処刑方法であったと述べている。

要するに、犯行はソ連のしわざだといいたいようである。

しかし、ソ連のスモレンスク市近郊でソ連製のナワの調達に困難があろうはずはない。ソ連製の銃剣なども激戦地であった戦場にはいくらも転がっている。

射殺方法については一般に銃殺する場合、西欧諸国でも目隠しをしているようであり、封建時代の日本では打ち首の場合、後ろから斬りつけるようである。そうすると、後頭部を撃ち抜く方法をアインザッツコマンドなどが知らなかったなどとは断言できない。

▼特別部隊員に対する厳重な口止め

『独ソ戦とホロコースト』は一九四三年九月十九日に終了したバビ・ヤール峡谷虐殺の証拠隠蔽作戦に関し、次のような事実を明らかにしている。

「(隠蔽作戦に) 関係したドイツ人特別部隊員には完全黙秘が命じられた。たとえば、ヘウムノ〈クルムホーフ〉で一〇万人の上るユダヤ人をガス自動車 (トラック排気ガス) で殺害した作戦に従事したボートマン以下八五名の隊員にたいする完全黙秘命令 (ヒムラー個人参謀部ブラント部長から帝国保安本部カルテンブルンナー博士宛て書簡) は、つぎのように言う。ヒムラー、すなわち『親衛隊帝国指導者は、親衛隊大尉ボートマン指揮下の八五名の隊員を、彼らの長期休暇 (ウアラウプ) 終了後、一まとめにして親衛隊〈プリンツ・オイゲン〉義勇兵師団に配属したいとお望みである。親衛隊帝国指導者は、あなたに次のことを希望している。すなわち、この隊員たちを出動前に、もう一度集合させ、特別コマンド時代を抹消させ、たとえちらりとほのめかすような形でもそのことについてしゃべってはならないと、厳格に義務づけるように』と。」(註三八)

そうすると前記アーレンス中佐による自己責任否定も、この命令に基づいたものではないか。ちょうど、この命令が出た頃のことである。『ドキュメント現代史　3　ナチス』によると、ヒムラーは一九四三年十月、ポーゼンでSS将校を前に次のような演説を行った。

「われわれの仲間うちではまったく率直に口にしてよいことだが、われわれはそれを公然と言うことは決してない。私の言っているのはユダヤ人の一掃、ユダヤ民族の絶滅のことだ。これは口で言うのは容易なことの一つだ」(註三九) と。

この演説がバビ・ヤール峡谷の虐殺と密接に関連していることはいうまでもないが、それはインテリゲンツィアであるポーランド人将校に関するカチンの森事件にも何の影響も与えなかったと考えることは無理な話である。

▼ハリモミの木の年輪のナゾ

墓の上にはエゾマツ（別名ハリモミ）（註四〇）の木が植えられていたという。『カティンの森の夜と霧』は、それは墓の存在を隠すためだとして、次のように説明している。

「（ハリモミの木は）その周辺の他の樹木よりも若くて、たけが低かった。それは非常に目立っていたので、三つの委員会の委員たちは、その立ち木の高さをただながめただけで、すぐ、その墓の所在を知ったものである。彼らは老木の森を背景にして、同じ高さの一団のたけの低い若木をみるたびに、その下に大量の死体をさがし求めた。そして首尾よく発見したものである」（註四一）。

「ハリモミの木の幹の切断面を顕微鏡で検査した結果、その外側の三つの年輪は同等の成長年数を示していながら、これらの年輪の線と木の中心の間には、黒ずんだ境界線ができていた。これは一九四三年（昭和十八年）に行なわれた林業専門家フォン・ヘルフの証言によると、そのハリモミの若木が、すくなくとも三年前に墓の上に移植されたものであることを示していた」（註四二）と。

これが事実なら、カチンの森はナチスではなく、ソ連の犯行だ、という可能性は大きくなる。

けれども、『カティンの森の夜と霧』によると、遺体発見の遠因は独ソ激戦中、一名の独軍将校が、オオカミが一本の人骨らしい骨を地中より掘り出しているのを見かけたことにあるという説がある（註四三）。このオオカミ説には大前提がある。すなわち、墓地にかぶせられた土の層は薄く、ハリモミの木が根を張れるほど厚くはなかったということである。

カチンの森で遺体が発見された直後、ゲッベルスはゲーリングの自宅を訪問した。その本当の狙いは何か。

『第三帝国の演出者　ヘルマン・ゲーリング伝（上）』によると、当時、ゲーリングは森林監督官であった。ゲーリングはこの職務に精勤し、大都市の周辺にグリーンベルトを設けていた。そしてプロシア政府に要請して森林、湖沼地帯の一〇万エーカーの土地を手に入れ、その一区画に住居を建築していた（註四四）。

ゲッベルスが車で二時間もかけて、ゲーリングを訪問した本当の狙いは、カチンの森の墓地に植えられていたハリモミの木の年輪と密接な関係にあるのではないか。

キャトリール・クレイ、マイケル・リープマン共著『ナチスドイツ支配民族創出計画』は、「ナチのイデオロギーの中でも中心的な役割を果たしたのは、生物学と医学である」（註四五）と指摘している。

カチンの森事件をソ連の仕業に見せかけるため、ゲッベルスが生物学者と医学を最大限に活用することを意図したのは当然のことであろう。しかし、カチンの森事件は親衛隊が関与することである。カチンの森のハリモミに関する相談を学者にするわけにはいかない。そこで林業に関する専門的知識の豊富なゲーリングの考えを知りたかったということであろう。

▼「ゲッペルスの日記」をどう理解するか

◎ゲッペルスが告白したという事実を隠し通すことはできない

ハリモミの木についていえることは医学にかかわる脳髄の鹸化についてもいえよう。それだけではない。コゼリスク収容所からカチンの森へ移送されたポーランド人将校が、移送直後の一九四〇年春、殺害されたとか、ポーランド人将校は一九四一年当時、カチンの森にいなかったとかとか、カチンの森事件はドイツ軍の犯行ではないとか、スターリンとソ連政府は自らが殺害を命じながら、その事実を隠しているのだとか、事件はソ連犯行であるとか、などなどを「立証」するすべての証拠、証言、論証は信頼に価しない。それは煎じ詰めればドイツ政府とポーランド亡命政府の作り出したデマ宣伝である。

『カティンの森の夜と霧』によると、ソ連政府も、「すべての証拠資料が独軍の手で偽造されたものである」（註四六）と主張していたというが当然のことである。

もはや、ゲッペルスがカチンの森事件はドイツ側の犯行だと告白した事実を隠し通すことはできない。けれども、事件をソ連側の犯行であるとするためには、この告白は障害である。

ソ連犯行説に立つ『カチンの森　ポーランド指導階級の抹殺』はゲッペルスの日記についてはまったく触れていない。日記の存在を知らなかった可能性もある。

『カティンの森の夜と霧』はこの日記に触れてはいるが、次のような訳文によってである。（※）

「不幸にも、われわれはカチンの森を見捨てなければならなくなった。ボルシェヴィキ（共産主義者）一味は疑いなく、じきにわれわれが一万二千名のポーランド軍将校を射殺したことを『発見』するであろう。その挿話的な事件は将来われわれに、ほんのちょっとした災難をもたらすものである」（傍点は佐藤）（註四七）と。

※「ほんのちょっとした」という表現は、ドイツ語の原文では、〝Uberhaupt ist das eine Frage, die uns sicherlich in Zukunft einiges zu schaffen machen wird.〟とあり、下線部分の単語〝einige〟には、「少しの」、「ちょっとした」という意味と、その反意語としての「かなりの」、「たいへんな」という意味がある。ロクナーはこれを〝quite a little〟と英訳し、ザヴォドニーもロクナーの英訳文をそのまま引用している。〝quite a little〟は「少しの」、「ちょっとした」ではなく、「少なからぬ」、「たいへんな」という意味である。従って、英文の日本語訳という限りではこの中野五郎の訳語は誤訳、ということになる。逢坂剛や「現代史大系月報」は訳語を「少なからぬ」、「たいへんな」と同じ意味にとっている。もっとも、中野五郎は「ことば」ではなくザヴォドニーの著作全体の流れをとらえ、「少しの」、「ちょっとした」と訳したのではないだろうか。その意味ではこれは決して誤訳などではない。

ザヴォドニーには、事件はソ連側の引き起こしたものであるという先入観がある。そこから、前述のような解釈が生じる可能性がある。現に、『カティンの森の夜と霧』という著作そのものがこうした先入観で貫かれている。このことはすでに、これまでに調べたことからも容易に理解できる。

そもそも、ゲッペルスの日記の意味を正確に理解していたら、ソ連犯行説そのものが成り立たない。

「われわれが一万二千名のポーランド軍将校を射殺した」

というゲッペルスの告白には千鈞の重みがある。

どんな解釈をしようが、ゲッペルスが告白したという事実を隠すことは不可能である。

◎遺体総数についてナチスはデマ宣伝をしている。

ゲッペルスの告白にも問題はある。カチンの森で殺害され、埋められたポーランド人将校の遺体の数は四、四四三体であって、一万二〇〇〇体ではない。では、残り約七〜八〇〇〇体はどうなるのかという問題である。

これについては既に明らかになった次の諸事実を確認すれば理解できる。

一 ゲッペスルが四月九日現在入手していた情報によると、スモレンスク附近で発見されたポーランド人の共同墓地には民間人捕虜、僧侶、知識人、芸術家その他を含むポーランド人捕虜約一〇、〇〇〇人が埋められていた。四十三日のベルリン放送も住民からの聞き取りという根拠に基づき、一〇、〇〇〇体という遺体数を確認し、その当時、約三、〇〇〇体が発掘されていたことを明らかにしている。

二　ベルリン十六日発同盟通信によると、ドイツ赤十字社長コーブルグ・ゴータ公もスモレンスク附近の森林地帯で、数日前《ママ》発見されたポーランド軍将校一二、〇〇〇人の遺骸を調査するよう要請した。遺体数は一万二、〇〇〇人に膨れあがった。

三　四月十八日頃、現地入りしたポーランド赤十字調査委員会が調査した遺体総数は四二四三体であった。この死体数に、さらに第八号墓から出た二百体を加えると、遺体総数はきっかり四、四四三体になる。この数はその後、現在に到るまでまったく増減していない。

四　遺体数が増減していないことは何を意味するか。ハリモミの木の高さを目安にしてほかの墓地を探したが、発見されなかったことを意味する。つまり、四、四四三体はカチンの森に埋められていた遺体の総数だったことになる。

五　ここで、仮に遺体数を一二、〇〇〇体とすれば、四、四四三体を除いた残り七～八、〇〇〇体はどうなったのか、という問題が提起される根拠がある。

六　ここでおかしなことがある。遺体が三、〇〇〇体程度しか発掘されていない段階で、何故、一〇、〇〇〇体とか、一二、〇〇〇体とかいう数字が出てきたのかということである。住民からの聞き取りというが、元ポーランドの将校は一九四一年八月二日の恩赦で釈放されたばかりである。その直後の元ポーランド軍将校の動静を住民が掌握することなど容易なことではない。

七　そもそも墓地を発見したのはドイツ軍野戦警察であり、これをテレタイプで報告したのはドイツ軍第五三七通信連隊であった。報告先は国防軍最高司令官カイテル元帥であり、ＳＳ全国指導者ヒムラーであり、そこからゲッペルスに伝わったと考えてよい。

八　当時、新聞、ラジオによる事件の報道を担当したのは国防軍最高司令部の新聞課であって、ゲッペルスの宣伝省ではなかった。ゲッペルスにとって国防軍新聞課がカチン問題に関与するのは厄介の種であった。例えば墓地が一基だけのように発表したり、まだ発掘が終わってもいない段階で、遺体数を一〇、〇〇〇体前後と推定したり、一〇、〇〇〇体の中には僧侶、知識人、芸術家などの遺体が混じっていたと発表したものの、それがいつの間にか発表から消えてしまったことなど、新聞課の発表は不手際が続いた。その後、ゲッペルスはヒトラー総統に呼ばれて会談し、国防軍は宣伝に関与すべきではなく、宣伝課は宣伝相に移管すべきであると主張した。宣伝課に問題があるのではなく、宣伝課が国防軍に属していることが問題だというのである。この点では、ヒトラー総統もゲッペルスと同意見であった。

九　では、七～八、〇〇〇体はカチンの森以外の墓地に埋められているのか。そもそもドイツ軍野戦警察がカチンの森で墓地を発見したことをきっかけとして、ほかの墓地の存在が予見されることなど不自然であり、あり得ないことである。つまり、カチンの森以外の土地にも墓地が存在するなどという予見は、カチンに駐屯するドイツ軍野戦警察の発見とは全く無関係のところ、別のところから持ち込まれたものである。つまり、遺体総数が一〇、〇〇〇体とか一二、〇〇〇体とかいうのは国防軍司令部、いや親衛隊から持ち込まれたものであり、それはウソである。

十　元ポーランド軍将校の遺体はどう考えてみても四、四四三体だけであった。残りの七～

八〇〇〇体など存在しないのである。

ゲッペスルとヒトラーとの会談では親衛隊の名前は出なかった。それは親衛隊の立場を考えてのことであり、親衛隊が宣伝に関与していなかったことを意味するものではない。事実、カチンの森事件に関する限り、ドイツ軍第五三七通信連隊の背後にはドイツ軍野戦警察がいた。このことは国防軍の背後に親衛隊が控えていたことを意味する。

カチンの森の遺体数を一〇、〇〇〇体とか一二、〇〇〇体とかいうのはソ連の「犯行」を誇大に宣伝しようとするデマである。遺体に関するデマを作り出したのは親衛隊であろう。ゲッペルスは口述の際に、ドイツ軍が射殺したポーランド軍将校を一万二千名と述べたが、ゲッペスルもその点、なりゆき任せにしたのであろう。

◎　ポーランド人捕虜はカナダで生存していた

ポーランド人捕虜一二、〇〇〇人のうち、カチンの森で殺害された四、四四三人を除く約七～八〇〇〇人の行方については、ドイツ政府自身が重要な事実を発表している。

『ドイツ第三帝国のソ連占領政策と民衆』によると、一九四一年二月二日付ドイツ政府公報『帝国政府からの知らせ』（Meldungen aus dem Reich）は、ポーランド人民の間で、「ロシアがポーランド人捕虜をカナダへ送って釈放し、この釈放されたポーランド人の多くが手紙をよこして、好待遇を知らせてきた」

ということがひそひそ語られている、という事実を公表した。

ポーランド人捕虜のうち、ロシアに踏みとどまり、ナチスに殺害された捕虜は別として、残り全員あるいは一部はカナダで生存しているというのである。

日本国際問題研究会著『世界年鑑』（註四八）によると、カナダは大英帝国に属していたが、第一次世界大戦後、国際連盟で非常任理事国の地位を獲得し、一九二六年以後外交の自主権をも獲得し、英本国と対等な地位を獲得し、経済的・社会的・政治的にアメリカ合衆国との緊密な関係にあった。同年鑑は一九三九年発行であるが、このカナダ政府のおかれた地位は一九四〇年になっても変わりないと考えてよい。このような中立的な立場にあるカナダへの捕虜移送は穏当で、賢明な策であった。

捕虜がカナダへ送られたのはいつか。それは、彼らがポーランドへ移送されることになっていた「一九四〇年四月三日から同年五月十六日」よりも後のことであろう。釈放された元捕虜たちは家族に手紙を出した。ただし、当時のポーランドは、ヒューレット・ジョンソンが『東欧の新世界』で指摘した「ドイツ化政策」、「町名の改名」、「ユダヤ人の強制移住」などにより、郵便などは必ずしも正常に配達される状況になかった。ドイツ政府当局は配達できなかった手紙を分析し、元捕虜たちがカナダで好待遇を受けているという事実をさりげない形で発表した。中立国カナダの政府が関与している以上、沈黙を守り通すことは得策でなかった。

一九四一年二月という時点では、ドイツ政府がこの事実を公表しても、ほとんど問題にならなかった。カチンの森の事件はもちろん、ポーランド軍将校の殺害事件など発生していなかったからである。しかし、一九四三年四月になると、そうはいかなくなった。同年四月、ドイツのベルリン放送が、ポーランド軍捕虜殺害は一九四〇年春であったと放送したからである。

死んだはずの捕虜が生存していたのでは、ソ連犯行説は成り立たなくなるばかりか、ベルリン放送は「でたらめ」だというソ連情報部の反論を認めることになってしまう。こんなことは断じてあってはならなかった。元捕虜の生存という事実は何としても隠し通す必要があった。現に、以後、カチンの森の事件に関する論議のなかで、ロシアとカナダの関係は一切、話題に上らなかった。

後述するように、一九四四年五月当時、ルーズベルト大統領はソ連がカチンの森の犯行に関与していなかったことを「絶対に確信」していた。同大統領は当時、元捕虜のカナダでの生存を知っていたのではないか。それなら、これも大統領の絶対的確信の根源の一つに算入してよい。

カチンの森事件の発生が一九四〇年ではなく一九四三年であり、事件の真犯人がナチス・ドイツであることとは、もはや動かすことのできない事実である。

◎　ナチスのデマ宣伝の目的はどこにあったか

カチンの森の虐殺は、ポーランド人捕虜のカナダへに移送のシッペ返しととれないこともない。けれども、ポーランド将校の遺体をカチンの森に埋めておいたヒムラーの目的は、それだけではない。ヒムラーの最大の目的は、ドイツ軍が勝利し、ボルシェヴィキを打倒し、東方地区を完全に支配した後に、ボルシェヴィキ再起の道を閉ざすため、ボルシェヴィキの「残虐行為」をねつ造しておくことにあった。ここにナチスの本当の目的があった。従って、「虐殺」に捕獲したソ連製弾丸を使わず、ドイツ製の弾丸を使ったことは、手抜かりというよりは、「電撃戦」の勝利に対する確信のあらわれであり、勝利しさえすれば、どんなことも可能であるという自信の現われでもある。

ただし、その反面、ナチスは、ボルシェヴィキは叩きつぶしても、労働者階級が存在する限り、必ず再起すること、つまり本当に大衆の利益を代表しているのはボルシェヴィキであることを感覚的、本能的に感じとっていたと考えてよい。

註一　ハーシェル・メイヤー著『第二次世界大戦の史的分析』（三一書房、一九五三年）一二七頁
註二　ディミトロフ著『反ファシズム統一戦線』（国民文庫、一九六七年）二〇六～二〇七頁
註三　J・K・ザヴォドニー著『カティンの森の夜と霧』（読売新聞社、一九六三年）六五頁
註四　渡辺克義著『カチンの森とワルシャワ蜂起』（岩波ブックレット、一九九一年）一三～一四頁
註五　J・K・ザヴォドニー著『カティンの森の夜と霧』（読売新聞社、一九六三年）一七一頁
註六　前掲書一〇一頁
註七　前掲書一七二頁
註八　前掲書一七二頁
註九　前掲書七四～七五頁
註一〇　ソ連共産党中央委員会付属マルクス・レーニン主義研究会編『第二次世界大戦史　6』（弘文堂、一九六三年）

一八一～一八二頁
註一一　ハーシェル・メイヤー著『第二次世界大戦の史的分析』（三一書房、一九五三年）一二七頁
註一二　J・K・ザヴォドニー著『カティンの森の夜と霧』（読売新聞社、一九六三年）六五頁
註一三　前掲書一〇一頁
註一四　前掲書六二頁
註一五　前掲書六二頁
註一六　マーティン・ギルバート著『第二次世界大戦　下巻』（心交社、一九九四年）七四頁
註一七　マーティン・ギルバート著『第二次世界大戦　下巻』（心交社、一九九四年）七五頁
註一八　J・K・ザヴォドニー著『カティンの森の夜と霧』（読売新聞社、一九六三年）六八頁
註一九　前掲書一〇〇～一〇一頁
註二〇　前掲書六八頁
註二一　前掲書一〇一頁
註二二　前掲書九八頁
註二三　前掲書三四頁
註二四　前掲書九九頁
註二五　前掲書七〇頁
註二六　前掲書七三頁
註二七　前掲書七三頁
註二八　前掲書七三頁
註二九　前掲書七〇頁
註三〇　前掲書六九頁

註三一　前掲書一〇一頁
註三二　前掲書一八二頁
註三三　斎藤充功著『謀略戦』（時事通信社、一九八七年）四七頁
註三四　前掲書九七頁
註三五　寺田近雄著『続・日本軍隊用語集』（立風書房、一九九五年）一七六頁
註三六　J・K・ザヴォドニー著『カティンの森の夜と霧』（読売新聞社、一九六三年）一〇頁
註三七　前掲書三一頁
註三八　永岑三千輝著『独ソ戦とホロコースト』（日本経済評論社、二〇〇一年）一二〇頁
註三九　嬉野満洲雄・赤羽龍夫編著『ドキュメント現代史　3　ナチス』（平凡社、一九七三年）二六一頁
註四〇　J・K・ザヴォドニー著『カティンの森の夜と霧』（読売新聞社、一九六三年）一〇二頁
註四一　前掲書一〇二〜一〇三頁
註四二　前掲書三七頁
註四三　前掲書一八二頁
註四四　レナード・モズレー著『第三帝国の演出者　ヘルマン・ゲーリング伝（上）』（早川書房、一九七七年）二二一頁
註四五　キャトリール・クレイ、マイケル・リープマン共著『ナチスドイツ支配民族創出計画』（現代書館、一九九七）八〇頁
註四六　J・K・ザヴォドニー著『カティンの森の夜と霧』（読売新聞社、一九六三年）六八頁
註四七　前掲書五九頁
註四八　日本国際問題研究会著『世界年鑑』（創美社、一九三九年）

Ⅷ　カチンの森事件に対する各国の態度

▼亡命政府はゲッペルスの宣伝に飛びついた

ドイツ軍の侵攻を受けると直ちに逃亡し、内外からの信頼を完全に失った亡命政権にとって必要なことは、ソ連、アメリカ、イギリスなどの政府から受け容れられやすいシコルスキーを押し立てて内外の信用をつなぎとめることであった。

それではシコルスキー政権を押し立てたヒトラーびいきの人々の考えはどうなのか。

亡命政府系のアンデルス将軍は、赤軍の数か月後の敗北を予測していたが、ソ連人民の猛烈な抵抗による電撃戦の失敗はこの判断が根本的に間違っていたことを証明した。それにスターリングラード戦以後、ポーランド労働者党（一九四二年に創立）の影響力は拡大しはじめた。ロンドン亡命政権が帰国して権力の座を回復することは困難にみえはじめた。

亡命政府にとってポーランド将校の虐殺に関するゲッペルスの反ソ宣伝は自己の存在価値を主張する絶好のチャンスであった。亡命政府と国内軍は、国内軍関係者にポーランド赤十字の腕章を与えて中立性を装わせ、現地調査に参加させた。

こうして本質的には反ソ・反共で、その意味ではナチス寄りの亡命政府はドイツ軍に虐殺されたポーランド人将校の行方をソ連側が知らなかったのを、ソ連が隠しているのだと曲解した。カチンの森事件に対する考えに関する限り、亡命政府はゲッペルスと一体の立場にあった。

▼チャーチル首相の姿勢

チャーチルは一九四三年四月二十五日付でスターリンに書簡を送り、次のように述べた。

「私は、ソヴェト政府を攻撃すると同時に、シコルスキーとソヴェト政府との協力の試みを攻撃してきたイギリス国内ポーランド系新聞を沈黙させる可能性を研究しています」（註一）と。

事実、その後、連合国の団結という観点から、ポーランド系新聞は沈黙させられた。すなわち、『カティンの森の夜と霧』は独ソ戦線の行方不明者について、次のように指摘している。

「英国にあるポーランド新聞は、ソ連に対する敵意を紙上で現わすことを禁止され、チャーチルはシコルスキー将軍（ポーランド亡命政権主席）に対して、行方不明者についてはこれ以上、問い合わせを行わないように勧告した。

『もしも彼らが、すでに死んでいるならば、あなたは彼らを生き返らせることは、なにもできないであろう』」（註二）と。

そして、ことのついでに、ポーランド政府を中傷したことを理由にイギリス共産党機関紙『デイリー・ワーカー』紙を懲戒処分に付した。

また、同書によると、チャーチルは英国駐在のソ連大使マイスキーと会談した際、

「私は、カチンの森事件に関する事実を論議しようとは企てていない。……われわれは、まずヒ

トラーを打ち破らねばならないのである……いまは内輪喧嘩と非難をしている時ではない」（註三）と語った。

シコルスキーは一九四三年七月四日、ジブラルタルの航空機事故で不慮の死を遂げたが、ステチニアス著『ヤルタ会談の秘密』によると、チャーチルは一九四五年二月のヤルタ会談では次のようにのべている。

「英国政府はロンドンにある現在のポーランド政府をすでに承認しています。しかしながらこの政府とは親密な関係は結んでいません。私はこの政府のミコワイチク氏やグラブスキー氏を信頼できる正直な人物だと思っています。それでももしヤルタ会談において、米英ソ三国の指導者たちが、これらの人物に地位を与えるようなポーランド政府に同意できないものかどうか、お尋ねする次第であります。…」（註四）と。

これではシコルスキーが反ソ的な勢力によって打倒されれば、あとにでてくるのは、もっとも悪いだれかだけだろう、と書いたスターリン宛の手紙の内容を否定したことになる。

チャーチル首相は要するに、一九四五年二月の段階では亡命政府を公然と支持するにはいたらないが、亡命政権に対する影響力だけは残しておきたかったのであろう。けれどもいずれ、ミコワイチクやグラブスキーなどの人物をポーランドへ送り込んで、イギリス寄りの政権を樹立したい、という腹づもりであった。

一九四三年当時、ロンドン大空襲で硬化していたイギリスの世論に押されたからでもあるが、以上のことから判断すると、ソ連犯行説をとっていたチャーチルは、いまのところ、内輪もめだけは避けたいと考えていた。カチンの森事件など大事の前の小事だというのである。

▼ルーズベルト大統領の姿勢

◎アメリカのカーター調査班長の大統領への報告

『カティンの森の夜と霧』は一九四三年春のことについて次のように記述している。

「ルーズヴェルト大統領のために特別に活動していた、少数の選抜された調査班の班長ジョン・F・カーター氏は、カチンの森事件について大統領に口頭で委細、報告していた。このカーター調査班はドイツに関する専門家を含んでいて、その調査結果は、ゲッペルス宣伝相が真実を告げている、というのであった。その後、カーター氏は、その調査結果を書面にして大統領の手元に届けたが、その報告の中には、ポーランド軍諜報部でまとめた広範な報告も含んでいた」（註五）と。

四月一三日のベルリン放送の内容は真実だというのである。

ただし、「広範な報告も含んでいた」ということはアメリカの情報網がナチスの情報をかなり詳細に掌握していた、ということである。

同書によると、この報告書はその他の同時期の記録文書とともに、

「（記録文書は）暗にそれとなく、または、あからさまな言葉ではっきりと、この大虐殺について

ソ連政府を非難、問責していた」（註六）という。

アメリカの情報機関はナチスの情報を掌握していただけでなく、その情報の正確さに自信を持っていたようである。

次に、アメリカ情報機関について、簡単に調べてみよう。

◎アメリカ情報機関とゲッペルスとのつながり

『アウシュヴィッツ収容所　所長ルドルフ・ヘスの告白録』は次のことを明らかにしている。

「一九四一年春以来、アウシュヴィッツの抑留者は、同所基幹収容所から七キロほどはなれた地点のI・G・ファルベン会社ブナ（合成ゴム）工場建設のために配転されはじめた。

アウシュヴィッツ周辺に工場の用地をえらぶに当たっては、I・G・ファルベン首脳部のために、強制収容所から安い建設労働者を供給することが決定的な眼目となった。抑留者の労働配置を簡単にするため、I・G・ファルベンは、一九四二年、ブナ工場に隣接して、抑留労働者用のモノヴィッツ労働者収容所を建てた」と。

アウシュヴィッツ収容所の存在に秘密性があったとしても、ゲッペルスらナチス幹部がドイツ財界上層部に極秘事項まで打ち明け、相談しても不思議ではない。戦争遂行に財界の協力を得るためには、これは必要であった。

それではアメリカ情報機関はどのような方法で、ゲッペルスの言動を知り得たのだろうか。

この点について、『叛逆　下』は次のような事実を明らかにしている。

「アメリカとドイツが交戦関係に入ってからも、ドイツの主だった幹部たちはひきつづきアメリカその他の西半球の各地へやってきた。その秘密取引のためのもっとも便利な会合場所はスイスのバーゼルにある国際決済銀行の本部であった。一九四三年五月十九日にニューヨーク・タイムズ紙に掲載された一論文は、

『連合軍がヨーロッパ大陸進攻を準備するに及んで、スイスのバーゼルにある国際決済銀行の立場は、いっそう筋の通らぬものと思われるにいたった。スウェーデン、スイス、オランダはもとより、アメリカ、ドイツ、フランスおよびイタリアの銀行家たちは、いまなおたがいに机をならべて仕事し、共通の事業に従事している』

と指摘している。国際決済銀行の取締役にはナチスの金融業者K・F・フォン・シュレーダー男爵、ライヒスバンク総裁ヴァルター・フンク、I・G・ファルベン社長ヘルマン・シュミッツ博士とともに、イギリスのイングランド銀行取締役三名、アメリカのファースト・ナショナル銀行取締役・国際決済銀行総裁兼総支配人トーマス・H・マリックがふくまれていた。

アメリカ財務省特別顧問ハリー・ホワイトは一九四三年十一月二十三日に、国際決済銀行について、『わが国の青年たちがドイツと戦っているときに、アメリカ人の総裁がドイツ人たちと一緒に仕事をしているのだ』と述べている」（註七）と。

つまり、スイスの国際決済銀行では戦争当事国の財界首脳が敵味方の区別なく、お互いに交流できる状態にあった。戦争中とはいえ、ドイツの工業生産は必ずしも悪化してはいなかった。ドイツの一九四四年現在の軍需工業の生産は一九四二年の二八〇パーセントに増大していた。

そうすると、アメリカの情報機関がベルリンにおけるナチス幹部の経済的な、そしてそれに関連する政治的な言動を把握できたとしても不思議ではない。

このような事実を基にして前述のようなアレン・ダレスのドイツとの講和交渉が成立したのである。

◎　ルーズヴェルトのスターリンに対する信頼

A『奪われた祖国ポーランド』によると一九四四年六月、亡命政府のミコワイチク首相がワシントンでルーズヴェルト大統領に会い、スターリンをどう思うかと質問したとき、同大統領は、

「われわれがロシアの行動を判断する時、ソ連体制は国際関係でわずか二年間の経験しかないことを忘れてはいけません。でも私は一つのことは確信しています。スターリンは帝国主義者ではありません」(註八)

「(私)自身とスターリンはテヘラン会談でうまくやっていけた。スターリンとチャーチルとの関係よりはうまく」(註九)

と、語っている。

「ソ連体制は国際関係でわずか二年間の経験……」うんぬんの言葉は、一九四三年四月、モロトフ外相がロメール駐ソ・ポーランド大使に渡した覚書の内容およびその伝達方法が「一般に尊重されている外交的慣習」（註一〇）に反していたなどといった程度のことを指すのであろう。

B『カティンの森の夜と霧』によると、一九四四年（昭和十九年）五月、アメリカの海軍出身の外交官、ジョージ・ハウォード・アールはルーズベルト大統領に対し、カチンの森事件はソ連の犯行であると説いた。これに対し、大統領は、

「ジョージー！　これは、まったくドイツ側の宣伝であり、ドイツの陰謀だよ。私はソ連側がこの犯行をしなかったことを絶対に確信しているね」（註一一）

と言い返した。

翌一九四五年三月二十二日、アール元将軍がさらにルーズヴェルト大統領宛の個人的な手紙で、カチンの森事件に関する自説を強調し、受け入れられなければ、

「カチンの森事件に関する記事を新聞紙上に発表するであろう」

と述べたとき、同将軍は太平洋の孤島、サモア島への転任命令を受け取った（註一二）。

その後のことについて同書は次のように述べている。

「こうしてアール氏は、いやいやながらサモア島へ赴任した。ルーズヴェルト大統領の急逝（昭和二十年四月十二日、行年六十三）まで現地にいた。その後、彼はただちに米本国へ召還された。

元大統領付き海軍副官の米海軍人事課長ヴァーダマン中佐は彼に陳謝した。そして同氏がサモアへ転任させられたのは、決して海軍省の決定ではなかったことを確証した。」（註一三）と。

海軍省はソ連犯行説をとっていたのである。

海軍省の強力な後ろ盾があったればこそ、アール元将軍は自説を固執できたということである。


C『カティンの森の夜と霧』はまた、米陸軍省の軍事諜報部長兼参謀次長、クレートン・ビスル陸軍少将が戦後、米議会の調査委員会の席上、ヴァン・ヴリート中佐がカチンの森事件に関する観察報告を「最高機密」としたことについて、次のように説いている。

「ソ連を勧説して日本と戦わせることが米軍総司令官、すなわちルーズヴェルト大統領の意図であった、というのが同将軍の意見であった。それゆえ同将軍は、米ソ関係に緊張を加えるようなことは一切、なすべきではないと痛感したのであった。」（註一四）と。

確かに、ビスル将軍が述べたように、ルーズベルト大統領はソ連の対日参戦を必要としていた。アメリカ政府はヨーロッパ戦線では第二戦線の結成を遅らせることによってソ連軍の主力を独ソ戦に集中させ、その一方、極東戦線では、ソ連のカムチャッカに米空軍基地を設置することによって北方から日本本土を爆撃しようと意図していた。ルーズベルトがスターリンに期待するところは、チャーチルよりも遥かに大きかった。そこでカチンの森事件に関する報告書を「最高機密」にしたことは理解できる。

しかし、ヴァン・ヴリート中佐が現地を観察しただけで、ソ連犯行説を唱えたことから、調査団が発掘する当時の環境、雰囲気などが、いかにもソ連軍の犯行を匂わせていたことがわかる。このことはゲッペルスの宣伝が実に巧妙であったことを物語っている。それは単に言葉と文章だけでなく、証拠を隠蔽し、偽りの「証拠」を作り上げ、多くの人物を動員するという手段を採用していた。ヴァン・ヴリート中佐がうっかり信用したのも無理はなかった。

ルーズベルト大統領のナチス犯行説に対する確信はどこから生まれたのか。それはソ連を対置に参戦に導こうとする政治的必要性があるとしても、スターリンに対する個人的、人間的信頼があるからだと考えてよい。

ポーランドのオジェホフスキ外相のソ連犯行説はどうか。同外相はソ連犯行説を立証しようと懸命に調べたが、証明することができなかった。そして一九八八年三月、遂に、事件は客観的な知識、客観定な事実の問題ではない、と結論するに到った。フルシチョフ以後のソ連、ゴルバチョフ以後のロシア、ルーズベルト以後のアメリカとうまくやっていくためには、何が何でも犯行はスターリンでなければならなかったのである。

▼準備不足のワルシャワ蜂起

◎亡命政府の戦争目的

カチンの森事件の真相を最もよく知っているのはほかでもなく、ヒトラーやゲッペルスらナチスの首脳である。従って、ゲッペルスらはこの事件に対するアメリカ、イギリス、ソ連、亡命政府の対応を見て、これら諸国がカチンの森事件をどのように分析しているかを正確に判断できる立場にあった。亡命政府の手の内を見抜くことなどさほど困難ではなかった。

事実、ソ連犯行説を採っていた亡命政府の判断は何事によらず、客観的事実に基づかない、不正確なものであった。

一九四四年八月一日にポーランド国内軍が決行したワルシャワ蜂起に関する亡命政府の軍事的、政治的判断もまたきわめて主観的、観念的、独断的であった。

このような判断に基づいて決行されたワルシャワ蜂起は一九八〇年代後半のヤルゼルスキーなど、ポーランド支配層の対ソ政策、そしてカチンの森事件対策に隠然たる影響を与えている。以下、ワルシャワ蜂起の概略を調べることにする。

『反ソ秘密戦争』によると、一九四四年三月のはじめ、ポーランド国内軍参謀総長オクリツキー大将は最高司令官ソスンコフスキー大将のロンドン本部へ呼ばれ、秘密会談をした。会談を終えたオクリッツキー大将は、ひそかに空路、ドイツ軍占領下のポーランドへ戻り、ただちに国内軍司令官、ボル・コモロフスキー大将にソスンコフスキーの指令を伝えた。これに対し、コモロフスキーは、自分は特別の機関を設立して、次の任務を実行する予定であると語った。

「一、地下活動のために兵器を保存し、ソヴェト連邦にたいする蜂起の準備をすること。

二、成員各六十名以下の戦闘支隊をつくること。

三、国内軍の敵ならびにソヴェト軍司令部の代表者を暗殺するために、テロリストをもって成る「清算」団を形成すること。

四、ソヴェト軍の前線の背後において行動する破壊行動隊を訓練すること。

五、赤軍の背後において軍事情報および諜報活動を行うこと。

六、国内軍の設立した放送所を保存し、ロンドンの国内軍最高司令部とラジオ通信を維持すること。

七、印刷物および演説、会話等による反ソヴェト宣伝を行うこと。」（註一五）

これはワルシャワを占領したドイツ軍ではなく、赤軍と戦うという計画である。

コモロフスキーは三月当時、目前の敵、ドイツとの戦争など考えていなかった。ドイツとの戦争はソ連軍に一任し、ドイツ軍殲滅後のソ連軍に対する蜂起計画を立案していたのである。

◎亡命政府の判断の甘さ

A　ポーランド政府の軍事的、政治的判断が主観的、観念的、独断的であったことはさまざまな面に現われている。

ワルシャワ蜂起の直前、コモロフスキーは、ドイツ軍はいままさに撤退しようとしていると判断していた。しかし、そうではなかった。

なるほど当時、ナチス・ドイツは東部戦線全域におけるソ連軍との戦略的対峙という点からは不利な立場にあったが、ワルシャワ攻防という戦術的側面では有利な立場を占めていた。

『第二次世界大戦史　9』は次のように述べている。

「（ヒトラー軍）はワルシャワ地区にとくに強力な防禦工事を施した。ヒトラー軍は、ポーランド国家の首都を『中央ヨーロッパ障壁のもっとも主要な要塞』、『ベルリン関門への鍵』とみなしていた。ヒトラーは、ワルシャワにとくにおおきな意義をみとめ、どんな犠牲をはらっても、この都市を防衛するよう、配下の部隊に要求した」（註一六）と。

これに対し、赤軍の補給線はしだいに伸び、ポーランド国境をこえるとともに、進撃にも一定の困難が生じてきた。

『世界史現代　8』はワルシャワ蜂起について次のように述べている。

「（ポーランド側の）蜂起は、ヴィスワ河《＝ウィスワ河＝ウィスラ河＝ヴィストゥラ河＝ヴィスツラ河＝ヴィツスラ河。以下ヴィスワ河で統一する》をめざしてすすんできたソヴェト軍が相つぐ戦闘で疲れきっていたときに始められた。四〇日の流血の会戦のあいだに赤軍は五〇〇〜七〇〇キロメートルも進撃していた。後方部隊は攻撃部隊からおくれてまだ追いついていなかった。航空部隊は、新しい飛行場の整備がおくれて基地を移すことができなかった。ソヴェト軍の進撃は速度がおそくなっていた」（《 》内は佐藤）（註一七）と。

一方、ドイツ軍の補給線は、退却とともに短くなり、それだけにその抵抗は一段と頑強になってきた。

それに、ドイツの軍需生産は決して衰えていなかった（※）。

ドイツ民主民族戦線全国協議会著『アメリカ占領政策の実態』によると、一九四三年十二月一日、スターリン、ルーズヴェルト、チャーチルの三首脳が調印したテヘランの宣言には、

「われわれが陸でドイツ陸軍を、海でドイツの潜水艦、空でドイツの航空兵器を粉砕するのをさまたげる力は世界にはない」（註一八）

とあった。

つまり、連合国の戦争目標はドイツの軍事力を絶滅することであった。

ところが、現実はそうなっていなかった。ルーズベルトの考え、アメリカ国務省の意図はアメリカ産軍複合体によって無視された。同書は次のように説いている。

「英米の飛行機が工業を目標としたのは例外で、英米のもっとも重要な目標は、ドイツの平和的

な市民住宅地帯であった。ドイツの採炭も鉄鋼生産も、空襲ではそれほど減産しなかった。ルール地方の炭坑と製鋼工場は、英米爆撃隊の直接の爆撃可能範囲にあって、非常に目立つ目標であったけれども、アメリカ政府の調査によれば、空襲による減産は採炭では二パーセント、鉄鋼生産では五パーセントであった。それに反してルール労働者の住宅地帯は、容赦ない空襲でほとんど灰燼に帰してしまった。

アメリカのドイツ空爆の影響に関する秘密調査については、つぎのように述べている。『連合国は、ドイツの経済全体を、あるいはその戦時経済全体を絶滅しようとは決してくわだてなかった』と。

この『アメリカ戦略爆撃調査委員会』の調査によれば、ドイツの軍需工業は、はげしい爆撃にもかかわらず、平均して一九四四年には一九四二年の生産の二八〇パーセントに達した。ドイツの領土がほとんど大部分占領されてしまった一九四五年三月でも、その軍需工業は、一九四二年の平均よりも、なお四五パーセントだけ上回っていた。戦車の製造は、一九四四年第四・四半期に、頂点に達した。それは一九四五年第一・四半期でも一九四二年同期の三倍であった。ドイツの飛行機製造は、一九四二年には約一万五〇〇〇機以上に増加し、一九四三年には二万五〇〇〇機以上となり、一九四四年には約四万機となった！

アメリカ戦略爆撃調査委員会の秘密報告からとったこれらの数字は、西欧諸国がファシストの軍需工業を一掃する戦闘方法をとらなかったことを証明している（※）」（註一九）と。

※　ここに国務省と戦争省（当時）、後の国務省と国防省との対立の芽がある、といえよう。

つまり、ドイツの陸軍、潜水艦、航空機などを粉砕するというテヘラン宣言の約束はほとんど実行されなかったのである。

この事実を裏付けているのが、スイスのバーゼルの国際決済銀行におけるドイツ、アメリカを含めた前記戦争当事国の財界首脳の交流であった。

ドイツ軍がいままさにワルシャワから撤退しようとしているという国内軍総司令官、コモロフスキーの判断は、こうした点から見ても、完全に主観的、観念的、独断的としかいいようがなかった。

B　国内軍総司令官、コモロフスキー中将は、三月はじめにはソヴェト連邦にたいする蜂起の準備に力をいれていた。しかし、そうはいうものの、目前のドイツ軍との戦いを無視することはできなかった。『カチンの森とワルシャワ蜂起』によると、同中将は、七月十四日、ロンドンの亡命政府にあてた報告のなかで、ドイツ軍に対する蜂起について、次のように述べている。

「(ドイツ軍の）部隊が占拠するすべての建造物、さらには事務所までをも、掩蔽壕や有刺鉄線を施した防衛用の要塞に変えていることを見れば、蜂起成功の可能性は皆無である」（註二〇）と。

ところが、そのコモロフスキー中将は七月二十五日、国内軍総司令部作戦会議終了後、ロンドンのソスンコフスキ最高司令官に宛て次のように打電した。

「(国内軍は）ワルシャワをめぐる戦闘にいつでも着手できる態勢にある。……戦闘開始時はのちほど連絡する」（註二一）と。

つまり、コモロフスキーはドイツ軍に対する、準備の整っていない、成功の可能性もない、急ごしらえの武装蜂起を決定したことになる。

コモロフスキーの判断の急変の背景には民族解放委員会の動きがあった。

『第二次世界大戦史　7』によると、一九四四年七月二十一日、リュブリンにはポーランド人民権力の中枢機関、ポーランド民族解放委員会が成立し、翌二十二日、歴史的宣言を発した。

「（宣言は）民主的自由の復活、もっとも重要な社会改造の断行、とくに広範な土地改革の実施、大産業とほとんどすべての中工業の企業を管掌する臨時国家管理庁の設置をうたった。その冒険主義的な政策によって国を新しい破局においやった亡命政府は、不法なものとみとめられた。ポーランド民族解放委員会が、執行権力の臨時機関と布告された。」（註二二）

七月二十六日、ソ連政府とポーランド民族解放委員会の間に締結された協定では、「（ドイツ軍を）国内から掃蕩するにつれて、ポーランド民族解放委員会は、行政機関をつくり、それを指導し、ポーランド軍のその後の組織、編成、補充措置をとるべきである、と規定されていた」（註二三）

もしここでドイツ軍と戦わなかったら国内軍は、その存在価値が問われる。コモロフスキーの態度の急変はこのような民族解放委員会の動向をみての焦りの産物であった。

一方、ミコワイチク首相は中東経由でモスクワに到着したが、それは蜂起前々日の七月三十日であった。ソ連政府は亡命政府との国交を「断絶」していたが、交渉の余地だけは残しておいたということである。ミコワイチクは八月十日までモスクワに滞在して交渉に当たったが、同首相のポーランド民族解放委員会に関する判断も甘かった。同委員会が計画していた新政府について、ミコワイチクは要求を出した。同書は次のように述べている。

「(ミコワイチクは同委員会に対し)亡命政府の閣僚に新政府のポストの八〇%を提供するよう要求し、一九三五年のファシスト憲法の存続を主張した。ポーランド民族解放委員会は、こんないわれのない要求に同意することはできなかった。」(註二四)

まるでポーランド民族解放委員会を甘く見ているかのようである。

◎ワルシャワ蜂起に関する亡命政府首脳の見解の不統一

赤軍はスターリングラードの市街戦から数々の教訓を学び、その後、ソ連内の諸都市を解放し、都市の解放には豊富な経験と自信があった。ドイツ軍に封鎖され、六〇〇日間にわたって耐え抜いたレニングラード防衛の戦いも忍耐、という意味で貴重な経験であった。

『反ソ秘密戦争』は、赤軍がワルシャワ市の東端を流れるヴィスワ河畔で勢力を再編成し、後方からの補給品到着を待つことにしたと述べ、次のように指摘している。

「ソヴェト最高司令部の戦術は、ポーランド首府にたいして正面攻撃を開始せず、ふいに同市を包囲してこれを取り、市そのものと市民とに危害なからしめることであった」(註二五)と。

一方の亡命政府側にはそんな作戦など思いつきもしなかった。またポーランド首相ミコワイチックと最高司令官ソスンコフスキー、国内軍総司令官コモロフスキーなど最高指導部の蜂起に対する考えは必ずしも統一されていなかった。『ワルシャワ蜂起　１９４４』を参考にしてワルシャワ蜂起に関する三人の考えを簡単にまとめると次の通りである。

Ａ　首相ミコワイチック

首相ミコワイチックは、次のように説いていた。

「ソ連との公正な事前合意とソ連軍との誠実にして現実的な協力関係のない蜂起は、政治的には不合理なものであり、軍事的には絶望的行為以外のなにものでもないであろう」（註二六）と。

では、ワルシャワをどのようにして解放するのか。『ワルシャワ蜂起　１９４４』は次のように述べている。

「（ミコワイチックにより）国内軍の作戦の性格と規模にかかわるあらゆる問題は未解決のまま残されたのである。ワルシャワにとってはぜひ解決しておかなければならなかったのであるが」（註二七）と。

首相はワルシャワ解放に関する自らの具体的方針を持っていなかったのである。

Ｂ　亡命政府軍最高司令官ソスンコフスキー

『ワルシャワ蜂起　１９４４』によると、最高司令官ソスンコフスキーの戦術は次のようなものであった。

「ドイツ軍撤退の最後の機会に、そしてソ連軍部隊の首都突入前に、状況の幸運な相乗作用が起きて、ヴィルノ、ルヴォフあるいは他の重要な拠点、あるいはポーランド領内の一部地域一時的に占領できるチャンスがあるかもしれないが、もしそうした事態になれば、これはぜひ成就すべきであり、われわれは〔ソ連軍に対して〕正当な主人公として振る舞うべきである。」（註二八）と。

こうして、ソスンコフスキーは、

「ワルシャワでプージャ作戦を展開することを是認し（た）」（註二九）

という。

つまり、情勢が許せば、ソ連軍のワルシャワ突入前に、ポーランド領内に国内軍の支配地域を確保すべきであるというのである。

C　国内軍総司令官コモロフスキー

総司令官コモロフスキー中将は、ソスンコフスキーの戦術を次のように理解していた。

「ドイツ軍が大都市から撤退する最後の瞬間をとらえて、まだソ連軍が突入してこないうちに、大都市を攻略する（こと）」（註三〇）

この考えをワルシャワに当てはめてみると、ソ連軍がまだワルシャワに突入してこないうちに、ワルシャワを攻略するということになる。

では、このために必要なソ連軍との関係をどうするか。『カチンの森とワルシャワ蜂起』によると、

同中将は赤軍との連携問題は政府最高幹部の任務だと考えていた。（註三一）
　以上、三人の最高幹部の考え方は三者三様であったが、赤軍の力を利用しながらも、赤軍との共同作戦を考えていないことは共通していた。
　ワルシャワ蜂起直前の六月六日には、米英軍がノルマンディ半島に上陸し、欧州第二戦線が形成されたが、これに対する三者の評価も一致するはずがなかった。
　では、この三人はどのような行動をとったか。

A　『ワルシャワ蜂起　1944』によると、七月二十一日、ワルシャワにいたコモロフスキーはロンドンのミコワイチック首相に至急電報を打ち、ドイツ軍が東部戦線で敗退したことを報告し、七月二十五日以降、蜂起待機態勢をとることを伝えた。七月三十一日、ワルシャワでの戦闘開始命令を発した。八月一日、ワルシャワ蜂起が始まった。コモロフスキーは、ソヴェト軍のワルシャワ突入が切迫しており、ドイツ軍はいまにも撤退するだろうと判断していた。一九三九年にドイツ軍の進攻を受けたポーランド政府が直ちに撤退したように、ドイツ軍も赤軍の進攻を受けると直ちに撤退すると考えていたかのようである。

B　ソスンコフスキは七月十一日、イタリアに向けて出発し、コモロフスキーが蜂起に関する電報を送った十四日と二十五日には、ロンドンにいなかった。亡命政府から再三、帰ってくるよう緊急要請を受けたが、ロンドンへ帰ったのは蜂起が始まってから五日後の八月六日であった。

C　七月三〇日、モスクワに到着したミコワイチックは、待ち受けていた同地駐在のイギリス大使から、以下の諸点について受け容れれば、スターリンとの取決めを結ぶのに役立つだろうと提示された。すなわち、

「一、ポーランド政府を改造して、モスクワで反動的であり、反ソヴェト的であると信じられている特定の人物を排除すること。

二、交渉の前提としてカーゾン・ラインを受け容れること。

三、カチンの森での殺戮はソ連によってなされたとする主張をなんらかの形で撤回すること

四、ポーランド民族解放委員会となんらかの形で具体的な調整を行うこと」（註三二）

という点であった。

ミコライチックは、これらの提案について、

「『ソ連に降伏する』準備はしていないとして、考慮することを拒否した。」（註三三）

このように三人の最高幹部は、考え方だけでなく、行動もバラバラで、統一性がなかった。それだけではない。蜂起の時、首相ミコワイチックも最高司令官ソスンコフスキもロンドンにいなかった。これでは、思想的、理論的、政治的、戦術的、組織的な観点からしても、ワルシャワ蜂起が成功するはずはなかった。

◎　蜂起の準備不足の具体的事実

蜂起の準備不足については、具体的には、武器、弾薬の不足などが挙げられているが、何よりも蜂起開始直後の現実が準備不足の事実を雄弁に物語っている。

すなわち、国内軍に所属してワルシャワ蜂起に参加し、戦後渡英してロンドン大学で哲学を学んだヤン・ミェチスワフ・チェハノフスキは、ロンドンの「シコルスキー将軍歴史研究所文庫」に保管されている資料などを駆使にしながら、『ワルシャワ蜂起　１９４４』で次のように説いている。

「ブル＝コモロフスキーは、戦闘開始に続く数日間は、ソヴェト部隊の首都突入の時まで、攻勢を持続したいと考えていた。蜂起後数時間でこれら熱き望みは残酷で悲劇的な形で粉々に打ちくだかれ、ブル＝コモロフスキーの軍事的計算の誤りが明らかとなった。がっちりと固められたドイツ軍攻撃目標に対する最初の攻撃の結果は悲惨なものだった。ポーランド・レジスタンス軍は断乎たるドイツ軍の抵抗にあい、重大な損害を蒙り、攻撃中止の指令を発せざるをえなかった。ところがブル＝コモロフスキーは、戦闘継続を決定した。かれはロンドンの亡命政権総司令部に対して兵員、装備両面での支援を要請した。……蜂起開始二日目にして早くも、ソ連軍の迅速な首都突入のみがワルシャワを破壊と大虐殺から救いうるということが劇的に明らかとなった……。アンデルス将軍は……蜂起者たちの『歴史に類例をみないヒロイズム』にもかかわらず、首都は『全滅を宣告』された、との意見を述べた。同将軍は、蜂起が成功するチャンスは『半分』もないことを確信していた。かれはそんな蜂起を『狂気の沙汰』であり、『紛れもない犯罪』だとみなしたのである。

八月一三日、ミコワイチックはスターリンに打電したが、その中で、かれは、ソ連・ポーランド関係の未来の名において、スターリンがソ連軍に対して、『破壊された街で死者を葬るための』墓掘人としてよりも『首都の解放者』としてポーランドの首都へ突入するよう命令を下すことによって、ワルシャワを破壊から救ってほしいと、と懇請した。五日後、ポーランド首相は別の電報をモスクワに宛てて打ったが、その中でかれは、蜂起が時期尚早に失したように思われること、またソヴェト軍最高司令部はそのことに責任を負わされることはありえないことを言明した。……クキエル将軍……の意見によると、ソ連軍がプラガ近郊（佐藤注…ヴィスワ河をはさんでワルシャワの対岸にある）に到達していたという事実は、同軍がヴィスワ河を渡河してワルシャワを攻略するだけの能力を有していたという十分な証拠とはならなかった。かれは、一九四四年七月三〇日早々、ドイツ軍の増援戦車隊がワルシャワに到着したとのニュースを耳にして、ソ連・ドイツ両軍の戦闘は予想以上に長期化し、そのためポーランド軍の行動開始を遅らさざるをえなくなるだろう、と確信した、と言っている。しかしながら、この時、クキエルはこうした見解をブル＝コモロフスキーとかれの幕僚に伝えることを怠ったのである」（註三四）と

チェハノフスキは蜂起が時期尚早に失したと説いているが、それは、蜂起の条件がなく、具体的な準備も整っていなかったということである。、

また『第二次世界大戦史　7』は次のような点を指摘している。

「蜂起団は首都の瞰制地点を攻略し、停車場、ヴィスワ河の橋を奪取することができなかった。

戦いの一日目の失敗の結果、一部の蜂起隊の指揮官は、蜂起の成功を信ぜず、自分の隊を解散し、あるいは市から撤退させた」（註三五）と。

ソ連と亡命政府との関係について言えば、ソヴェト政府は、蜂起がすでにはじまっていたとき、やっと、蜂起についての情報をうけたのである。

これらすべてのことは、蜂起の準備の杜撰《ずさん》さの産物である。準備の整っていない杜撰な蜂起が決行されたことは、

「ドイツ軍が大都市から撤退する最後の瞬間をとらえて、まだソ連軍が突入してこないうちに、大都市を攻略する」

という作戦そのものが成り立たなかったことを物語っている。

◎　**亡命政府指導者の責任回避**

『カチンの森とワルシャワ蜂起』によると、コモロフスキー国内軍最高司令官は戦後、赤軍との連携問題について、

「（連携は）政府最高幹部がやるべきことであり、国内軍総司令官に対してそのような要請はなかった」（註三六）

と述べている。つまり、ワルシャワ蜂起の失敗はミコワイチクの責任だというのである。

ソスンコフスキはどうか。

同書はワルシャワ蜂起という重大な局面で、ソスンコフスキがロンドンを離れていたことは、非難されても仕方ないと述べ、次のように指摘している。

「ソスンコフスキはミコワイチクの訪ソを大逆罪に類するものとしてとらえており首相に協力する気は毛頭なかったといわれます」（註三七）と。

つまり、ソスンコフスキは自らの責任を回避しながら、責任をミコワイチクに押しつけたということである。

ミコワイチクはどうか。

ミコワイチクは八月十八日のモスクワ宛ての電報で、蜂起が時期尚早に失したことについて、ソヴェト軍最高司令部が責任を負わされることはありえないと述べていたにもかかわらず、ワルシャワ蜂起の失敗の責任を赤軍とソ連、つまりスターリンのせいにした。すなわち、ミコワイチクは『奪われた祖国ポーランド』でプージャ、つまり当時のポーランドの後方撹乱作戦「嵐」について次のように説いている。

「勝利を続ける赤軍がわれわれの地下軍が潜伏する個々の都市や地域に接近する時、この作戦を実行に移すことは、勇敢な男女が隠れ家から出、圧倒的に優位なドイツ軍を前に公然と立ち上がることを意味した。われわれには、そばにいる赤軍が作戦に協力するはずだとの確信があった。

しかし、迫りくる赤軍に最大限の努力をして協力を申し出たものの、『嵐』は裏切りの代名詞となったのであった。ソ連は計画的にワルシャワの地下軍を蜂起へと煽り、その上でドイツ軍に完全鎮圧させた。赤軍はそれをワルシャワ郊外から傍観していたわけだが、このことは歴史上最大の汚点として永遠に残ることとなろう」（註三八）と。

ミコワイチクのいう「最大限の努力」とか「協力を申し出た」とかいうのはモスクワでの交渉のことである。

このようにコモロフスキー、ソスンコフスキ、ミコワイチクという三人の最高幹部はいずれも自己の責任を回避し、それを他に転嫁している。

ソ連との関係についていうなら、『反ソ秘密戦争』は蜂起について、次のように説いている。

「コモロフスキー大将は、ソヴェト軍最高司令部とは何の打合わせもなしに、ロンドンからの命令にしたがい、赤軍がいまやワルシャワに入城しようとしていると唱え、市内においてポーランド愛国者の一般的蜂起を開始したのである。このとき赤軍は、いまだヴィスワ河をわたって前進する準備をまったく持っていなかったので、ナチ軍最高司令部は、ポーランド愛国蜂起部隊の保持していた市内のあらゆる地域を組織的に砲撃することができたのであった。こうして結局ワルシャワのポーランド部隊は投降した」（註三九）と。

しかし、蜂起が始まった八月一日現在、ロンドンには国内軍総司令官コモロフスキー、亡命政府軍最高司令官ソスンコフスキはもちろん、首相ミコワイチックもいなかった。

ミコワイチックは『奪われた祖国　ポーランド』で、ワルシャワの蜂起は「冒険」などではなく、「十分に練られた『嵐』作戦の一部をなすものである（（註））」（註四〇）

と述べている。ミコワイチックは、ワルシャワ蜂起が失敗したのは赤軍がワルシャワに突入しなかったからだ、といいたいようである。それは赤軍が自分たちの主観的、観念的、独断的計画通りに行動せず、コモロフスキーが仕掛けた見え透いたワナにかからなかったからといって、その責任をすべて赤軍におしつけるのと同じことである。

このことはミコワイチックが述べた、

「(ソ連が)計画的にワルシャワの地下軍を蜂起へと煽(った)」

という前述の言葉が指摘している事実および伊東孝之著『ポーランド現代史』が説く、

「ソ連のポーランド語放送はワルシャワ市民にしきりに蜂起をよびかけていた」(註四一)

という事実を指すものといえよう。

戦争中に外部からこのような呼びかけをするのは当然であり、必要でもある。しかし、外部からの一般的な蜂起の呼びかけと、それをどう受けとめ、どう具体化し、どのように実行するかは二つの問題であり、これを同一視することは根本的な間違いである。コモロフスキー将軍およびその参謀長、ペウチンスキ将軍などがこの点を明確に理解していたとは思えないが、感覚的には理解していたようである。すなわち、『ワルシャワ蜂起　1944』によると、ペウチンスキ将軍は一九五〇年に、ワルシャワで戦闘を開始せよとのポーランド人の対するソヴェトの呼びかけは、

「われわれを、起ち上がらせようと刺激するものではなかった」(註四二)。

と言っているし、ブル＝コモロフスキー将軍自身も、これらアピールは、

「なにも新しいものはなかった」（註四三）

といい、ペウチンスキ将軍の言葉を暗黙のうちに確認している。

◎反ソ活動を展開した国内軍

『第二次世界大戦史　7』によると、ソヴェト軍司令部は蜂起団との関係について次のように指摘している。

「国内軍司令部は、赤軍およびポーランド軍《＝人民軍》部隊との共同行動を拒否した。たとえば、ソヴェト軍司令部の代表が、蜂起団への援助の可能性を明らかにするために、蜂起団本部に到着したとき、国内軍ワルシャワ管区警備司令官モンテル（A・フルシツェル）は、この危機存亡の瞬間にさえ、国内軍と赤軍の行動の調整に関する問題の討議を回避したのである」（註四四）。

「コモロフスキーは、ソヴェト軍部隊に協力することを、国内軍部隊に禁止した。この裏切り的な命令をはたすことを拒否した個々の小部隊だけは、うまくワルシャワから脱出した」（註四五）と。

ソヴェト軍司令部のこの動きは蜂起開始直後の蜂起団に対する援助そのものではなく、あくまでも、「蜂起団への援助の可能性」の打診であり、「国内軍と赤軍の行動の調整調整に関する問題の討議」のためのものであるが、この段階ですでに赤軍と蜂起軍の下部での組織的なつながりは事実上、完全に切れていた。

国内軍司令官、コモロフスキーは一九四四年十月二日、ドイツ軍への降伏文書に調印したが、『反ソ秘密戦争』によると、この投降時のコモロフスキーに関し、オクリッツキー大将は次のようにのべている。

「一九四四年の九月の末、『国内軍』の司令官ボル＝コモロフスキーは、ワルシャワ所在ドイツ軍司令官、突撃隊指揮長官フォン・デン・バッハと、ドイツ軍にたいして投降することについて交渉しました。ボル＝コモロフスキーは、本営の第二（ドヴォイカ）（情報）部長代理ボグスラフスキー大佐に『国内軍』参謀長の代表として交渉を行うように命じました。ボグスラフスキーは、私の面前で、ボル＝コモロフスキーにたいし、ドイツ側から提出した投降条件をつたえ、フォン・デン・バッハは、ポーランドとドイツの共同の敵はソヴェト連邦であるから、ポーランド人はドイツ軍にたいする武装闘争をやめる必要があると考えていると報告しました。投降の日に私はボル＝コモロフスキーに会いましたが、このとき私は彼にむかい、フォン・デン・バッハのいうことは多分正当だろうと思うと申しますと、ボル＝コモロフスキーは自分もそう思うといいました」（註四六）と。

同書はつづけて次のように述べている。

「一九四四年の秋から冬にかけ、一九四五年の春に至るまで、赤軍が東部戦線におけるドイツ軍の軍力の最後の粉砕を目的とした巨大な攻勢を展開しているときに、オクリッツキー大将麾下の『国内軍』は、ソヴェト諸軍の背後においてテロ活動、破壊行動、諜報、武力による襲撃など、広範にわたる反ソヴェト活動を展開したのである」（註四七）と。

要するに、反ファシズム解放戦争という第二次世界大戦の政治的目的をまったく理解していなかった亡命政府と国内軍はナチスによって手玉にとられたのである。

カチンの森事件の真相を知り尽くしていたナチスが、判断の甘い亡命政府、国内軍を手玉にとったことは決して偶然ではない。そのナチスも、カチンの森事件はもとより、ファシズムの本質を見抜き、ナチスとの戦いを反ファシズム解放戦争と規定し、ヨーロッパ第二戦線を追求して戦ったソ連軍には手も足も出なくなっていた。

『第二次世界大戦史　9』によると、解放されたワルシャワはものすごい光景を呈していた。同書は次のように述べている。

「もっともきれいなヨーロッパの首都の一つであった往年の繁栄の市ワルシャワは、もう存在しなかった。ドイツ・ファシスト占領軍は、比類のない残酷さで、ポーランドの首都を破壊し、掠奪しつくした。いそいで退却するにあたり、ヒトラー軍は、燃やせるもののいっさいに火をつけた。家屋の残っていたところは、シューフ大通りとゲシュタポの所在地の街区であった。……」（註四八）と。

同書はさらに、ワルシャワが解放されたとき、そこにいたものは、地下室と下水道の管のなかにかくれていた数百人にすぎなかったと指摘している。

また、『ワルシャワ蜂起　1944』は次のように述べている。

「およそ一二〇万人のワルシャワ市民が戦闘で殺された。ドイツ軍は生き残った者約八〇万人を同市から追い出した。追いたてられた市民たちは被占領下のポーランドの残りの地域へちりぢりに送り込まれたり、ドイツへ強制移送された。近代の歴史において、ヨーロッパの他の首都でかくも悲惨な体験をした所はない」（註四九）と。

このことについて、クラウゼヴィッツは次の言葉を借用しよう。

「物理的暴力の行使にあたり、そこに理性が参加することは当然であるが、そのさい、一方はまったく無慈悲に、流血にもたじろぐことなく、この暴力を用いるとし、他方にはこのような断固さと勇気に欠けているとすれば、かならず前者が後者を圧倒するであろう。」

◎赤軍のワルシャワ解放作戦（その一）

赤軍は亡命政府の冒険主義とは一線を画していた。

ワルシャワ蜂起の開始直後、スターリンがミコライチクに会ったのは八月三日であるが、スターリン首相は一九四四年八月十六日、チャーチル英首相に宛てた秘密親書で次のように述べている。

「ミコライチク氏と話をした後、私は、ワルシャワ地区に兵器を集中的に投下するよう赤軍司令部に指図しました。またパラシュート連絡兵を投下させましたが、これは、司令部が証明しているように、ドイツ軍に殺されたために、目的を達しませんでした。

その後、ワルシャワ事件をつぶさにしらべてから、私は、ワルシャワの決起が住民に大きな犠牲をはらわせた、無分別で、おそるべき冒険であることを確信しました。もしソヴェト軍司令部に、ワルシャワの決起のはじまるまえに情報がよせられ、ポーランド人が最後の接触をたもっていたならば、このことは起こらなかったでしょう。

いまの情勢のもとでは、ソヴェト軍司令部は、ワルシャワの冒険分子とは一線を画さなければならないという結論に到達しました。なぜなら、同司令部は、ワルシャワ決起の直接の責任をも、間接の責任をも、おうことはできないからであります」（註五〇）と。

これに対し、ルーズヴェルトとチャーチルから八月二十二日付で連名のスターリン宛至急極秘書簡が送られた。

「ワルシャワの反ナチ分子が実際に見すてられるばあい、世界の世論がどんなものになるかを、われわれは考えています。われわれは、われわれ三人がみな、同地にいる愛国者をできるだけ多くすくうために、できるかぎりのことをしなければならないと考えます。われわれは、あなたが、ワルシャワのポーランド人愛国者に早急な補給物資と武器を投下することを期待します。さもなければ、われわれの飛行機がきわめて急速にそうしようとするのをあなたが助けることに同意していただけませんか？　あなたのご賛成を期待します。時間という要因が、きわめて重要な意義をもっています」（註五一）と。

スターリンは直ちに二十二日付で次のような秘密親展の書簡をルーズヴェルト大統領へ送った。チャーチルにも同文の書簡が送られている。

「ワルシャワについてのあなたとチャーチル氏の書簡をうけとりました。私の考えをのべたいと思います。

権力を奪取するために、ワルシャワの冒険をたくらんだ犯罪者の一団についての真相は、おそかれ早かれ、すべてのものに知られるようになるでしょう。この連中は、ワルシャワ市民の軽信性を利用して、ほとんど非武装の多くの人々をドイツ軍の大砲、戦車、飛行機の攻撃にさらしたのです。その結果、くる日くる日がポーランド人によってワルシャワ解放の事業のために利用されないで、ワルシャワ住民を非人間的に大量殺害するヒトラー軍によって利用されるという情勢が生じました。

ドイツ軍の強い注意をワルシャワにむけさせているこの情勢は、軍事的見地からみて、これまた赤軍にとっても、ポーランド軍《＝人民軍》にとってもきわめて不利です。ところが、反撃に転じようとするドイツ軍の注目すべき新しい試みに、最近、ぶつかったソヴェト軍は、ヒトラー軍の反撃を粉砕し、ワルシャワ付近で新たに広範な攻勢に転ずるために、できるかぎりのことをしています。ワルシャワ付近のドイツ軍を粉砕し、ポーランド人のためにワルシャワを解放するのに、赤軍が努力をおしまないということは、うたがいえません」（註五二）と。

「ワルシャワ付近のドイツ軍を粉砕」ということは何を意味するのだろうか。「ワルシャワ付近のドイツ軍を粉砕」すればワルシャワ包囲の道が開けるということである。ワルシャワ包囲作戦については後述する。

ここで、戦争について、クラウゼビッツが『戦争論』で次のように述べていることが想起される。「戦争哲学のなかに博愛主義をもちこもうなどとするのは、まったくばかげたことである。」（ク

ラウゼヴィッツ）

スターリンとソ連赤軍が防備の固いワルシャワ攻略に慎重な態度をとったことは当然である。

ここで一九四三年一一月二〇日、コモロフスキー司令官が国内軍全指揮官と全部隊に対して出した命令に触れる必要がある。『ワルシャワ蜂起　１９４４』によると、このコモロフスキーの命令は次のようなものであった。

「ソヴェトに最小限の軍事的支援を与えることによって、われわれはかれらに対して政治的に困難な状況を創出しようとしているのである」（註五三）。と。

貴族階級出身のコモロフスキーはワルシャワ市民の解放よりも、私利私欲をはかること、つまり地主制度の復活、資本主義制度の擁護が目的であった。

コモロフスキーの命令の存在を当時のスターリンやソ連政府が知るよしもなかったであろうが、この命令の根底にある哲学、思想はコモロフスキーをはじめ、当時の亡命政府首脳の平素の言動に現われている。その典型的な例がカチンの森事件に対する判断である。私利私欲に固まったポーランドの指導者には反ファシズムという思想がなかった。彼らはドイツ軍とは一定の限度内で戦ったが、ファシズムの存在そのものに反対ではなかった。いや、彼ら自身がファシストであった。ファシズムの存在を否定することは自己否定につながり、ナチズム、すなわち国家社会主義という名の資本主義の否定、ひいては資本主義の存在そのものの否定につながりかねないからである。

スターリンとソ連政府、そして赤軍はコモロフスキーの作戦に乗るわけにはいかず、国内軍とは一線を画す以外に方法はなかった。

◎ 赤軍のワルシャワ解放作戦（その二）

『ジューコフ元帥回想録』によると、ワルシャワ蜂起についてコモロフスキーからはただの一度もソ連軍司令部への連絡がなかった。ジューコフはヴィスワ河渡河の正面攻撃について、スターリンに、

「この攻撃は犠牲以外になにも得るところはありません」（註五四）

と進言し、了承を得ている。

当時、ポーランド解放地区における唯一の権力機関、リュブリンのポーランド民族解放委員会にはアメリカの著名なジャーナリスト、エドガー・スノーがいた。スノーは民族解放軍傘下の新ポーランド軍《＝人民軍》司令官ボニ・ローラ＝ジメルスキー将軍に会った。

同将軍はワルシャワ郊外、ヴィスワの大河の東岸にあるプラガの占領作戦に参加した人物である。

スノーの『ソヴェト勢力の型態』には、ジメルスキー将軍から聞いた赤軍の作戦計画についての記述があるが、それによると、同将軍は、ワルシャワに対する正面攻撃などはまったく考えておらず、赤軍のワルシャワ攻略作戦は包囲作戦によるだろうと仄めかしていた。スノーは同書で次のように述べている。

「ワルシャワの悲劇に対する、ローラ＝ジメルスキーの予告は、事実となって現われてきた。ドイツ軍は、ワルシャワ市の周辺に、極めて強固な防衛陣を構築していた。その一角には、トーチカ及び塹壕から成る、実に八十に達する独立した防禦線があった。赤軍は既に、プラガを占領するだけでも、非常な犠牲を払っていたが、かかる強固な防衛線を持つワルシャワに対する、ヴィスワ河渡河の正面攻撃の如きは、麾下将兵の犠牲を全然考慮に入れない司令官のみのなし得るところで、しかもかかる自殺的作戦には、失敗の可能性が十分にあった。かくて、赤軍は、賢明にも、次の攻撃作戦を一月まで延期し、ヴィスワ河が固く凍結し、ワルシャワの北方にある沼沢地が、戦車や重火器の安全な通路になるまで待機した」（註五五）。

「ローラ＝ジメルスキーの予想した如く、赤軍はワルシャワ自体に対しては、迂回作戦をとり、赤軍主力部隊はその背後にまわって、ドイツ軍の退路を絶ち、結局ワルシャワ守備のドイツ軍は、同市が完全に包囲された後に、降伏を申し出た。然しながら、その間、ワルシャワ市の内部では、ポーランド国内軍とドイツ軍との間に猛烈な市街戦が展開され、これがため市街はそのあとを留めぬまでに破壊されたが、国内軍は結局殲滅され、この無駄且つ絶望的な蜂起のために、数十万のポーランド市民がその命を落とした。ロンドンの亡命政権はその当時頻りに、声を大にして、赤軍がワルシャワを強襲して、コモロフスキー将軍（かれは英国にあった米国参謀長にすら、何等の相談もせずに、行動を開始したことを想起しなければならない）を救わなかったことを『裏切り行為』だと強要して、大いに非難したが、今にして考えれば、非難の対象は赤軍にあらずして、かれ等自身の指導力の欠如，並びに致命的な外交的錯覚に、主としておかるべきことが明らかである。

このワルシャワにおける大失敗があった後には、ポーランド内部においても、ロンドン亡命政権の勢威は急速に崩壊して行った。コモロフスキー軍の将校だった者達が、何百名となく、ポーランド人民軍に参加しはじめた。余はリュブリンで、一番最初に人民軍の方へやって来たこれ等の失望した愛国者達の二人と面接したが、その一人はコモロフスキーの国内軍の治安隊司令官だったタルノヴァ大佐だった。かれの語ったところによると、コモロフスキーが軍を起こす以前にすら、かれをはじめ、二千五百名の国内軍将校のうちには、まず第一に、国内軍の兵力がまだ不十分であること、第二には、赤軍と何等の諒解も成立していないことの二点をあげて，コモロフスキーの作戦計画に公然と反対を唱えたものが多かった。事実、タルノヴァが、治安隊司令官の職を辞して、ワルシャワを脱走したのも、赤軍の占領したポーランド解放地区に到達して、そこで当時まだロンドン亡命政権の首相だったミコライチクと連絡、国内軍が連合軍との間に十分な連絡がとれるまで、ワルシャワ蜂起を延期せしめようとしたためであった。然しながら、かれがリュブリンに達した頃は、時既に遅かったのである。余がかれと会談した頃には、かれはローラ・ジメルスキー将軍の次の如き意見にさえ、完全に一致していると語った。

『ポール《＝コモロフスキー》のワルシャワ蜂起命令は、全く政治的理由に基づいて発せられたと信ずるより他ない。国内軍の作戦計画は、赤軍の占領した諸都市において、最後の瞬間に突然一斉に蜂起して、政権を掌握せんとするにあった。然るにかれ等の犯した重大な錯覚は、赤軍の意思とは独立して、かれ等がワルシャワで単独に作戦行動がとれると過信した点にあった』」(註五六)と。

包囲作戦は完全に成功したのである。

『第二次世界大戦史　9』によると、赤軍のワルシャワ包囲作戦は独ソ戦のもっとも大規模な戦略攻勢戦の一つ、ヴィスワ＝オーデル作戦の一環として、第一ベロルシア方面軍の兵力の一部が第二ベロルシア方面軍部隊の協力をえて行ったものであった(註五七)。このような大局的な観点からではなく、近視眼的な観点からワルシャワ蜂起を強行した責任は亡命政府と国内軍の指導者以外の誰にあるのでもない。

スノーが説いているはこのことである。

ワルシャワが解放されたのは一九四五年一月十七日であった。ワルシャワ地区防衛のドイツ軍部隊は、その前夜、ヒトラーの命令を無視して、後退をはじめていた。

▼ポーランドの領土問題

カチンの森事件問題に表現されているポーランド支配層の反ソ的感情の根底には領土問題、いわば国家的規模の不動産問題が絡んでいる。

独ソ開戦直後、七月三日、スターリンはラジオ演説で次のように述べた。

「ファシスト・ドイツとの戦争を、通常の戦争と考えてはならない。この戦争は、たんに二つの軍隊間の戦争ではない。それは同時に、ドイツ・ファシスト軍にたいする全ソヴェト国民の偉大な戦争である。ファシスト圧迫者にたいするこの全国民的祖国戦争の目的は、わが国におそいかかった危機を一掃することだけでなく、ドイツ・ファシストのくびきのもとにあえいでいるヨーロッパのすべての民を援助することでもある。われわれはこの解放戦争において孤立していないであろう。われわれはこの偉大な戦争において、ヒットラー支配者どもに奴隷化されたドイツ国民をもふくめて、ヨーロッパとアメリカとの諸国民の、独立と民主主義的自由をめざす闘争にむすびついている。それはヒトラーのファシスト軍による奴隷化と、その脅威に反抗して、自由のためにたたかう諸国民の統一戦線となるであろう。この点において、イギリス首相チャーチル氏のソヴェト同盟援助にかんする歴史的演説と、わが国を援助する用意があるというアメリカ合衆国政府の声明は、ソヴェト同盟の諸民族の胸にひたすら感謝の念をおこさせるものであって、まったく当然であり、意味ぶかいものがある」（註五八）と。

ここで、特に注目したいことは、スターリンが、第二次世界大戦はファシズムに抑圧された諸国の人々を解放するための戦いであり、領土を獲得するための戦争ではないと説いていることである。

また、一九四三年五月四日、スターリンはアメリカの新聞『ニューヨーク・タイムズ』とイギリスの新聞『タイムズ』のパーカー・モスクワ特派員の二つの質問にたいし、次のように答えている。

一　問　「ソ同盟は、ヒトラー・ドイツの敗北ののち、強力な、独立したポーランドができることを望んでいるか？」

答　無条件に望んでいる。

二　問「あなたの見解では、戦後のポーランドとソ同盟との関係は、どのような基礎のうえに立たねばならないか？」

答　恒久的善隣関係と相互尊重を基礎とし、あるいは、もしポーランド国民がのぞむならば、ソヴェト同盟とポーランドの主要な敵としてのドイツにたいする相互援助の同盟を基礎としなければならない（註五九）。

ナポレオン戦争の時、フランス軍はポーランドを通ってロシアに攻め込んだ。独ソ戦でもナチスはポーランドを通ってソ連に攻め込んだ。ソ連がポーランドの土地に、強力な、独立した、そしてソ連侵攻の通路とならない、ソ連と友好的な政権が生まれることを希望するのは当然である。

領土問題についてはソ連は、ロシア革命以後、ピルスーツキー軍によって奪い取られた失地の回復を求めているのであって、領土拡大を求めているのではない。

ところが、亡命政府のミコライチクは一九四四年初頭、チャーチルに会い、

「ソ連の目的はポーランドの半分を獲得することではなく、その全部、いやヨーロッパ全部であることが、首相にはお分かりにならないのですか？」（註六〇）

と説いた。

これに対しチャーチルが何と答えたか、ミコライチクは書いていない。

しかし、チャーチル自身も自国の領土拡大を求めていない国などないと考えている。そしてソ連

も同じだと考えている。このことは一九四五年のヤルタ会談で明確になる。すなわち、同会談でルーズベルト大統領がチャーチル首相に向かって、中国はインドシナを欲してはいないという趣旨のことを語った。これに対し、チャーチルは言下に、

「それはナンセンスだ」

と答えた。そこでルーズヴェルトはチャーチルに次のようにいった。

「ウィンストン、あなたにはどうしても理解できないことがありますよ。あなたは血液の中に四百年にわたる領土取得の本能を持っているのです。それだからある国がどこかで土地を得られる場合に、どうしてその土地を欲しがらないのか理解できないのですよ。いまは新しい時代が世界史上に始まりました。あなたも、この新しい時代に適応せねばならないでしょう」（註六一）

とたしなめられた。

これはルーズベルト大統領自身が他国の土地を欲しがってはいないこと、同大統領はスターリンやソ連政府も他国の領土を欲しがっていないと考えていることを物語っている。チャーチルにはこのことが理解できない。

チャーチルの言動は一見、ミコライチク首相と食い違っているように見えるが、その実、ミコライチクの言動はチャーチル首相自身の心の奥底を表現したものではないだろうか。

結局のところ、ソ連とポーランドの国境は、テヘラン会談（一九四三年十一月）やヤルタ会談（一九四五年二月）での了解にもとづき、両国間協定で、カーゾン線にすることが一九四五年八月

に決められた（※）。

※　領土問題に関しては千島列島の問題がある。大武礼一郎議長は論文「二百海里時代と日本漁業の生きる道？〜漁業と漁民問題の根本方針と根本政策について〜」で要旨次のように述べている。

歴史的に見ると、国境の確定していない時代には、日本漁民もロシア漁民も千島列島に出漁していた。日露間の国境が確定したのは一八七五年（明治八年）であり、当時のペテルブルグ（いまのサンクトペテルブルク）で、千島・樺太交換条約がむすばれ、全千島列島を日本領にするかわりに、全樺太をロシア領にするということで、北方領土問題については最終的な結着がついた。これは、日本民族とロシア民族が、お互いの民族形成と生産活動のなかで、自然な形で、最良の方法としてとり決めたもので、この決着は力や法律や戦争によるものではなかった。つまり、歴史的に見て北方領土（全千島列島）は日本民族のものであるということができる。北方領土には一九四五年当時、三千八十世帯、一万六千五百人が定住して生活し、日本の漁民がこの方面の海域を漁場として開発したのである。

では、何故、ソ連が北方領土を占領したのか。

第二次大戦が終わるころ、ソ連・米国・英国・中国（当時は国民党の政府）などが、カイロ、ヤルタ、ポツダムなどで会談し、日本が戦争によって奪った領土はもとに返す（南樺太はソ連へ、台湾は中国へ、朝鮮は独立させる）ことにし、その他は協議で決めることにした。このとき、スターリンとソ連は、日本がアメリカによって将来単一の占領下におかれ、アメリカ帝国主義の軍事基地になった場合のことを予測し、北方地域に米軍の事基地を設置させないため、全千島列島のソ連占領を主張した。これはアメリカ帝国主義の日本軍事占領に対抗するためであり、帝国主義国家との階級闘争の一環としてであった。これはプロレタリア国際主義の立場からすれば、国際プロレタリアの利益のためであり、千島列島の占領は歴史的、一時的なものであった。当時、まだ反ファシズム統一戦線は機能しており、アメリカ政府もしぶしぶこれを認めた。スターリンとソ連政府の全千島列島占領は、社会主義国家の資本主義国家に対する階級政策として全く正しかった。

このことは第二次世界大戦終了後の八月二十二日、ソ連軍の空挺部隊が満州の重要軍事拠点、旅順港と大連を占領したこと、そして中国革命の成立後、これを中国に返還したことを想起すれば理解できよう。

ところが、日本の吉田政府はサンフランシスコ条約（一九五一年、ソ連は不参加）で一方的に千島列島を放棄した。

その後、フルシチョフはスターリンを否定し、社会主義を放棄し、それ以後のソ連政府はプロレタリア国際主義を放棄し、制限主権論をとなえ、同盟国の主権を制限する社会帝国主義に変質した。

こうなると、スターリンの階級政策は効力を失ってしまった。それ以後の社会帝国主義国・ソ連と資本主義化したロシアによる千島占領は、社会帝国主義国家やブルジョア国家による占領であり、永久占領をめざすものであり、日本民族がこれを受けいれる理由は思想的にも、理論的にも、歴史的にもなくなった。

ところが、日本独占資本と政府はこの立場にたっていない。全千島ではなく、「四島」だけの返還を主張し、全千島列島の返還問題を正面にかかげていない。

これは民族的利益、階級的利益に対する裏切りであるということができよう。独占資本と日本政府に北方領土問題を解決することはできない。

もはや、漁民だけでなく、独占資本や日本政府と闘うすべての勢力が統一して闘う以外に道がないことを示している、ということである（註六二）。

このように考えると領土問題に関するポーランド支配層の考え方は根本的に間違っていた。ここに農業国、ポーランドの政府首脳の反ソ感情の根源があり、この反ソ感情がカチンの森事件を政治問題化しようとするゲッペルスの計画に飛びつくような結果をもたらした。

なお、『裏切られた軍隊』によると、一九四四年八月二十六日、アンデルスはチャーチルに向かって

「われわれは、自由な、強いポーランドを欲するというスターリンの声明が嘘であり、ペテンであることを、かたく信ずるものであります」（註六三）

と述べている。

ここにアンデルス将軍の思想が明確に表われている。

スターリンが期待しているのは、フランスやイギリス、そしてアメリカなど諸外国の援助にすがってその手先となり、あるいはドイツ軍の侵略を受けると、直ちに国外へ逃亡し、国土をソ連侵略の通路とし、チャーチルから、

「英国はけっして貴国を見すてるようなことはしないよ。どんなことがあってもだ」（註六四）

といわれるような弱いポーランドではなく、外国の侵略とは断乎として闘い、人民から信頼を受け、自国の運命は自らの力で決定できるような強力な、独立したポーランドである。

これに対し、アンデルスが希望しているのは、ロシア革命直後、ウクライナに攻め入り、キエフまで占領しながら、追い返されたり、チェコスロヴァキア侵攻を計画したが、ソ連の脅かしによってすごすごと引き下がることのないような「自由」で、強いポーランドである。

つまり、アンデルス将軍はスターリンの声明を分析した上で、スターリンの声明をウソだと決めつけているのではなく、ただ単に、スターリンを中傷しているだけである。

このような主観的、独断的な思想は当時の亡命政府首脳に共通した考えではなかったろうか。彼らは歴史的事実、客観的事実に即して考えることができないということである。

註一　『第二次世界大戦中の米英ソ秘密外交書簡　英ソ篇』（大月書店、一九五七年）一一九頁
註二　J・K・ザヴォドニー著『カティンの森の夜と霧』（読売新聞社、一九六三年）四八頁
註三　前掲書五二頁
註四　ステチニアス著『ヤルタ会談の秘密』（六興出版社、一九五三年）一三一〜一三二頁
註五　J・K・ザヴォドニー著『カティンの森の夜と霧』（読売新聞社、一九六三年）一八八頁
註六　前掲書一八九頁
註七　アルバート・E・カーン著『叛逆　下』（筑摩書房、一九五四年）四二〜四三頁
註八　スタニスワフ・ミコワイチク著『奪われた祖国ポーランド』（中央公論社、二〇〇一年）九七頁
註九　前掲書九七頁
註一〇　J・K・ザヴォドニー著『カティンの森の夜と霧』（読売新聞社、一九六三年）四八頁
註一一　前掲書一九一頁
註一二　前掲書一九一〜一九二頁
註一三　前掲書一九二頁
註一四　前掲書一九四〜一九五頁
註一五　マイケル・セイヤーズ、アルバート・イ・カーン共著『反ソ秘密戦争』（富士出版社、一九五三年）四一三〜四一四頁
註一六　ソ連共産党中央委員会付属マルクス・レーニン主義研究会編『第二次世界大戦史　9』（弘文堂、一九六三年）六〇頁
註一七　ソヴェト科学アカデミー版『世界史　現代　8』（東京図書、一九六六年）五〇三頁
註一八　ドイツ民主民族戦線全国協議会著『アメリカ占領政策の実態』（三一書房、一九五三年）六〇頁
註一九　前掲書六〇頁

註二〇　渡辺克義著『カチンの森とワルシャワ蜂起』（岩波ブックレット、一九九一年）三八頁
註二一　前掲書四〇頁
註二二　ソ連共産党中央委員会付属マルクス・レーニン主義研究会編『第二次世界大戦史　7』（弘文堂、一九六四年）
二九〇～二九一頁
註二三　前掲書二九二頁
註二四　前掲書二九五頁
註二五　マイケル・セイヤーズ、アルバート・イ・カーン共著『反ソ秘密戦争』（富士出版社、一九五三年）四一四頁
註二六　Ｊ・Ｍ・チェハノフスキ著『ワルシャワ蜂起　１９４４』（筑摩書房、一九八九年）二七八頁
註二七　前掲書二八〇頁
註二八　前掲二八〇頁
註二九　前掲二八一頁
註三〇　前掲二八一頁
註三一　渡辺克義著『カチンの森とワルシャワ蜂起』（岩波ブックレット、一九九一年）四三頁
註三二　Ｊ・Ｍ・チェハノフスキ著『ワルシャワ蜂起　１９４４』（筑摩書房、一九八九年）六五頁
註三三　前掲書六五頁
註三四　前掲書頁
註三五　ソ連共産党中央委員会付属マルクス・レーニン主義研究会編『第二次世界大戦史　7』（弘文堂、一九六四年）
二九五頁
註三六　渡辺克義著『カチンの森とワルシャワ蜂起』（岩波ブックレット、一九九一年）四三頁
註三七　前掲書五〇頁
註三八　スタニスワフ・ミコワイチク著『奪われた祖国ポーランド』（中央公論社、二〇〇一年）一〇九頁

註三九　マイケル・セイヤーズ、アルバート・イ・カーン共著『反ソ秘密戦争』（富士出版社、一九五三年）四一四頁
註四〇　スタニスワフ・ミコワイチク著『奪われた祖国ポーランド』（中央公論社、二〇〇一年）一三三頁
註四一　伊東孝之著『ポーランド現代史』（山川出版社、一九八八年）一七四頁
註四二　J・M・チェハノフスキ著『ワルシャワ蜂起　1944』（筑摩書房、一九八九年）二五六頁
註四三　前掲書二五六頁
註四四　ソ連共産党中央委員会付属マルクス・レーニン主義研究会編『第二次世界大戦史　7』（弘文堂、一九六四年）三〇〇頁
註四五　前掲書三〇〇頁
註四六　マイケル・セイヤーズ、アルバート・イ・カーン共著『反ソ秘密戦争』（富士出版社、一九五三年）四一四頁
註四七　前掲書四一五頁
註四八　ソ連共産党中央委員会付属マルクス・レーニン主義研究会編『第二次世界大戦史　9』（弘文堂、一九六五年）八八頁
註四九　J・M・チェハノフスキ著『ワルシャワ蜂起　1944』（筑摩書房、一九八九年）三〇四頁
註五〇　『第二次世界大戦中の米英ソ秘密外交書簡　英ソ篇』（大月書店、一九五八年）二四七～二四八頁
註五一　前掲書二四八～二四九頁
註五二　『第二次世界大戦中の米英ソ秘密外交書簡　米ソ篇』（大月書店、一九五七年）一四五頁
註五三　J・M・チェハノフスキ著『ワルシャワ蜂起　1944』（筑摩書房、一九八九年）一五八頁（一九四四年七月十四日付最高司令官ソスンコフスキー宛報告）
註五四　ゲ・カ・ジューコフ著『ジューコフ元帥回想録』（朝日新聞社、一九七〇年）四六七頁
註五五　エドガー・スノー著『ソヴェト勢力の型態』（時事通信社、一九四六年）九一～九四頁
註五六　前掲書九一～九四頁

註五七　ソ連共産党中央委員会付属マルクス・レーニン主義研究会編『第二次世界大戦史　9』（弘文堂、一九六五年）六四頁
註五八　『ソ同盟の偉大な祖国防衛戦争』（国民文庫、一九五三年五月十五日）一六頁
註五九　スターリン著『ソ同盟の偉大な祖国防衛戦争』（国民文庫社、一九五三年）一〇六～一〇七頁
註六〇　スタニスワフ・ミコワイチク著『奪われた祖国ポーランド』（中央公論社、二〇〇一年）八七頁
註六一　ステチニアス著『ヤルタ会談の秘密』（六興出版社、一九五三年）一九〇～一九一頁
註六二　日本共産党（行動派）中央出版委員会『マルクス主義万歳』（国際政治経済研究所、一九八四年）二九一～二九三頁
註六三　W・アンデルス著『裏切られた軍隊』下巻（光文社、一九五二年十二月）九一頁
註六四　前掲書九二頁

IX　戦後のカチンの森事件に関する動き

▼戦後ポーランドの人民政権

ポーランドの首都、ワルシャワ解放のあと一九四五年一月二十九日になるとすでに、ナチス軍はポーランド西部から一掃されていた。

戦後のポーランド労働党の論文「書記長ゴムルカの偏向」は次のように指摘している。

「労働階級を先頭とする勤労人民は、一九四〇年一月一日、民族解放闘争の指導的中心としての人民会議を地下に組織し（中央・地方に）一九四四年七月には臨時執行権力機関として、人民会議はポーランド民族解放委員会を組織した。一九四五年一月一日には民族解放委員会は臨時政府と改称し、赤軍と協力してポーランド全土の解放に全力を集中したが、ロンドン亡命政府は之に対し、むしろ解放闘争を阻害する様な立場をとった。この間、四四年九月には、民族解放委員会はいち早く土地改革に着手し、地主所有地は無償で没収されて、最大の反動勢力＝地主の経済的基礎を掘りくずし、同時にドイツ人と、裏切者に属する企業の対する国家管理に着手した。ポーランドの完全解放に伴い、ロンドン亡命政府はクリミヤ会議の決定によって帰国し、一九四五年六月臨時政府は、亡命政府のミコライチク他一名を加えて民族統一政府を樹立した。」（註一）と。

つまり、民族解放委員会のもとで、ロンドン亡命政府を迎え入れ、新生独立国家として再出発したというのである。

その後のことについて同論文は次のように指摘している。
「解放闘争中から進行していた人民勢力と反動勢力との闘いは、解放後激化した。ミコライチクに率いられた地主・資本家勢力は、地下のファシスト組織と共に、ポーランド農民党に結集して、一切の改革に対し、テロと脅迫とサボとを以って対抗し、生まれ変わりつつあるポーランドを、古きポーランドに引戻す事に全力をあげた。然し乍ら労働党に指導され、民族統一政府に結集した人民は、ソヴィエト同盟による軍事的・政治的・経済的援助と支持の下にかゝる陰謀に対して果敢に闘い、自らの統一を愈〻強固にすると共に、一九四六年一月には、人民会議によって、重要工業部門と銀行の国有化に関する指令を採択し、独立・人民民主ポーランドの基礎を確立した。かくして一九四七年一月の憲法制定議会選挙に於て、民主ブロックは圧倒的勝利を獲得した。それは国民経済三ヶ年計画と共に、ポーランドを社会主義的発展の軌道に引き入れる前提条件を作り出した。」（註二）
独立国家としての基盤が着々と整備されていったということである。ただし、「ソヴィエト同盟による軍事的・政治的・経済的援助と支持」というのは組織的な援助と支持という意味ではない。このことは、ソ連には広大な満州を長期占領する意図がなかったことや、後述のパーチェットの記述からも理解できる。
ポーランドとソ連の関係が悪化したのはフルシチョフ出現以後のことである。

▼チャーチルのフルトン演説とゴムルカの偏向

一九四六年三月五日、イギリスの前首相チャーチルは、トルーマン大統領の故郷、ミズーリ州のフルトンでトルーマン大統領同席のもと、有名な鉄のカーテン演説をおこなった。

これをきっかけに反ファシズム統一戦線は東西の二極に分解し、冷戦が始まった。冷戦演説を行ったのが何故、イギリスのチャーチル前首相であったのか。その根底には、演説の内容が民主党のルーズヴェルト大統領の路線変更を意味するものであり、同じ民主党に属してはいるが、ルーズベルト大統領の死によって副大統領から昇格したトルーマン大統領自身があからさまな鉄のカーテン演説をぶち、アメリカ政府の政策変更を公然化するわけにはいかないという事情があった。

歴史学研究会編『太平洋戦争史　6　サンフランシスコ講和　1』によると、チャーチルはこの演説で次のように説いた。

「今日バルト海のシュテッティンからアドリア海のトリエステにいたるまで、大陸を横断して鉄のカーテンがおろされている。この線のうしろはモスクワの支配に服従している」

「これらの国々ではチェコスロヴァキアを除き、警察政府が国民を圧迫し、民主主義に反する統制をおこなっている」（註三）と。

これに対し、スターリンは直ちに反論し、次のように述べた。

「現在の民主的ポーランドはすぐれた人々によって指導されている。彼らは、自分たちの先行者がなしえたよりももっとよくその祖国の利益と尊厳をまもりうることを、その行動によってしめしている。チャーチル氏は、今日のポーランドの指導者が、自国をどこかある外国の代表者に『支配』されていると断言するのに、どんな理由をあげることができるのであろうか。『ロシア人』にたいするチャーチル氏の誹謗は、ポーランドとソ同盟の関係に不和の種をまこうという意図によっておこなわれたのではあるまいか。

チャーチル氏は、ポーランドがその政策のうえで転換をおこなって、ソ同盟との友好と同盟を支持するようになったことに満足しないのである。ポーランドとソ同盟の関係に不和と矛盾が支配的であった時代があった。このことは、チャーチル氏のたぐいの政治家に、この矛盾を利用し、ロシアにたいして保護をするという口実のもとにポーランドに干渉をはかり、ソ同盟とポーランドの戦争というおばけをもちだしてさわがせ、仲裁者の地位をたもつ可能性をあたえるのである。

だが、この時代はすぎてしまった。なぜなら、ポーランドとロシアの敵対はポーランドとソヴェトの友好に場所をゆずったからである」（註四）と。

事実、ポーランドの指導者は自らの判断によって人民民主主義の道を歩んでいた。

この点については、次のような事実がある。

ポーランドの旧地主ツラディスラウは戦後、土地を没収され、ポツナンから十マイルほど離れた小さな保養地にある別荘だけが残され、フランクフルトでアメリカ人の計理士といっしょに働いていた。その夫人ナーディアは夫の仕送りで生活しているのか、その別荘に住み、ポーランド再建にも、生産活動にも参加していなかった。

テレプレス通信の記者、W・G・パーチェットはかの女を訪問し、きいたことを考古学者、ラジェフスキー教授に話した。同教授は戦争中、名前をかえて、とおい田舎におちのび、靴紐、マッチ、カミソリの刃などを行商して、暮しをたて、奇跡的に生きのびてきた人物である。

パーチェットは自著『人民民主主義の国々』で次のように述べている。

「私はナーディアを訪ねた話をし、かの女が高級官吏と大尉以上の軍人は全部ロシア人だと言ったことを話した。すると、ラジェフスキー教授は吹きだしていった。『ばかばかしい！　私はポツナンのほとんどあらゆる高級官吏と、いろいろ点で接触してきました。建築資材の入手とか労働力の割当てとか、私のところの労働者たちの配給カードとか、書籍の輸入許可とか、輸送の特別便宜とかで、市長以下ぜんぶの官吏を知っていますが、ロシア人は一人もいませんし、またいたこともありません。将校については、ソ連でソ連軍に協力して奮戦し、ドイツ軍をベルリンまで追い返した一番はじめのポーランド軍については、それはほんとうです。一番はじめのポーランド軍は、ソ連軍に捕らえられ、将校の大部分は中東に送られ、イギリス軍の指揮に属してドイツ軍と闘いましたが、下士官と兵隊の多くは、ソ連にのこりました。ソ連はこれらの人々をもって新しい軍隊を編成し、下士官を最高大尉の階級まで昇進させ、兵隊のうちから下士官をえらび、ポーランド語のできるロシア人将校をその上に配属しました。つまり一番はじめのポーランド軍は、ソ連軍の一部として戦ったのです。しかし戦争中ポーランド人将校はしだいに進級し、戦争がおわると同時にソヴェトの将校はぜんぶポーランド人にかわりました。ベルリンへの追撃の途上、ポッナン解放に協力したポーランド軍は、みなソヴェトの将校が大隊長でしたが、ベルリンからかえってきたときは、すべてポーランドの将校にかわっていました。あなたのナーディアは、現在の事情に通じているとはいえません』」（註五）と。

この話から、ソ連軍は将校の少ないポーランドの兵士、下士官に軍隊の指揮の方法を、言葉で言って聞かせるだけでなく、自らがやってみせ、その上で兵士、下士官にやらせる、という指導をし、あとは一切を任せたのだということがわかる。このような指導の根底にはポーランドはポーランド人のものであるという思想がある。

ラジェフスキーの話から、スターリンのチャーチルに対する反論の意味が正確に理解できる。ポーランドはポーランド人のものであるからこそ、ポーランドの一部指導者の思想的弱点に起因する問題も発生した。その現われがポーランド共産党書記長・ゴムルカの偏向であった。

「書記長ゴムルカの偏向」によると、ゴムルカは一九四八年六月、党中央委員会総会で次のように主張した。

「第一、ロシヤ革命は暴力革命＝武装蜂起を必要としたが、ポーランドではそれが平和的に行われた。

第二、ソヴィエト同盟はプロレタリアート独裁の時期を経なければならなかったが、ポーランドではそのような時期を必要としない。」（註六）と。

　これは明らかに間違っている。

　第一に、ポーランドはソ連軍とポーランド人民軍の武力によってナチス・ドイツを打ち倒すことによって独立を獲得したのであって、ポーランドの人民民主主義革命は明らかに暴力革命であり、決して平和革命ではなかった。

　第二に、ポーランドは幾世代も、ポーランドの安い農民の労働力から富をひきだしていた大地主制度を撤廃し、土地をもたなかった農民や零細農民に土地を分配した。その上で、零細農民の農業の協同組合化を推進した。これはプロレタリア独裁下の革命であった。

　マルクスは『ゴータ綱領批判』で、

「資本主義社会と共産主義社会とのあいだには、前者から後者への革命的転化の時期がある。この時期に照応してまた政治上の過渡期がある。この過渡期の国家はプロレタリアートの革命的独裁でしかありえない」

と説いている。

　人民民主主義の国、ポーランドもプロレタリアートの革命的独裁の国家でしかありえなかった。

　この点について、「書記長ゴムルカの偏向」は次のように説明している。

「周知のごとく、人民民主主義国家とは、第二次世界大戦における、ソ同盟のドイツ帝国主義に対する歴史的勝利の直接的産物であり、一国に於て勝利したプロレタリア独裁の直接的援助という国際的規模に於ける階級勢力の新しい相互関係の下で発生した、プロレタリア独裁の国家権力の新たなる形態である。それは資本主義から社会主義への過渡期の国家、社会主義を建設しつつある国家であり、その目標と任務とからいって社会主義的な型の国家である。か丶る国家形態で権力を掌握したプロレタリアートは、打倒されたが未だ反抗の力をゆるめず、絶えずその再起を図っている搾取階級の抑圧、都市農村の勤労人民との同盟を強化し、労働階級の指導の下で社会主義建設の事業に彼等を引入れ、教育する事、外国侵略者からの革命による獲得物の防衛、というプロレタリア独裁の根本機能を遂行する。従って人民民主主義の成立は、資本主義から社会主義への社会発展の基本法則に関するマルクス・レーニンの学説と何等かけ離れた新しいものではない。『資本主義から共産主義への過渡は、いうまでもなく政治的形態の非常な豊富さと、多様性とをもたらさずにはいないが、この場合、本質は、不可避的に一つ　すなわち、プロレタリアートの独裁であろう』と(レーニン)」(註七)と。

ゴムルカはいったんは自己批判を拒否したが、一九四八年九月の中央委員会総会で自己批判し、書記長の地位を去り、ポーランド労働党の忠実な党員として、その政治的方針を実現するために努力することを誓った。

家本博一著『ポーランド「脱社会主義」への道』はその後のゴムルカについて次のように述べている。

「ゴムルカは、一九四九年一一月に党からも追放され、一九五一年七月には、逮捕され、西シベリアの収容所に送られた。」（註八）と。

ゴムルカの「誓い」は守られなかったのである。

帰国したロンドン亡命政府の地主・資本家勢力はどうしたか。

この勢力について「書記長ゴムルカの偏向」は次のように述べている。

「解放闘争中から進行していた人民勢力と反動勢力との闘いは、解放後激化した。ミコライチクに率いられた地主・資本家勢力は、地下のファシスト組織と共に、ポーランド農民党に結集して、一切の改革に対し、テロと脅迫とサボとを以って対抗し、生まれ変わりつつあるポーランドを、古きポーランドに引戻す事に全力をあげた。」（註九）と。

ミコライチク自身は、一九四七年十月、イギリスに亡命し、同十一月アメリカに亡命した。一九四八年にアメリカで『奪われた祖国　ポーランド』を出版し、その中でカチンの森事件に触れ、ソ連犯行説を説いた。

▼アメリカ議会によるカチンの森事件調査と朝鮮戦争

一九五一年、アメリカ議会（下院）はカチンの森事件の調査に乗り出した。

兵藤論文によると、米国議会（下院）がカチン虐殺事件を調査するための特別委員会設置を決めたのは、一九五一年九月十八日である（第八二議会下院決議第三九〇号）（註一〇）。

『カティンの森の夜と霧』は次のように述べている。

「一九五一年（昭和二十六年）までに、米国は朝鮮戦争に巻き込まれて、捕虜の待遇が重大な関心を起こしていた。それに全米の選挙が近づいたことと、その選挙戦のための、政治的弾薬をさがし求めることが大いに役に立った。こうして米議会は、カチンの森事件を調査することに決定した。下院の特別調査委員会が設置された。そして同委員会はワシントンで、一九五一年（昭和二十六年）十月一日にその公聴会を開いた。……。

調査委員会は、ソ連政府、ワルシャワのポーランド政府、ドイツ連邦共和国（西独）、ロンドンのポーランド亡命政権などにも、その公聴会に参加するよう招請状を出した。しかしソ連政府とワルシャワのポーランド政府は、この招請に応じなかった。

……。

この調査委員会は全会一致で、ソ連の秘密保安警察（ＮＫＶＤ）が大虐殺に対して責任があるという結論を下した」（註一二）と。

これはおかしな話である。

ソ連政府は朝鮮に派兵していなかった。朝鮮戦争が始まった直後、国連安全保障理事会は韓国援助を求めた米決議案を承認した。Ａ・Ｖ・トルクノフ著『朝鮮戦争の謎と真実』によると、スターリンは、このように複雑化した問題を解決する道は同理事会が朝鮮代表を招き、ソ連、中国、および朝鮮民主主義人民共和国の意見を聴くことであるという考えを持っていた。

さらに、一九五一年六月にはソ連のマリク国連大使が、ソ連政府の立場を明らかにしつつ、朝鮮戦争の停戦と休戦を呼びかけた。これに応じて、国連軍最高司令官リッジウェイ大将と朝鮮人民軍総司令官金日成および中国人民義勇軍司令官彭徳懐との間で停戦、休戦の話し合いが進められることになった。

つまり、国連軍は、国連の一員であるソ連が事実上、中立的立場にあることをみとめたことになる。それに朝鮮戦争当時、ソ連に米軍捕虜がいることなどは考えられなかった。

そうすると、自国にまったくかかわりのないカチンの森事件にアメリカ議会が口出しする理由は何もないことになる。

では、アメリカ議会が朝鮮戦争の捕虜問題を理由としてカチンの森事件を調査した目的はどこにあったのか。

その目的は、同調査委員会の出した結論と勧告に関する反応を見ると明らかになる。

『カティンの森の夜と霧』によると、同調査委員会は一九五二年、全会一致で、カチンの森事件の責任はソ連の秘密保安警察（ＮＫＶＤ）にあると結論し、次のような勧告を行なった。

「各宣誓調書と、証拠物件と、これらの調査結果は、すべての文明国によって承認された法律を犯した犯罪につきソ連を国際司法裁判所に告発する目的をもって、国際連合総会へ提出すべきである」（註一二）と。

この声明にはその後、さらに次のような補足が加えられていた。

「もし国連が行動することができないならば、米国大統領、独ソ両国以外の各国より成る国際委員会の援助を求めるべきである」（註一三）と。

『カチンの森　ポーランド指導階級の抹殺』は次のように述べている。

「一九五二年にアメリカ国務省はこの委員会の委員長名でソ連大使館に手紙と決議を送り、カチンの森のポーランド将校銃殺にかんしてソ連政府に『証拠』の提供を求めた。ソ連政府は一九五二年二月二十九日付アメリカ政府への覚書で、そのような行為は国際関係の共通の規範を侵害し、ソ連にたいする誹謗であると抗議した」（註一四）と。

『カティンの森の夜と霧』は下院特別調査委員会の勧告について次のように述べている。

「（国連総会への提訴という）勧告は一九五二年（昭和二十七年）に行なわれた。しかし、いかなる措置も決してとられなかったのである」（註一五）と。

つまり、国連はこの勧告を採り上げなかったのである。

ただ、ここで大切なことは、同調査委員会がカチンの森事件はソ連のしわざであると結論したという事実である。

以上のような諸事実から、米下院がカチンの森事件を採り上げた目的が明らかになってくる。つまり、それはルーズヴェルト大統領のカチンの森事件に対する考え方を全面的に否定することにあった。

同書には大統領選挙のための政治的弾薬としてカチンの森事件の調査が行われた、という趣旨のことが書かれているが、これは選挙戦を通じてルーズベルトの影響の残りかすを消し去る、ということでしかない。

大統領選挙の結果は、共和党のアイゼンハワーが当選した（一九五二年十一月四日）。やがて、ソ連犯行説は影が薄くなっていった。『世界戦争犯罪事典』は次のように説いている。

「一九七〇年代になるとカチンの犯罪はほとんど言及されなくなった。カチンという見出し語は百科事典からさえ消え、載っているものでも犯人には触れていない。米国のニクソン大統領はソ連に招待された際、白ロシアのハチン村を訪れた。そこは第二次大戦中にドイツ軍が住民に対して犯罪を犯した場所で、追悼のためにソ連は巨大な記念碑を建てていた。呼び名の似た地名は、カチンの記憶を排除したいという魂胆を物語るものかもしれない。

一九七六年にロンドンのガンナースバリー墓地にカチン追悼のオベリスクが建設された。しかし英国当局は碑銘を刻む際に、犯人の表記を許可しなかった。共産党支配時代の八〇年代半ばにポーランド人民共和国はワルシャワのポヴァッキ墓地に十字架を建てた。そこにはこう刻まれている。『ヒトラー・ファシズムの犠牲になり、カチンの地に眠っているポーランドの兵士に』」（註一六）と。

ソ連真犯人説はもはや通用しなくなった。ただし、真犯人が表記されなくなったことは真犯人であるナチスに有利であり、ソ連犯行説が息を吹き返す可能性が残されたということである。

▼フルシチョフとゴルバチョフのスターリン批判

◎フルシチョフのスターリン批判からゴルバチョフの出現まで

一九五三年三月五日、スターリンが死去した。
それ以後、フルシチョフのスターリン批判からゴムルカの復活までの一九五六年の動きを簡単にたどってみることにする。

二月二四日　フルシチョフ、ソ連共産党第二〇回党大会でスターリン批判の秘密報告を行なう。
六月　一日　ユーゴスラヴィアのチトー大統領はソ連を訪問し、六月二三日まで滞在した。
六月　四日　アメリカ国務省がフルシチョフの秘密報告の内容を公表した。
六月二八日　ポーランドのポズナニで、社会主義を転覆させ、資本主義を復活させようとする反政府暴動が起きた。
十月一九日　フルシチョフがワルシャワを訪問した。
十月二一日　ポーランド労働者党は、党から追放されていたゴムルカを第一書記に就任させ、ブルジョア民族主義的政策をとらせた。

スターリン批判を契機に、ソ連は社会帝国主義への道を進みはじめ、一九八〇年代のソ連は外交的孤立、外貨危機に見舞われ、サボと汚職により国家活動は完全にブルジョア的に変色し、活気を失っていた。経済問題をみると、生産活動の慢性的停滞、生産の低下、物資の欠乏、ハイテク開発の遅れ、技術水準の低下、労働力と資金と資材の不足などが悩みの種であった。農業は不振で、食糧は不足を来していた。社会問題では出生率の低下、新生児死亡率の上昇、平均寿命の低下、アル中の激増、などなど。もはや一九八〇年代にアメリカに追いつき、追い越すどころではなく、経済的には完全に二流国になり下がってしまっていた。

一方、ゴムルカ以後のポーランドは東欧諸国とともに、ソ連に支配され、ブレジネフ時代にいたると、ソ連との友好を保つため、一定の限度で主権が制限されてもやむをえないという制限主権論を受けいれることになった。

そしてポーランドも経済的困難に直面し、朝日新聞（一九八九年四月十五日）によると、一九八一年から始まった米国の経済制裁などにより、一九八七年末の対西側債務は三百七十億ドルにのぼったと推定されるにいたった。

ここで登場してきたのがソ連のゴルバチョフ書記長であった。

一九八五年三月十一日、ソヴェト共産党中央委員臨時総会は五十四歳という若いゴルバチョフを書記長に選出した。

◎ゴルバチョフ理論の一面　「スターリンの率いる党の指導中核」を称賛

『世界週報』（一九八七年十二月八日付、十五日付）によると、一九八七年十一月二日、ゴルバチョフはクレムリン大会宮殿で次のように演説し、「スターリンの率いる党の指導中核」を讃えた。

「（レーニンの死後）レーニンの存命中からあった古い意見対立が、新しい状況のもとでも、しかもきわめて鋭い形で、表面化した。こうした危険の可能性は、周知の通り、レーニンが警告していた。『大会への手紙』の中でレーニンは『これは些細なことではないとおもう。あるいは、些細なことだとしても、決定的な意義をもつようになりかねない。そういう種類の些細なことだとおもう』と強調した。多くの点でその通りになった。一部の権威ある活動家に小ブルジョア的性質が支配的になった。彼らは分派活動をとった。これが党組織をゆるがし、現下の問題から遠ざけ、仕事を妨害した。彼らは、自分たちの意見がレーニンの理念や構想に反し、自分たちの提案が誤りで、正しく選びとったコースから国を逸脱させるおそれがあるということが党内の圧倒的多数に明らかになった時ですら、分裂を挑発し続けた。

これに該当するのが、まず第一に、トロツキーで、彼はレーニンの死後党内主導権を法外に強く要求して、極端に自己過信が強く、つねにごまかしやペテンをろうする政治家だとするレーニンのトロツキー評価を完全に裏付けた。トロツキーとトロツキストは資本主義の包囲のもとで社会主義を建設する可能性を否定した。対外政策では革命の輸出を、国内政策では農民に対する〝ネジの締めつけ〟、都市による農村の搾取、社会管理面への行政的・軍事的方法の延長に期待をかけた。

トロツキズムは、政治的潮流であり、そのイデオローグたちは左翼的な、えせ革命的な言辞に隠れて、本質上降伏主義的立場をとった。事実上これは全戦線にわたるレーニン主義への攻撃であった。つまり、事実上わが国の社会主義の運命、革命の運命が問題となった。

こうした中で全国民にトロツキズムの正体を暴き、その反社会主義的本質を明るみに出す必要があった。事態は、トロツキストがジノビエフやカーメネフを先頭とする〝新反対派〟と連合したことによって複雑になった。反対派のリーダーたちは、自分たちが少数派であることを理解し、再三再四党に論争を押しつけ、党の隊列の分断を当てこんだ。しかし結局のところ党は中央委員会の路線を支持し、反対派を否定し、反対派は思想的にも組織的にも粉砕された。

このようにしてスターリンの率いる党の指導中核は、思想闘争でレーニン主義を守りぬき、社会主義建設の初期段階での戦略と戦術を定式化し、大多数の党員と勤労者から政治路線の承認をとりつけた。トロツキズムの思想的粉砕で重要な役割を果たしたのが、ブハーリン、ジェルジンスキー、キーロフ、オルジョニキーゼ、ルズタクらである。二〇年代の最後には農民を社会主義の軌道に移す道の問題をめぐっても激しい闘争が展開された。その中で、ソヴェト社会の新たな発展段階で、ネップの原則を適用することに対する政治局の大多数とブハーリン派の異なる態度が本質的に顕在化した。

当時の具体的条件　国内条件も国際条件も含めては、社会主義建設のテンポを大幅に引き上げることを緊急課題として前面に押し出した。ブハーリンとその支持者たちは、その計算や理論的命題の中で、三〇年代の社会主義建設における時間の要因の意味を過小評価した。彼らの立場を多くの点で決定したのは、教条的な思考、具体的状況の評価の非弁証法的性格であった。ブハーリン自身も、彼の支持者も、まもなく自らの誤りを認めた。

この点に関連して、レーニンがブハーリンに下した次の評価を思い出すのが適当である。『ブハーリンは、党のきわめて貴重な、最大の理論家であるだけでなく、正当にも全党の寵児とみなされているが、彼の理論的見解を完全にマルクス主義的とみなすことには、非常に大きな疑問をいだかないわけにはいかない。彼にはスコラ学風のところがあるからである（彼はけっして弁証法を学ばなかったし、けっして十分にそれを理解しなかったとおもう）』というのである。実生活はレーニンの正しさを改めて裏付けた。

このように、当時の政治的討論は、党の発展における複雑なプロセスを反映しており、このプロセスは社会主義建設の最重要問題をめぐる激しい闘争を特徴としていた。党が経験せざるを得なかったこの闘争の中で、工業化と集団化の構想がつくり出された。

党と党中央委の指導のもと、国内には短期間に機械工業、防衛産業、当時としては最新の化学工業を含む重工業が事実上新たに創設され、ゴエルロ計画が遂行された。この時期に数十の研究所、広範な高等教育機関網ができあがった。

党は人間未踏の工業化の道を外部の財源にたよらず、軽工業の発展による長年の蓄積を待ちきれずに、ただちに重工業を推進するという道を打ち出した。これは、国と国民にとって考えも及ばないほど困難な道とはいえ、当時の状況では唯一可能な道だった。それは革新的な措置であり、この措置では大衆の革命的な高揚が経済成長の構成要素として考慮に入れられていた。工業化は国を一躍質的に新しいレベルに押し上げた。三〇年代末にはソ連は工業生産高で欧州第一位、世界第二位となり、真の大工業国となった。これは世界史的意義をもつ労働の功績であり、解放された労働の功績、ボリシェヴィキ党の功績だった。

党が打ち出し、大衆に理解され、受けいれられた計画や、十月の革命精神を具現したスローガンと構想の生命力は、ソ連工業の建設に参加した幾多のソ連人の、世界を驚かせた熱情となってあらわれた。困難きわまる状況下で、機械化もされていない中で、飢えをしのぐにも不十分な食糧で、人々は奇跡を成し遂げた。人々を勇気づけたのは、歴史的偉業にたずさわっているという事実だった。彼らは十分な読み書きができないながらも、階級的な勘によって自分たちがいかに壮大な未曾有の事業の参加者となったかを理解していた。

われわれの義務、われわれのあとに続く人々の義務は、われわれの祖父や父たちのこの偉業を記憶しておくことである。彼らの労働と私欲のない献身が無駄ではなかったことを各人が知らなければならない。彼らは自分たちの身にふりかかったことすべてを克服し、十月革命の成果を確立する上に、死の危険から祖国を救い、未来のため、われわれのために社会主義を救うことを可能にしたわれわれの力の土台を築く上にきわめて大きな貢献をもたらした」（註一七）と。

このゴルバチョフ演説から次のことがわかる。

ゴルバチョフが一九三〇年代のソ連の社会主義建設を推進したスターリンを指導中核とする党の次のような功績をハッキリと認めていること。

①レーニンはトロツキーやブハーリンに対して批判的な立場にあったこと。

②思想闘争でレーニン主義を守りぬき、社会主義建設の初期段階での戦略と戦術を定式化し、大多数の党員と勤労者から政治路線の承認をとりつけたのはスターリンの率いる党の指導中核であったこと。

③短期間に機械工業、防衛産業、化学工業を含む重工業を創設し、重工業化を推進し、一九三〇年代末に工業生産高で欧州第一位、世界第二位の大工業国に押し上げたのはボリシェヴィキ党の功績であったこと。

④ソ連の人々が党の指導のもと、困難きわまる状況下で、奇跡を成し遂げたこと。彼らが勇気づけられたのは、歴史的偉業、壮大な未曾有の事業の参加者とにたずさわっているということを理解していたからであったこと。

ゴルバチョフが社会主義建設に対するスターリンの貢献と「スターリンの率いる党の指導中核」を高く評価したことは注目に値する。

◎ゴルバチョフ理論の別の一面――スターリンを否定

ところが、「スターリンの率いる党の指導中核」を高く讃えたゴルバチョフが、同じ演説の中で一転して次のように説き、スターリンを断罪した。

「われわれは社会主義のための闘争、その獲得物の擁護のための闘争へのスターリンの論議の余地のない貢献も、彼とその側近が犯し、そのためにわが国民が大きな代償を支払い、わが社会の生活に重大な結果を及ぼした乱暴な政治的誤りや専横も見なければならない。……。行われた集団的弾圧と違法行為に対する党と国民へのスターリン及びその最も近い側近の罪は絶大であり、許しがたい」（註一八）と。

これはフルシチョフのスターリン批判の焼き直しにほかならなかった。ただフルシチョフのスターリン批判との主要な相違点は、フルシチョフの批判が秘密報告であったのに対し、ゴルバチョフの場合は、公式の席における公然たる批判であったという点である。そのゴルバチョフが、「社会主義のための闘争、その獲得物の擁護のための闘争へのスターリンの論議の余地のない貢献」を讃えたことは、一見、高い評価に価するように見える。

しかし、ゴルバチョフのスターリン評価の目的は、スターリン批判の前置きとしてであり、スターリン批判の印象を一段と強めるためである。この演説のそもそもの目的はスターリン批判にあったということができる。なぜなら、その後の経過から判断すると、ゴルバチョフには、人間未踏の、社会主義・共産主義の発展を目指した「スターリンの率いる党の指導中核」の歴史的事業を継承、発展させようという気高い思想も、強固な意思もなく、ただ「スターリンの論議の余地のない貢献」を口先で讃えるにとどまっていたからである。

けれども、歴史をあともどりさせることはできない。行き詰まった資本主義の先は社会主義以外にはありえない。スターリンが歩んだ社会主義への道は、継承され、発展させられる。これは歴史の必然である。

そのゴルバチョフのスターリン批判がフルシチョフの二番煎じでは効果が薄い。そこで、一つの補強策として持ち出されたのがカチンの森事件に関するソ連犯行説であった。

▼ゴルバチョフによるカチンの森事件の見直し開始

『世界年鑑　1988』によると、一九八七年七月、ポーランドのヤルゼルスキ国家評議会議長はカチンの森事件に深い関心を示していた。同書は次のように述べている。

「ヤルゼルスキ議長は七月、ソ連の党理論誌コムニストへの寄稿文で、38年のスターリンによるポーランド共産党の強制解散、39年のソ連軍によるポーランド進攻などに言及、ポーランドの最高指導者として時のソ連の政策の誤りを指摘した。国民のソ不信を増幅させた最大のタブー『カチンの森事件』の真相究明を求める声も高まっている。両国間には党関係者、歴史学者らで構成する専門委員会が組織されたが、『歴史の空白』にどのような光が当てられるか関心を集めている」（註一九）と。

同議長は一九八七年九月、訪ソした。

その直後、『朝日新聞』（一九八七年十月五日付）によると、モスクワ国立歴史古文書大学のアファナシェフ学長は、ポーランドの週刊誌ポリチカ最新号で、「カチンの森虐殺事件」について、両国の歴史家が協力し真相解明に当たるよう呼びかけた。

ところが、ソ連政府の対応は前向きではなく、調査ははかばかしく進まなかった。ソ連犯行説を裏付けるような証拠などあるはずもなかった。しかし、ポーランドでは、グラスノスチ（情報公開）を唱えるなら、カチンの森事件に関する情報を公開せよとの国会におけるはげしい要請に押されてか、オジェホフスキ外相の口から出て来たのが、前述の、ナチ犯行説を採るか、ソ連犯行説を採るかは、客観的な知識の問題ではなく、政治的な選択、政治的感情論の問題なのだというきわめて政治性の強い要請であった。

『サンケイ新聞』（一九八八年三月二十九日付）の記事によると、三月二十八日頃、ポーランドの統一労働者党機関紙『トリブナ・ルド』は、五十九人の知識人、反体制活動家がカチン虐殺に関し、スターリンとその右腕だった秘密警察のベリヤを非難した公開書簡を掲載した。

この記事は、一九八七年九月、訪ソしたヤルゼルスキ・ポーランド統一労働者党第一書記とゴルバチョフ第一書記との間で行なわれた会談について次のように指摘している。

「(双方は)『両国関係史にもグラスノスチ(情報公開)を適用する』ことで合意、両国間に起きたあらゆる歴史上の事件の見直しを行う二十四人からなる共同調査委員会を発足させた。調査委の見直し対象には①カチンの森事件②『ポーランド分割』の秘密付属議定書をつけた一九三九年八月の独ソ不可侵条約③大戦末期のポーランド人のソ連強制移住　などが含まれていた」と。

調査委員会の見直しの対象にカチンの森事件が含まれているのである。

兵藤論文によると、翌一九八九年の三月三一日、ソ連共産党政治局は、ソ連検事局、KGB(国家保安委員会)、外務省、党中央委員会関係部局に対し、カチンの森事件に関して今後ソ連がとるべき方策を一ヵ月以内にとりまとめ、党中央委員会への提案として提出するよう命じた。

ここからカチンの森事件の本格的な見直しが始まった(註二〇)。

▼ゴルバチョフの「ソ連犯行説(=スターリン犯行説)」

『カチンの森　ポーランド指導階級の抹殺』によると、ゴルバチョフ大統領は、一九九〇年十月十三日、カチン犠牲者記念日にモスクワを訪問したヤルゼルスキー大統領を通じてポーランド大統領に謝罪した。これについて同書は次のように述べている。

「カチン犠牲者記念日にクレムリンでおこなわれた特別行事でついにソ連の犯罪を認め、ポーランド国民に公式に謝罪した。しかもゴルバチョフは、カチン関連文書の入った箱をポーランド政府に手渡した。この文書には大した価値がなく、せいぜいのところ状況証拠だった。決定的証拠を提供する文書は依然として厳重に鍵を掛けられたままだった。」（註二一）

一国の大統領が他国の大統領に頭を下げて謝罪するほどの問題である。それでも相手に見せられない決定的証拠を提供する文書とは何か。

その文書、つまりカチン事件に関する「最高機密文書」は、公文書館に厳重に保管され、誰も見せられなかった。前掲書によれば、それは次の三文書である。

一九四〇年三月五日付ベリヤ覚書

一九四〇年三月五日付政治局議事録

一九五九年三月三日付シェレーピンの書簡（註二二）

『カチンの森　ポーランド指導階級の抹殺』はこの三文書は本来、国家公文書館で保管されるものであるとした上で、次のように説いている。

「（三文書は）一九七〇年代にコンスタンティン・チェルネンコの金庫に保管されていた。チェルネンコは、ソ連共産党書記長としての短い任期以前の一九八四年に、中央委員会総務局長として、カチンの秘密を最初にソ連共産党書記長ブレジネフ、そしてのちにアンドロポフに報告した」（註二三）と。

つまり、「ベリヤ覚書」と「政治局文書」はシェレーピン時代に国家公文書館から「特別文書庫」に移管された。ここは「歴史文書収集保管センター」と呼ばれ、KGB管轄の文書庫でありながら、公式にはKGB公文書館に属していなかった（註二四）。その後、三文書はチェルネンコ総務局長の金庫に保管された。チェルネンコはその後、この三文書を再び「特別文書庫」に戻したが、この間、その内容をブレジネフとアンドロポフ両書記長に報告したことになる。

チェルネンコの後任書記長ゴルバチョフは、大統領に就任後中央委員会総務局長で政治局最後の文書館管理責任者ボルディンから三文書の存在とその内容について、報告を受けたが、その際、ゴルバチョフは、

「厳重管理をして私の許可なしにだれにも見せてはならない」（註二五）

と厳命した。

この三文書は一九九一年十二月、ゴルバチョフからエリツィンに渡された。エリツィンはこれをロシア連邦大統領公文書館に保管した。

兵藤論文によるとその写しは一九九二年十月十四日、ピホヤ特使（公文書館長）を通じてポーランドのワレサ大統領に渡された。（註二六）

こういう経過を経て、その後、私たちは例えば、兵藤長雄の論文「クレムリン極秘文書に見るカチンの森事件の真相とその後」や、ヴィクトル・ザスラフスキー著『カチンの森　ポーランド指導階級の抹殺』などを通じてその内容を垣間見ることができる。今ではロシア公文書館の専用サイトで公開されがいるが、ソ連犯行説の裏付けにならないことだけは確かである。

▼「ベリヤ覚書」とシェレーピンの書簡について

◎ゴルバチョフによって極端に秘密扱いされた「ベリヤ覚書」

兵藤論文は「ベリヤ覚書」を「ベリヤ書簡」としているが、他の論文との兼ね合いもあり、ここでは「ベリヤ覚書」で統一する。兵藤論文にしろ、『カチンの森　ポーランド指導階級の抹殺』にしろ、一見してわかることは、「ベリヤ覚書」は、戦時捕虜収容所と西ウクライナ、西ベロルシアにいるポーランド人について触れてはいるが、彼らとカチンの森との関係については一切触れていないことである。何故、こんな文書がカチンの森事件に関する「最高機密文書」なのか、それは人には見せられないしろものでないか、という疑問があるが、ともかく先に進もう。

「ベリヤ覚書」について兵藤論文は次のように指摘している。

「『ベリヤ覚書』は四頁からなるメモランダム形式のもので、右端上に最高機密とタイプされ、年月日となんらかの参考記号が手書きで記入されている。そして第一頁にはスターリン、ヴォロシーロフ、モロトフ、ミコヤンの大きなペンによる署名が、タイプされた本文の上いっぱいにこの順序で残され、さらに左端の余白にははるかに小さく同一の筆跡で、同志カリーニン、同志カガノーヴィッチと書かれている。そして書簡の末尾には、ベリヤの署名が肩書きとともに見られる」（註二七）と。

ゴルバチョフはこの文書を秘密扱いにしていたのである。

すなわち、『カチンの森　ポーランド指導階級の抹殺』によると、この覚書のゴルバチョフ書記

長とボルディンとの間の受け渡しは封印のまま行われ、ゴルバチョフ書記長も、

「私の許可なしにだれにも見せてはならない」

と指示したほどであり、さらに、

「ソ連共産党書記長を除いては国家の最上層の指導者といえども……接していなかった」（註二八）

という。

つまり、ゴルバチョフ時代、この文書は管理責任者も見ることができず、ソ連共産党書記長だけが見ることができるという究極の極秘文書になっていたのである。

◎「ベリヤ覚書」の内容

『カチンの森　ポーランド指導階級の抹殺』も「ベリヤ覚書」内容を明らかにしているが、同書は、この覚書に関連し、
「ソ連NKVDの戦争捕虜収容所と西ウクライナ、西ベロルシアの刑務所には、現在多数の元ポーランド軍将校、元ポーランド警察と情報機関、ポーランド民族主義組織と反革命抵抗組織の属していた者、裏切り者その他が収容されている。かれらは全員ソヴェト制度を含むソ連の不倶戴天の敵である」（註二九）
と指摘したのち、ベリヤが、
一　戦争捕虜収容所にいる（下士官・兵を除いた）将校、公務員、地主、警察官、憲兵、刑務官、

情報機関員一万四七三六人
二　西ウクライナと西ベルルシアの刑務所にいる元将校、元情報機関員、元憲兵、スパイ、破壊工作員、元地主、元事業経営者、官吏、各種反革命組織、抵抗組織、反革命傾向組織の所属者、裏切り者など合計一万八六三二人のうちポーランド人一万六八五人
の合計三万五三六八人のうち、ソ連残留希望者四四八人を除いたポーランド人合計二万五四二一人に、

「同志メルクロフ、コブロフ、バシュタコフ（ソ連ＮＫＶＤ第一特別部部長）によって構成されるトロイカ（三人審判）が案件の審査と決定にたずさわる」（註三〇）

という条件付きで、銃殺刑の適用を要請したことになっている。

しかし、ポーランド人将校は捕虜交換によって故郷へ帰されることになっていた。その捕虜に不倶戴天の敵という理由づけして銃殺することなどできるだろうか。というのはアンデルス将軍でさえ、銃殺されることなく、一九四一年八月の大赦令で釈放されているからである。そんなことを考えると、この記述は改ざんでもされているのではないかという疑問が湧いてくる。

銃殺という記述が信用できないという証拠にノモンハン事件がある。

ポーランド戦争直前の一九三九年五月、ドイツの動きと呼応するかのように発生したノモンハン事件は同年九月十六日、正式に停戦した。このときソ連の捕虜になった不倶戴天の敵、日本軍将校の銃殺など行われなかった。将校も兵士、下士官と同じく捕虜交換によって日本へ帰された。

しかし、事変後の捕虜交換でも日本に帰らなかった将兵はいた。それはソ連で銃殺されたのではなく、日本へ帰国すると処罰されるので、これを恐れ、本人が帰国を望まなかったからである。

ねずまさし著『現代史の断面・ノモンハンの惨敗』は次のように述べている。

「捕虜は九月下旬に交換。第一次に日本から八十七名。ソ連から八十八名（その半分は負傷兵）が交換された。残りは翌年四月下旬、ソ連の二名と日本の百十六名が交換される。したがって日本の捕虜は二百四名返された。もちろん日本に帰りたくないという捕虜は彼の国にとどまった。その数は、三、四千名にのぼるという。日本の捕虜のなかには、佐官の将校もいた」（註三一）と。

ノモンハン事件で捕虜になった日本軍将兵に対する処遇から判断しても、この当時、「不倶戴天の敵」というだけでポーランド人将校を「銃殺刑」にすることなど考えられない。ポーランド戦争で捕虜になったポーランド人将校らの一部は独ソ戦開始当時、収容所ではなく、スモレンスク近辺で道路工事に従事していた。これが事実である。

そうすると、銃殺うんぬんという点に「ベリヤ覚書」が機密扱いされている理由があると思われてくる。そこでこの点を調べてみよう。

◎シェレーピン書簡とその内容

『カチンの森　ポーランド指導階級の抹殺』にはＫＧＢ議長シェレーピンからフルシチョフ宛の一九五九年三月三日付書簡の全文が発表されている。これも「最高機密文書」扱いされていた文書である。その内容は次の通りである。

「極秘

同志フルシチョフへ

ソ連閣僚会議付属国家保安委員会（ＫＧＢ）は一九四〇年以来、同年に銃殺された元ブルジョワ・ポーランドの代表である、拘禁されていた捕虜、将校、憲兵、警察官、地主にかんする個人ファイルその他の資料を保管している。ソ連ＮＫＶＤ特別三人審判（トロイカ）の決定にしたがって、二万一八五七人が銃殺された。そのうちカチンの森（スモレンスク州）で四四二一人、ハリコフ近傍のスタロベルスク収容所で三八二〇人、オスタシュコフ収容所（カリーニン州）で六三一一人、その他に西ウクライナと西ベロルシアの収容所と監獄で七三〇五人が銃殺された。

右記の人物を抹殺する全作戦行動は、一九四〇年三月五日のソ連共産党中央委員会の決定にもとづいていた。

拘禁者は、一九三九年の戦争捕虜・拘禁者の身上調書にもとづいて最高刑に処された。右記作戦行動が実施されたときから、つまり一九四〇年から、この事実についていっさいのい情報は提供されなかったし、総計二万一八五七の個人ファイルは封印された場所に保管されている。

どのソヴェト機関にとってみても、この個人ファイルは工作上の利益もなければ歴史上の価値もない。それがわがポーランドの友人に実益をもたらすこともむずかしい。逆に予期せぬ事態が生じてこの実施された作戦が暴露されるかもしれず、それはわが国家にとって不愉快な結果をもたらすだろう。ましてカチンの森の銃殺にかんしては、一九四四年にソヴィエト権力の主唱によって組織された『ナチ・ドイツ侵略者によるカチンの森でのポーランド人戦争捕虜将校銃殺の状況を確認し調査する特別委員会』と賞される委員会によって確認された公式見解が存在する。

この委員会の結論によれば、抹殺されたすべてのポーランド人はドイツ占領軍によって銃殺された。この調査の資料は広くソ連と世界の新聞に報道された。委員会の結論は国際世論にふかく根づいている。この見方に立てば、一九四〇年に上記作戦で銃殺された者にかんするあらゆる個人ファイルは破棄するのが適切と結論される。

ソ連共産党中央委員会とソ連政府が情報を必要とする場合に備えて、銃殺の判決をくだしたソ連NKVDトロイカの審判議事録とトロイカ判決の執行にかんする文書を保存しておくことができる。

この文書は少ない数であるから特別な書類入れで保管できる。

ソ連共産党中央委員会の決議提案を添付

ソ連閣僚委員会付属国家保安委員会議長
A・シェレーピン」（註三二）

ここでシェレーピンの言いたいことは要するに次のような趣旨である。

一、ポーランド人戦争捕虜・拘禁者のうち、二万一八五七人をソ連内各地で処刑したのはソ連政府である。

一、処刑はメルクロフ、コブロフ、バシュタコフら三人審判の決定によって行われた。

一、三人審判はソ連共産党中央委員会の決定にもとづいたものである。

一、処刑の根拠は捕虜たちの身上調書、つまり個人ファイルに記載されている。

一、ソ連政府はこれまでこの個人ファイルの存在や処刑の事実などを隠し通してきた。

一、ところが、処刑はナチ・ドイツによって行われたということが、これまでのソ連政府や世界諸国の公式見解だから、こんな個人ファイルの存在や処刑の事実を裏付ける資料など、ソ連政府にとって不利益なことだけである。

一、そうすると、個人ファイルはこの際、破棄するのが適切である。

一、ただし、処刑の決定をした議事録と、処刑の執行に関する文書の二つだけは保存しておきたい。

以上がシェレーピン書簡の趣旨である。

これをもっと簡単にまとめると、カチンの森事件の犯人は、ソ連政府の主張ではナチ・ドイツだということになっているが、実は、ソ連政府自体なのだから、ソ連政府の主張と矛盾する内容の個人ファイルは、この際、破棄したいということである。

シェレーピン書簡もソ連犯行説（＝スターリン犯行説）を説き、ポーランド人将校がいわゆる「ベリヤ覚書」と政治局決定によって「銃殺された」と述べている。そうすると、個人ファイルの破棄という点にシェレーピン書簡と「ベリヤ覚書」との関連の糸があることがわかる。

◎シェレーピン書簡の問題点（その一）

シェレーピンは個人ファイルを破棄するのが「適切である」といっているが、本当に破棄されたのだろうか。

『カチンの森　ポーランド指導階級の抹殺』によると、二〇〇六年一月、カチンで銃殺されたポーランド将校の未亡人がロシア軍事検察局に対し、亡夫の名誉回復を長年要求してきたが、関係文書が破棄されたことを理由に拒否された。つまり、個人ファイルはたしかに破棄されていた（註三三）。

しかし、個人ファイル破棄の理由には依然として問題が残っている。

フルシチョフのスターリン批判は秘密会議で行なわれたが、その内容は四ヶ月後にはアメリカ国務省によって全文が全世界に発表され、フルシチョフが反スターリン主義者であることはそれ以後、公然の事実であった。個人ファイルがソ連犯行説（＝スターリン犯行説）を裏付けているなら、それはフルシチョフにとっても、フルシチョフ以後のソ連政府にとっても有利ではなかったか。これを活用し、反スターリン政策に公然と役立てればよかったではないか。ほかの二つの文書、つまり前記「ベリヤ覚書」と「政治局議事録」を保存し、個人ファイルだけを破棄する理由はどこにもない。何故、個人ファイルだけが破棄されたのか。

個人ファイルが破棄されたということは、そこに捕虜たちがソ連政府によって銃殺されたのではないことを証明することが書かれており、それがカチンの森で建設工事に従事していたポーランド人将校が第二次大戦開始当時生存していたことを証明しているからにほかならない。一人でも人民親衛隊に参加し、ドイツ軍と戦った人物がいれば、デマは崩壊する。ソ連犯行説、つまりスターリン犯行説を成り立たせるには、個人ファイルの存在は不必要というよりも、障害であった。そこで破棄した。個人ファイル破棄のほんとうの理由はこれ以外には存在しない。

◎シェレーピン書簡の問題点（その二）

シェレーピン書簡で特に、注目すべきことは、銃殺された戦争捕虜に関し、シェレーピンの発表した数字である。

いわゆる「ベリヤ覚書」から計算すると、被銃殺者数は、

戦争捕虜総数　一四、七三六人

グラゾヴェッツ収容所に移された人数　四四八人

差引被銃殺者　一四、二八八人（註三四）

ということになる。

これに対し、シェレーピン書簡に書かれている被銃殺者数は、

カチンの森　四、四二一人

スタロベルスク　三、八二〇人

オスタシュコフ　六、三一一人

被銃殺者の合計　一四、五五二人（註三五）

となる。これはいわゆる「ベリヤ覚書」の人数と二六四人だけ食い違っている。

ところが、奇妙なことにシェレーピン報告の人数からは次のような計算が成り立つ。

シェレーピン書簡の被銃殺者数　一四、五五二人

グラゾヴェッツ収容所に移された人数　四四八人

三つの収容所に送られた戦争捕虜の合計　一五、〇〇〇人

ここでカチンの森の遺体は四、四二一人となっているが、これは将校ではなく、将校の遺体四、四四三体から前述の「兵士と背広を着用した二十二名の人々の死体」を差し引いたものであろう。

目を引くのはポーランドからソ連の三つの収容所へ送られた戦争捕虜の数が、ちょうど一五、〇〇〇人となっていることである。

シェレーピン書簡以前の文献としては一九四八年に出版された『奪われた祖国　ポーランド』が

ある。しかし、これは「約一五、〇〇〇」と「約」付きであって、「ドンピシャリ」ではない（註三六）。

もちろん、ドンピシャリ一五、〇〇〇人という数字があったからといっても決して不思議なことではないが、一五、〇〇〇人から四四八人を差し引いた数が、シェレーピン書簡に書かれた被銃殺者の合計と見事に一致するのは奇妙である。

一体、ドンピシャリ一五、〇〇〇という数字は一体、どこから導き出されたのだろうか。しかも、問題のシェレーピン書簡が、シェレーピンとフルシチョフの間の文書であるだけに、これは疑ってみるだけの値打ちはある。

というのはフルシチョフやシェレーピンという人物の言動に疑わしい点があるからである。

一九五五年九月、北京を訪問した当時のフルシチョフについて、中国の師哲は『毛沢東側近回想録』で次のように指摘している。

「彼（フルシチョフ）は頭が混乱し、思考の筋道がはっきりせず、主観と憶測にのみ頼り、政策、策略の観点及び正しい認識がなく、感情的衝動にのみ頼り、そしてあれこれ悪だくみを行なった。彼はしばしばしゃべったかと思うとすぐさま前言を否定し、その場限りの感情ででたらめを言った」（註三七）と。

シェレーピンについては、朝日新聞（一九五七年七月四日付）がモスクワ放送の報道として伝えるところによると、同党書記（前外相）はモロトフ第一副首相、カガノヴィッチ第一副首相、マレンコフ副首相とともに、党中央委員会幹部会から解任された。その後、フルシチョフのもとで国家保安委員会（ＫＧＢ）議長に返り咲いていた。さらにその後のシェレーピンについて、セルゲイ・フルシチョフの著書『父フルシチョフ』は、

「シェレーピンはフルシチョフの追放に一役買い、最後は自分が彼に取って代わることを目ざしながら、ブレジネフにまんまとしてやられる人間である」（註三八）

と指摘している。

では、シェレーピンはどうしていわゆる「ベリヤ覚書」に書かれた数字と異なる数字、一五、〇〇〇人という数字を発表したのだろうか。

◎ シェレーピン書簡はフルシチョフの命令で書かれた

シェレーピン、フルシチョフ、ブレジネフ三者の間にどのような問題が存在したにせよ、シェレーピンの追放には個人ファイルの破棄と「ベリヤ覚書」に関する秘密工作が絡んでいる。結論から言うと、いわゆる「ベリヤ覚書」はねつ造されたものである。やはり、人に見せられないものなのである。

もしも文書の破棄とねつ造がシェレーピン自身、あるいはシェレーピンとフルシチョフの共謀によるものであれば、シェレーピンがフルシチョフに追放に一役買うことなどあり得ない。シェレー

ピンがフルシチョフを裏切ったのは文書の破棄、ねつ造がフルシチョフの命令によるものであることを物語っている。ブレジネフがそんなシェレーピンを評価しなかったことも理解できる。

文書の破棄、ねつ造に当ったのはスターリン死後のソ連の実権を握ったフルシチョフである。

つまり、フルシチョフはシェレーピンに対し、ベリヤが一五、〇〇〇名の捕虜を銃殺したことにせよと命令した。この数字はフルシチョフの独断から出たものにほかならない。

フルシチョフの独断であろうが何であろうが、この数字はシェレーピンにとっては「天の声」であり、絶対命令であった。そこでシェレーピンは一五、〇〇〇人から四四八人を差し引き、そこから更に四四二一人を差し引き、残りの数字、つまりスタロベリスクとオスタシュコフ両収容所の収容人員を操作して、つじつまを合わせたのである。

では、何故フルシチョフはねつ造された「ベリヤ覚書」と異なる数字をシェレーピンに伝えたのか。

◎フルシチョフは東西ドイツ統一のためカチンの森事件をスターリンの仕業にした

シェレーピン書簡が作成された一九五九年三月三日に、いったい何があったのか。

一九五七年十月、ソ連は世界最初の人工衛星、スプートニク打ち上げに成功し、国内的にも国際的にも絶大な評価を受けていた。これはスターリンの蒔いた種がフルシチョフ時代に結実したのであるが、フルシチョフは、政治、経済、科学など全般にわたるスターリンの遺産を背景に得意満面、一九八〇年代にはアメリカに追いつき追い越すだろうと豪語し、強気の外交を展開していた。『世界週報』（一九五九年三月十四日付）によると、フルシチョフはシェレーピン書簡が書かれる七日前の二月二十四日、カリーニン選挙民集会で演説し、東西両ドイツと一つの平和条約を結ぶ必要性を説いた。つまり、ソ連の主導権のもとで東西ドイツを統一しようというのである。

その翌日、アメリカのアイゼンハワー大統領は、ホワイトハウスで記者会見し、「われわれはベルリン駐留の権利があり、これを果たす任務があるという点については、交渉する余地は全然ないのである」（註三九）と冷ややかな態度を表明した。それは何故か。アメリカも一九五八年十二月には人工衛星エクスプローラーを打ち上げていたのである。

一九五九年三月二日、グロムイコ外相は、モスクワ駐在の米、英、仏、西ドイツ大使にそれぞれ覚書を手渡し、ドイツとの平和条約締結と西ベルリン問題を検討するため米、英、仏、ソ連、ポーランド、チェコおよび東西両ドイツを含めた首脳会談を開くことを提案し、次のように述べた。「政府首脳の会談の時と場所については、ソ連政府はイギリス政府ならびに他の会議参加国政府にとって好都合なら今年四月、ウィーンかジュネーブで開くことができると考える」（註四〇）と。

結局、五月十一日から六月二十日、七月十三日から八月五日にかけ、東西両ドイツ代表を顧問とする米、英、仏、ソ四カ国外相会議が開かれたが、『近代日本総合年表』によると、この会議は「成果なく無期休会」になった（註四一）。

シェレーピン書簡が書かれた三月三日には以上のような時代的背景があった。

東西両ドイツとの平和条約締結にはＮＡＴＯ（北大西洋条約）加盟国であるポーランド政府とワルシャワ条約加盟国である東ドイツおよびポーランドの友好関係が大前提である。そうすると、カチンの森事件のナチス犯行説は西ドイツとポーランドの和解にとって大きな障害となる。そこでナチ・ドイツ犯行説を引っ込め、スターリン犯行説を打ち出すために作成されたのが三月三日のシェレーピン書簡であった。

シェレーピン書簡の作成には以上のような背景があった。

つまり、東西両ドイツの統一を思いついたフルシチョフは突如、カチンの森事件に関するソ連犯行説を採り入れることを思いつき、シェレーピンにベリヤが戦争捕虜一五、〇〇〇人を銃殺したことにせよと命じた。そのための前段の作業がシェレーピン書簡であった。これに基づいて作成されたのがいわゆる「ベリヤ覚書」であった。「ベリヤ覚書」は政治局などでの討議の裏付け資料として必要だったのであろう。ただ、フルシチョフは、このいわゆる「ベリヤ覚書」の原本に書かれた戦争捕虜の数が一四、五五二人ではなく、一四、七三六人であったことに気付かなかった。

こうして「ベリヤ覚書」がねつ造されたことになる。

◎文書のねつ造について

A　「ベリヤ覚書」のねつ造

ナチスの犯行であるカチンの森事件をスターリンやベリヤの犯行に見せかけるためには、「ベリヤ覚書」をねつ造することが最善であった。

フルシチョフはスターリン、ヴォロシーロフ、モロトフ、ミコヤンなどソ連の最高指導者のペン書きのサイン入をどのようにしてねつ造したのだろうか。

『カチンの森　ポーランド指導階級の抹殺』に発表された「ベリヤ覚書」を見れば、数名の幹部のサインは、この文書の第一ページにある。そうすると第一ページさえ活用すれば、あとは末尾のベリヤの署名さえ巧みに処理するだけで、カチンの森事件をスターリンやベリヤの犯行にすることなど不可能ではない。

前述のように、ソ連政府は、

「すべての証拠資料が独軍の手で偽造されたものである」（註四二）

と主張していたというが、フルシチョフ以後は「独軍の手」に「フルシチョフの手」を追加してもよい。いわゆる「ベリヤ覚書」は実物をもとにしてねつ造されたものである。

B　ドイツ軍による文書ねつ造

ドイツ軍の文書ねつ造については次のような実例がある。

『秘密機関長の手記』によると、ドイツの保安本部長官ハイドリヒは白系ロシア人の亡命者スコブリンから、ソ連元帥トハチェフスキーが参謀本部とともにスターリン政体をくつがえす陰謀を行っているという情報を受け取っていた。そしてこの情報を利用して文書を偽造した。同書は次のように述べている。

「(スコブリンの情報に関する)書類それ自体は完全ではなかった。ドイツ陸軍首脳部がトハチェフスキーの陰謀に積極的に参加しているという文書上の証明をそれは含んでいなかった。ハイドリッヒは充分それを承知しており、ドイツの将官たちを罪におとすでっち上げの資料を自分の手で附け加えた。ドイツ国防軍(ライヒスヴェーア)の優越を脅す赤軍の増大する力をこれによって弱めることができれば、こういう行動を取ることも正しいと彼は自分で思ったのである。ハイドリッヒがスコブリンの情報の真実性を疑っていなかったことは忘れてはならないし、私は続いて起こったことが彼の正しかったことを証明していると思う。彼が行った文書偽造は、それ自体としても正確だった情報を補強し、いっそう説得的にすることのみを目的としていたにすぎなかった」(註四三)と。

トハチェフスキーの裏切り行為の密告だけでは信用されない。信用を得るにはドイツの軍幹部がトハチェフスキーと組んでいたという裏付けがひつようである。そこでそういう情報を補強したというのである。事実、トハチェフスキーは日独軍事同盟に反対していた国防相ブロンベルク元帥らとは親しい間柄にあった。

さらにトハチェフスキーのサインについては内山享が次のように説いている。

「元師がサインしたホテルの勘定書は、元師がうけとった報酬の領収書に変容した。……。情報部長カナリスの署名入り書簡も、部長カナリスからスパイ「22号」ことトハチェフスキー元師にあてた感謝と報酬増額を約束する手紙に変造された。」（註四四）と。

つまり、ペン書きのサインでも、これを使って文書をねつ造することは難しいことではないということである。こうしてトハチェフスキーを陥れるために、サインを利用して偽造文書を創り上げたのである。

C　フルシチョフ時代の文書ねつ造

斉藤充功著『謀略戦』によると、第二次世界大戦中、日本もドイツも、偽造した敵国紙幣を使用していた。斉藤充功は陸軍登戸研究所員と関東軍情報部の技術指導員を兼任していた北沢隆次から次のような聞き取りをしている。

「日本側の白系ロシア人スパイには（登戸研究所の）三科で偽造したソ連のパスポートや、証明書、領収書等を持たせて、スパイ活動をやらせていたんです」と（註四五）。

パスポートや証明書なども実際に使用しながら、製法を開発していったということであろう。

署名のねつ造ではないが、ソ連政府の文書書き替えについては実例がある。

戦前、日本共産党の最高幹部、山本懸蔵は党内に潜入したスパイ、野坂参三に誣告され、亡命先、ソ連で銃殺された。その後、党員からこの問題を追及された野坂参三は自分の身のあかしを証明するためか、死亡証明書に記載された山本懸蔵の死亡時期一九四一年を一九四二年に改ざんすることを思いついた。これについて小林峻一・加藤昭著『闇の男』はソ連共産党中央委員会国際部副部長コワレンコの次のような打ち明け話を発表している。

「一九六一年、第二十二回大会のことだと記憶するが、野坂、宮本ら日共の代表団がモスクワを訪れた折、国際部日本課のロマノフ部員が随員として応接に当たった。代表団が来て二、三日を経た夕食後のひととき、野坂は密かにロマノフを自室に招き入れると、〝奇妙な提案〟をもちかけた。それは、ソ共中央委員会から公式文書として発表されることになっている山本（懸蔵）の処刑された年を、一九四一年から一九四二年にしてほしいというものだった。

この不思議な提案に首をひねりながら、ロマノフは直接の上司である私に報告してきた。私もまた合点がいかず考えこんだが、しばらくして私は、野坂の提案の隠された意図は山本を密告した手紙にあると察知した。おそらく野坂は、自分の手紙が山本の銃殺の決め手になったと確信し、手紙の日付と処刑の日を一年でも長く遠ざけたかったのだろう。

国際部長だったボリス・ポノマリョフさんも、野坂の提案に驚いて、しばらく腕組みして考えていたが、私の解説をきいてどうやら納得がいったらしい。野坂の立場を救うためにかれの提案を受け入れたほうがよいという私の進言を聞き入れ、ポノマリョフさんはその旨を記して、ソ共中央委員会政治局に報告した。」（註四六）と野坂参三は一九五〇年、スターリンが自ら手を加え、何度も何度も、原稿が赤インクで真っ赤になるほど書き改めながらまとめ上げた「コミンフォルム批判」で厳しく追及した人物である。その野坂参三の奇妙な提案を徹底的に調べもせず、憶測にもとづいて結論を下し、その報告をそのまま承認したソ連共産党中央委員会政治局はここまで堕落していた。当時の第一書記はフルシチョフであった。野坂参三の便宜を図ることはスターリンを批判することにつながっていた。

フルシチョフの指導下で、「ベリヤ覚書」がねつ造されたとしても決して不思議ではない。また事実、「ベリヤ覚書」はねつ造されていたと考えてよい。

◎シェレーピン書簡の取扱いの変化

ドイツとの平和条約に関するフルシチョフの交渉は成果が挙がらなかった。すでにシェレーピン書簡も「ベリヤ覚書」も用済みになった。「最高機密文書」がソ連（スターリン）犯行説の裏付けにならないことを気付いていたブレジネフ以後、ゴルバチョフが出現するまでのソ連政府首脳はナチス犯行説を否定しなかった。三文書がすでに用済みになっていたという事実を知っていたのである。カチンの森事件は忘れ去られはじめていた。

そんなときにゴルバチョフがスターリン犯行説を唱えた。しかし、それでもいわゆる封印ファイルにあった「最高機密文書」までは公開しなかった。国家の威信にかけて公開しなかったのである。だからこの文書を「最高機密文書」にしたのである。『カチンの森　ポーランド指導階級の抹殺』

によると、ソ連共産党中央委員会総務局長時代のチェルネンコ総務局長からブレジネフやアンドロポフに報告されていたこの封印文書の中身は、ゴルバチョフ大統領も当時の中央委員会総務局長ボルディンから報告を受けていた。しかし、ドイツ統一という目的のために作成され、用済みとなっていた「最高機密文書」をヤルゼルスキーの要望に応えるために利用することを考えたゴルバチョフも、この文書だけは誰にも見せなかったし、自らもその内容を口外することはなかった。

封印書類を公開したのはロシアのエリツィン大統領であった。二〇一〇年四月三十日付朝日新聞によると、ロシア公文書館は四月二十八日、秘密資料の実物を専用サイトで初公開した。こうして公開された秘密資料の実物なるものは、その後のロシア大統領メドベージェフの言動から判断するまでもなく、いわずと知れたものである。

▼ソ連犯行説に決定的な証拠などはない

◎一九九四、九五年のカチンの森の発掘

一九四三年当時、スカルジンスキー調査団が調べた死体は九八二体であった。その後、ソ連調査団は埋め戻された遺体を掘り返したが、それは九二五であった。二体はポーランド軍将校とは全く別の遺体の可能性もある。

兵藤論文には九四年、九五年の発掘が続けられたとあるが、成果が挙げられた形跡はない。

現に、カチンの森の遺体数は、一九九八年に発行された『世界戦争事典』では四、一四三体、二〇〇四年に発行された『新版ロシアを知る事典』では四、三二一体、二〇〇八年の『世界史小辞典』（改訂新版）では約四、四〇〇体となっており、四、四四三体から減ってはいても、増えてはいない。つまりその後、一体も発掘されなかったのである。

ただし、二〇一〇年五月十九日付朝日新聞に掲載された「死の谷の無名碑」と題する副島英樹特派員メモには、

「追悼施設『カチン・メモリアル』でカトリックの十字架と慰霊碑が立つ一帯は、ポーランド側が犠牲者四四〇四人を悼む場所」（註四七）

という字句がある。四四〇四人は慰霊碑に刻まれた犠牲者数であろうが、慰霊碑は一九八三年に建立され、一九八八年に碑銘が変更になっている。その後、碑名の変更の意向があったが、犠牲者数が刻まれた時期は現在のところ、明らかではない。ここではこの数字は考慮外としておく。

このことは発掘が一九九五年で打ち切られたことを意味している。なお、四四〇四という数字はシコルスキーがスターリンに手渡した一覧表の人名数三九四五より五五九多いだけである。

なお、『カチンの森　ポーランド指導階級の抹殺』によると、二〇〇四年にロシア連邦軍事検察局は、

「ポーランド民族にたいする大量殺戮の事実が証明されなかった」

という理由で捜査を打ち切った（註四八）。遺体数一〇、〇〇〇というのは矢張り、ベルリン放送の誇

大宣伝だったと確認してよい。

◎ソ連崩壊以後の「捜査」資料の公開

ソ連崩壊以後のロシア政府の発表はソ連犯行説の根拠を示すものではない。

現に、朝日新聞（二〇一〇年四月八日付）によると、ポーランドの被害者団体を統括する「カチン家族同盟」のスコンプスキー会長（72）は、

「我々の時代にロシアが資料公開しなくても、孫やひ孫が引き継いでほしい」（註四九）と願っており、ロシアの人権団体「メモリアル」のグリヤノフ氏（59）は、事件の最終的な解決には　①捜査資料の公開　②犯罪人に特定　③「政治弾圧」認定などが不可欠と説いている。

このような要請を受けてか、ロシアのメドベージェフ大統領は五月八日、ポーランドのコモロフスキー大統領代行に、ロシア軍検察資料67巻を引き渡した。ところが、このことを報じた朝日新聞（二〇一〇年五月十日付）によると、メドベージェフ大統領は、引き続き資料の秘密解除を進めていくと言明したという。まだまだ資料の引き渡しは続くというのである（註五〇）。秘密の全面的公開ではなかったことになる。

要するにソ連犯行説を立証する決定的な証拠など存在するはずがないのである。この事実も、カチンの森での虐殺事件の犯人はナチス・ドイツであることを裏付けている。

▼約二万体に膨れあがったカチンの森の遺体数

カチンの森に埋められている遺体の数に関しては、最も激烈な対立の両極端にあるスターリンの主張とゲッペルス（ナチス政府）の告白に説得力があり、その中間で火中の栗を探し求めているポーランド亡命政府や、ボリシェヴィキとスターリンを否定的に見ているゴルバチョフやエリツィンのロシア政府の主張がことの真相からほど遠いところにあることが明確になった。それだけではない。カチンの森の殺害者がナチス・ドイツであることも今回の「発掘」で再確認されたといってよい。

それでも、十数年後の二〇〇八年の現実は『世界年鑑　２００８』によると次の通りである。

「九月十七日、カチンスキ大統領は就任後初めてロシアを訪問。ロシア側首脳との会談は行わず、第二次大戦中にポーランド兵ら計二万二〇〇〇人がソ連軍に虐殺された西部『カチンの森』で犠牲者を追悼した」（註五二）と。

カチンの森の犠牲者数は二万二〇〇〇人に膨れあがっている。

さらに、二〇一〇年四月八日付朝日新聞は次のように報道している。

「第二次世界大戦中の１９４０年、旧ソ連秘密警察が、同国西部カチン周辺でポーランド人将校ら捕虜約２万人を銃殺したとされる『カチンの森事件』から70年。ロシアのプーチン首相が7日、ポーランド首脳を初めてカチンに招いて式典を開き、犠牲者を悼んだ」（註五二）と。

他の毎日、読売、産経などの新聞の報道もまったく同じ内容であった。ただし、毎日新聞の解説では遺体数は約二万二、〇〇〇体となっている。

約二万体とも二万二、〇〇〇体ともいわれる遺体の内訳について、朝日新聞はこれをカチンの森を含めた三ヵ所の合計、毎日新聞は五ヵ所の合計と解説している。両紙とも記事の書き出しと解説は必ずしも一致していないが、読売、産経の二紙は解説抜きであるから、この二紙の読者はカチンの森の遺体だけで二万体以上あるかのような印象を受けることになる。四紙の書き出しが共通して約二万体となっているのは、式典でのプーチン首相の追悼の辞をそのまま報道したことによるものである。

すなわち、ニューヨーク・タイムズ紙（二〇一〇年四月八日付）によると、プーチン首相は追悼の辞の中で、カチンの森でポーランド軍将校二万人以上が処刑されたと述べている（註五三）。「二万人以上」という数字は、シェレーピン書簡にいう「二万一八五七人」を指すのであろうが、カチンの森でナチスに殺害された被害者数ではない。

前述の通り、ロシア連邦軍事検察局は二〇〇四年、カチンの森事件などの捜査を打ち切ったが、プーチン首相はいまだにポーランドのカチンスキ大統領の前で、カチンの森で約二万人以上が処刑されたと述べている。

やはり、カチンの森事件の処理は、ポーランドのオジェホフスキ外相の、「カチンの森事件については二つの見解（ナチ犯行説とソ連犯行説）があるが、いまや、どちら

を支持するかは、客観的な知識の問題ではなく、政治的な選択、政治的感情論の問題なのだ」(註五四)

という言明どおりに進んでいるといってよい。

註一　『学生評論』(一九四九年第五号)四五頁
註二　前掲誌四五頁
註三　歴史学研究会編『太平洋戦争史　6　サンフランシスコ講和　1』大月書店、一九七二年)七三頁
註四　スターリン全集刊行会刊『スターリン戦後著作集』(大月書店、一九五四年)六二頁
註五　『人民民主主義の国々』頁
註六　『学生評論』(一九四九年第五号)四七頁
註七　前掲書四六〜四七頁
註八　家本博一著『ポーランド「脱社会主義」への道』(名古屋大学出版会、一九九四年)一二一
註九　『学生評論』(一九四九年第五号)四五頁
註一〇　『外交フォーラム　下』(一九九七年九月号)六七頁
註一一　『カティンの森の夜と霧』一九六頁
註一二　前掲書一九七頁
註一三　前掲書一九七頁
註一四　『カチンの森　ポーランド指導階級の抹殺』九四頁
註一五　『カティンの森の夜と霧』一九七頁
註一六　『世界戦争犯罪事典』三三〇頁

註一七　『世界週報』（時事通信社、一九八七年十二月八日付）五七～五八頁
註一八　前掲誌五九～六〇頁
註一九　『世界年鑑』（共同通信社、一九八八年版）
註二〇　『サンケイ新聞』（一九八八年三月二十九日付）
註二一　『カチンの森　ポーランド指導階級の抹殺』一二一頁
註二二　前掲書一二四頁
註二三　前掲書一二五頁の原注
註二四　『カチンの森　ポーランド指導階級の抹殺』一一四頁
註二五　前掲書一二四頁
註二六　兵藤長雄「クレムリン極秘文書に見るカチンの森事件の真相とその後」…『外交フォーラム』（一九九七年九月号）六一頁
註二七　前掲論文六三頁
註二八　『カチンの森　ポーランド指導階級の抹殺』一一二頁
註二九　前掲書三八～三九頁
註三〇　前掲書四一頁
註三一　ねずまさし著『現代史の断面・ノモンハンの惨敗』（校倉書房、一九九三年）三二一～三二三頁
註三二　『カチンの森　ポーランド指導階級の抹殺』八六～八八頁
註三三　前掲書一四三頁
註三四　前掲書三九頁一三行目から四〇頁二行目までの合計から釈放者を差し引いた数
註三五　兵藤長雄「クレムリン極秘文書に見るカチンの森事件の真相とその後」…『外交フォーラム』（一九九七年九月号）六五頁

註三六　スタニスワフ・ミコワイチク著『奪われた祖国ポーランド』（中央公論新社、二〇〇一年）六〇頁
註三七　師哲著『毛沢東側近回想録』（新潮社、一九九五年）三六〇頁
註三八　セルゲイ・フルシチョフ著『父フルシチョフ』（草思社、一九九一年）七頁
註三九　『世界週報』（時事通信社、一九五九年三月十四日付）三一頁
註四〇　前掲誌三九頁
註四一　『近代日本総合年表　第三版』（岩波書店、一九九一年）
註四二　『カティンの森の夜と霧』六八頁
註四三　シェレンベルク著『秘密機関長の手記』（角川書店、一九六〇年）三〇頁
註四四　内山享著『トハチェフスキー元帥粛清事件』（自家版、一九八七年）一一頁
註四五　斎藤充功著『謀略戦』（時事通信社、一九八七年）三四頁
註四六　小林峻一・加藤昭共著『闇の男』（文芸春秋、一九九三年）四七頁
註四七　朝日新聞（二〇一〇年五月十九日付）
註四八　『カチンの森　ポーランド指導階級の抹殺』二頁
註四九　朝日新聞（二〇一〇年四月八日付）
註五〇　朝日新聞（二〇一〇年五月十日付）
註五一　『世界年鑑　２００８』（共同通信社）
註五二　朝日新聞（二〇一〇年四月八日付）
註五三　ニューヨーク・タイムズ紙（二〇一〇年四月八日付）
註五四　産経新聞（一九八八年三月二十九日付）

X　社会主義建設と粛清

▼ナチス・ドイツの精神的要素

クラウゼウィッツは『戦争論』で、戦争は暴力行為であり、その行使にはいかなる限界もない、と説いたが、事実、カチンの森の虐殺がおこなわれた一九四一年にはバビ・ヤール峡谷をはじめ、ユダヤ大量虐殺事件が少なからず発生した。

また『SS国家』はカチンの森事件の直前に発生した次のような事実を明らかにしている。すなわち、

「一九四一年夏の終わりにドイツのすべての大きな強制収容所でロシア兵捕虜の大量射殺が行われた。ブーヘンヴァルトにおける最初の処刑は、『第99特命隊』(Kommando 99) がつくられるよりも前に、囚人衣服工場のすぐ裏手の、強制収容所の横の『ドイツ軍需工場』のゲレンデにある射撃場で行われた。銃声を聞こえないようにするため、当時全収容所の囚人が、しばしば労働時間の最中であっても、点呼場へ集められ、歌を歌わされた」(註一) と。

戦闘の最中に起きたことではない。戦闘が終結した後、捕虜に対して行った殺害事件である。

第二次大戦中全体の数字は明らかではないが、ジェームズ・テーラー、ウォーレン・ショー著『ナチス第三帝国事典』によると、最も犠牲の大きかったユダヤ人だけでおよそ五〇〇万人をこすのではないかという (註二)。

何千、何万、何十万、何百万という大量虐殺ともなればもはや第一線部隊の指揮官、という段階での問題ではなく、国家的政策の問題であり、国家的政策をぬきにしては考えられない。

事実、ナチスの場合、ドイツ至上主義、ゲルマン民族優越主義で国内の思想統一を行っていた。そしてヒトラー自身が大量虐殺の指示を出していた。

クラウゼヴィッツは、戦争における精神的要素の重要性を説いたが、SS親衛隊によるユダヤ、その他の民族、特に東方諸国の諸民族の大量虐殺の思想的根底にあったのはこのゲルマン民族優越主義であった。この思想にもとづき、東方にエデンの園を築き、ドイツ至上主義に基づく世界制覇を目論んでいた。これがナチスの精神的要素であった。

▼ボルシェヴィキの精神的要素

ソ連は、百二十の民族を抱えた十五の社会主義共和国の連邦体であった。このような諸国の連合体では自国民の愛国心は認めるが、他国民の愛国心は認めない、という狭量で手前勝手な愛国心は通用しない。

事実、第二次世界大戦におけるソ連軍の第一線にはさまざまな民族の将兵が立っていた。ソ連邦加盟国ではないモンゴル人民共和国の将兵もヨーロッパ戦線で戦った。『第二次世界大戦史　5』によると、赤軍の指揮官のうちには、ソヴェト連邦のすべての民族体の代表がいた。一九四三年には、赤軍空軍には将校の大部分を占めていたロシア人とならんで、次のような諸民族出身の将校がいた。

ウクライナ人の将校	二八、〇〇〇人以上
ベロロシア人の将校	五、三〇五人
アルメニア人の将校	一、〇七九人
タタール人の将校	一、〇四一人
グルジア人の将校	八、〇〇〇人
チュウワシ人の将校	四〇五人
モルドヴァ人の将校	三八三人
オセチア人の将校	二五一人
その他の民族体の代表	多数。

また、赤軍の機甲部隊の将校のうちには、ロシア人のほかに次のような民族体の代表がいた。

ウクライナ人	一四、一三六人
ベロルシア人	二、四九〇人
タタール人	八三〇人
グルジア人	二七〇人
モルドヴァ人	二六九人

チュワシ人　二五〇人
カザフ人　一三六人
アゼルバイジャン人　一〇六人
バシキール人　一〇九人
オセチア人　一〇三人
ウズベク人　七五人（註三）
その他の民族体の代表　多数。

ここでは一つの民族が他のすべての民族に優越するという民族至上主義は成立しない。ここにあるのはプロレタリア国際主義に基づく民族主義である。

このソ連政府が他民族敵視政策をとることはソ連邦の崩壊につながりかねない。ソ連政府にとってそんな政策をとることはできない。

スターリンは一九三九年三月十日、第十八回党大会で対外政策を明らかにし、次のように述べた。

「ソビェト連邦の対外政策は、明白で、かつ明りょうである。

（一）われわれは、平和と、あらゆる国との実務的関係の強化とを固守する。他の諸国がソビェト連邦とこのような関係を維持し、わが国の利益をおかさないかぎり、われわれはこの立場を守りとおすであろう。

（二）われわれはソビェトと国境を接しているすべての隣接諸国との、平和で親密な善隣関係を固守する。これらの国がソビェト連邦とこのような関係を維持し、直接にせよ間接にせよ、ソビェト国家の保全と不可侵の利益をおかそうとしないかぎり、われわれはこの立場を守りとおすであろう。

(三) われわれは、侵略の犠牲となって祖国の独立のために闘っている諸民族を、支持する立場にたつ。

(四) われわれは、侵略者の脅迫をおそれず、ソビェト国境の不可侵性をおかそうとする戦争挑発者の打撃に対しては、二倍の打撃をもってこたえる用意がある。

以上が、ソビェト連邦の対外政策である」(註四)と。

外政は内政の延長である。スターリンとソ連政府の内政の目的は、搾取階級の残存物の完全な一掃、労働者、農民、およびインテリゲンツィアの統一戦線への結集、国内の精神的＝政治的統一の強化、ソ連邦加盟諸民族の友好の強化であった。こうしてソ連邦諸国間の連帯と団結を強化し、外部の侵略から祖国を防衛すること、これがソ連の対外政策の根底にある思想であった。

戦争がどんなに暴力的行為であり、戦争にどんな残虐行為が付随したとしても、このスターリンとソ連政府が国家の政策として、そして前線の司令官が勝手に、ソ連の建設工事に従事しているポーランド人将校の大量虐殺の指示することなどありえない。ましてナチスの主張するように、カチンの森事件の発生が戦時ではなく平時の一九四〇年春ということであれば、なおさらのことである。

▼二つの精神的要素の比較

ナチス・ドイツと社会主義ソ連の兵士の精神的要素（思想）の間には根本的な違いがあった。ヒトラーとドイツ政府のゲルマン民族至上主義が諸国を敵に回し、国際的孤立を招いたのに対し、スターリンとソ連の諸民族友好政策、平和政策が世界人民の共感を呼んだことは理の当然である。そしてこのことは帝国主義諸国をさえ揺り動かすことができた。その典型的な実例がアメリカやイギリスの動向である。

『第二次世界大戦の史的分析』はアメリカ資本とドイツの関係について次のように説いている。

「ヒトラー指揮下のドイツ国防軍は、ゼネラル・モーターズのオペル車輪で走り、その機械化砲兵隊および車輌は、ゼネラル・モーターズのエンジンで動いた。ヨーロッパの多くの都市を粉砕し、数知れぬ非戦闘員を殺したナチの飛行機のエンジンは、アメリカの航空会社の製品だった。

一九四〇年七月二日、当時の海軍長官であったフランク・ノックス大佐は、合衆国上院の一委員会で『一九三四年と一九三五年に、ヒトラーはわが国で制作された数百台の最優秀航空機エンジンを供給された』ことをみとめた。さらに同じ上院委員会では、つぎのような事実が暴露された。すなわち、『エンジンの特許権ならびに製造権が、わが国政府の同意のもとに、アメリカの製造業者から、自由に、ドイツ政府に売りわたされた。…だからわれわれは、ヒトラー空軍を恐るべき一勢力としてしまったことにたいして責任をまぬがれることはできない』」（註五）と。

ヒトラーとナチス・ドイツは、そのアメリカ帝国主義を自国の陣営に引きつけられなかった。それとは反対に、スターリンとソ連政府は、ソ連と特別な経済的利害関係を持たなかったアメリカ帝国主義を、反ファシズム統一戦線に引きつけることができた。

ナチス・ドイツと社会主義ソ連の兵士の精神的要素（思想）の間には根本的な違いがあった。ヒトラーとドイツ政府のゲルマン民族至上主義が諸国を敵に回し、国際的孤立を招いたのに対し、スターリンとソ連の諸民族友好政策、平和政策が世界人民と、植民地化され、侵略を望まない諸外国の共感を呼んだことは理の当然である。社会主義、共産主義のソ連の平和政策が資本主義国の共感を呼んだ典型的な実例は、かつてイギリスの植民地であったアメリカの動向である。

また、根っからの反共主義者であるチャーチルをも統一戦線に引きつけることができた。これはソ連政府の手練手管によるものではなく、ナチスのファッショ政策が根本的に間違っていたからであり、目標をナチスのファシズムという一点に絞り、それに反対するすべての平和勢力の団結を呼びかけたソ連の統一戦線政策が、正しかったからである。

このような国家の政策の違いが、ナチス・ドイツとソヴェトという相戦う両国の兵士の精神的要素の違いを生み、第二次世界大戦の勝敗を決したということになる。

▼ソ連犯行説を復活させたのはゴルバチョフであった

ヒトラーとナチス・ドイツのドイツ至上主義、スターリンとソ連政府の民族政策という二つの思想、政治路線を比較すれば、カチンの森事件はナチス・ドイツの犯行であり、スターリンとソ連政府の犯行でありえないことは当然である。また事実、世界の良識はそのように判断していた。

ところがその後、事情が変わってきた。

第二次世界大戦後の冷戦時代に入ったころ、アメリカ大統領ルーズベルトはすでに死去し、副大統領であったトルーマンが大統領になっていた。

『歴史の偽造者』によると、トルーマン大統領は上院議員であったころ、『ニューヨーク・タイムス』紙（一九四一年六月二十四日付）に、

「もしドイツが勝ちそうになったら、われわれはロシアを援助すべきであり、もしロシアが勝ちそうになったらドイツを援助すべきである。このようにして双方ともできるだけ多くお互いに殺し合うがいい」（註六）

という見解を発表していた人物である。

アメリカ下院特別委員会がカチンの森事件を調査したのはトルーマン大統領の時代であった。同委員会の結論が国際的に無視されたことは、世界の大勢はまだまだナチス犯行説に傾いていた、と

いうことである。ただ、ミコライチックやアンデルスなどポーランドの亡命者らだけがソ連犯行説を唱えつづけていた。

そのソ連犯行説が息を吹き返したのはフルシチョフ時代であり、特にゴルバチョフ書記長誕生以後のことである。

一九八七年十二月、ゴルバチョフは訪米した。一九八八年六月には、訪ソしたレーガン大統領と会談した。一九八九年十二月、マルタ島でブッシュ大統領と会談し、一九九〇年五月三〇日にも再度訪米して対米交渉を行ない、両国関係を改善した（※）。

※　この間、アメリカのＡＴＴ（米国電話電信会社）はソ連のアフガン侵攻以来中断していた米国・モスクワ間の直通ダイヤル電話をひそかに復活させていた（『朝日新聞』一九八九年十一月二十七日付）。これが一九九一年のエリツィンによる共産党とソ連邦の解体に一定の役割を果たしたことは疑いない。

ポーランドはどうか。

朝日新聞（一九八九年四月十五日）によると、ポーランドは一九八一年から始まった米国の経済制裁などで国内経済がひっ迫。八七年末で対西側債務は三百七十億ドルにのぼったと推定されている。

アメリカのブッシュ大統領は、ポーランド政府がヴァティカンの援助を受けた自主労組「連帯」を合法化し、自由化路線を急速に進んでいることに好感を示し、一九八九年四月、ポーランドに対する経済援助を検討しはじめた。

ロシアやポーランドは、こんなにまでしてアメリカとの協力、協調に努め、アメリカの援助に期待しなければならなかったが、ゴルバチョフやヤルゼルスキ、そしてブッシュが最も警戒したのが何といってもスターリンの社会主義思想の、言葉の上だけでなく、真実の意味での復活であった。

一九八八年、ロシア共和国機関紙『ソヴェト・ロシア』紙（三月十三日付）に、スターリンを擁護する画期的な大論文が掲載された。これはレニングラード工業大学の女教師、ニーナ・アンドレーエヴァが「私は原則を譲ることはできない」と題して発表したものである。この論文で彼女は、「レーニン・スターリンの社会主義は偉大であった。もしスターリンを否定するなら、スターリン時代の社会主義はどうなるのか。大祖国戦争は勝利したではないか。それを指導したのはスターリンではなかったか。スターリンを否定するなら、反ファシズム解放戦争の勝利もない」と、主張し、大きな衝撃を与えていた。

ゴルバチョフはカチンの森事件に関し、ポーランドのソ連犯行説を受け容れるという形式で、実際はアメリカ下院特別委員会の報告内容を受け容れたのである。

▼社会主義建設と粛清を切り離して考えることはできない

◎アメリカの鉱山技師、リットルページが体験したソ連の鉱山や鉄道などの破壊活動

ゴルバチョフは一方ではスターリンの社会主義建設に対する貢献を讃え、その反面スターリンの粛清を強く批判した。

しかし、この二つのものは切り離せるものではない。

この問題に先だって思い出されるのがジョン・リットルページの著書『ソ連の十年』である。リットルページはロシア人ではなくアメリカ人であり、ソ連の都市ではなく地方で働き、スタハノフ運動を理解できず、アメリカ式の出来高払い賃銀制度の採用に尽力し、反革命に加担したのではなく一九三五年に赤色労働章をもらった人物であり、その著作はロシアではなくアメリカで発表されたものである。もちろん、社会主義者ではなかった。

アラスカで金鉱山の責任者として働いていたリットルページが、ソ連政府の依頼で訪ソしたのは一九二八年のことであった。リットルページは重工業部産金トラスト（後の非鉄金属とラスト。最高責任者はピャータコフ）に所属し、一九三七年八月まで金や銅の鉱山再建に尽力した。そして反革命派やスパイが「共産党員中の高官」に納まっていることを知った。デマリー・ベスとの共著『ソ連の十年』によると、彼はベスに次のように語っている。

「私には政治のことはわからない。しかし、私はソ連邦の産業のことについてはいくらか知るところがある。

ソ連邦の産業の大部分が故意に破壊されたことがあったことを知っているが、それは共産党員中の高官の手助けがなくてはとてもそんな真似は出来ないことである。各産業部門では共産党員が総ての高い地位を占めており、何者かが破壊行為をやるとすれば、私はそれに対しては共産党員がその産業部門の破壊を手伝っているとしか思えない」（註七）と。

そして、同書には自らが体験した鉱山での破壊活動も生々しい事実が記述されている。リットルページが教育した研究熱心な共産党員の管理者は、リットルページがほかの鉱山へ移動したのち、「無能力者であると断定」されてその地位を追われてしまっていた。

また、とある鉱山では彼自身の身の回りに銃弾が飛んできたことがある。これに関連して彼は次のように述べている。

「ソ連邦の役人であればねらい射ちされたり、殺されたりすることは普通のことであった、という。銃弾はたしかに私を目がけて発射されたものであった」（註八）と。

この背後に産金トラスト幹部の地位にあった共産党員の高官がいることはリットルページの指摘するとおりである。この「共産党員の高官」が反革命派やスパイを意味することはいうまでもない。

また、リットルページは鉄道に関し、次のような事実も明らかにしている。

「一九三五年以来、鉄道人民委員長に就任したレフ・カガノヴィッチの改革によってロシヤの鉄道は外国でも多少評判を取戻したようであった。彼は二ヶ年間その地位にあったのである。

貨物列車に関する限りは相当改善の跡が見られ、滞貨などないようになった。また本線の急行列車の如きは略々時間表通りに走るようになった。

だが私が旅行しなければならなかった地方に於ては未だ旧態依然たるものがあった。鉄道は、汽船も同様だが、その運航時間表が全く実行されず、そのため旅行者は絶対に時間表などを当てにすることは出来なかった。

また私は外国人として、同じ位置にあるロシア人より多くの警官や駅員の援助を受けたのであった。これは未だに私の記憶に残っているのである。私は常に相当重要な政府の用向きで旅行していた者である。それでさえもこうした困難を経験しなければならなかったのであるから、普通のロシア人の困難は想像に難くないであろう。

私はある重要な人物が公用で旅行するのに汽車の切符を買うべく二十一日間も駅で順番を待って居たと言うことを知っている。

……。

一九三七年数回私は長途の旅行をした時、相当鉄道の改善には期待していたが、実際に旅行して見ていたく失望したのであった。

切符は以前と同様何時も売切れてしまった居た。そして何時切符を売出すかも前以って知ることが出来なかった。だから急用を持った人でも何時切符を売り出すか何時汽車が来るかを知るためにだけでも終日駅で待って居なければならないようなことがあった」（註九）と。

ここに破壊活動家の手が加わっていることは否定できない。この動きの背景に鉄道事業の高い地位を占めている共産党員の高官が控えていたことも疑いない。

帰国の途についたリットルページが汽車でソ連・ポーランド国境を越えたのは一九三七年八月の暑い朝であったが、彼のことについて、『反ソ秘密戦争』は次のように述べている。

「リットルページは、『悪辣《あくらつ》きわまりない破壊行動が故意に行われていたという歴然とした証拠』

を多く発見したのである。彼はこれらの事実を詳細に記してソヴェト当局へ提出した。その結果、彼がソ連を去るすこし前に、トロツキー派の破壊行動機関に属している多数のものが逮捕された。リットルページはさらに破壊行為者どもが、『工場を故意に破壊するための基礎』として彼の生産方法に関する文書を使用していたことを発見した。すなわち彼の勧告の正反対のことをしたのである。これらの破壊行動者どもは、『彼らが反対派に属する共産党員等によってスターリン政権に対する陰謀に引き入れられたこと、反対派にはスターリンおよびその同僚たちを倒し、みずから政権を掌握するだけの力があるということを信じるようにされたこと』を認めた……とリットルページは『サタディ・イーヴニング・ポスト（※）』に記している」（註一〇）と。

※　アメリカの週刊大衆誌『サタディ・イーヴニング・ポスト』（一九三八年一月）

リットルページの任務遂行の社会的背景について、同書は次のように述べている。

「一九三五年の秋までには、全ソヴェト連邦内の重要地点において破壊行動機関が、全力をもって活動していたのであった。ウラル地方の新重工業内で、ドンバスとクズバスの炭坑で、また鉄道や発電所や建設工事の内部で、ピャータコフの指示を受けたトロツキー派の破壊者たちは、いっせいに、ソヴェト産業の最も重要な部門に対する大攻撃を行っていたのである。それと同時に、ブハーリンその他右翼派首脳の麾下にある破壊行動機関も、集団農場、協同組合、政府の貿易、財政、および商業諸官庁において活動を行っていたのであった」（註一一）と。

◎「モスクワ裁判」について

トゥハチェフスキー裁判の翌年三月二日からソヴェト最高裁判所軍事諮問委員会による「モスクワ裁判」が行われた。裁判は七日間、午前、午後、夕方とつづけられた。

被告の総数は二十一名、主な者は内務人民委員ヘンリヒ・ヤーゴダ、ヤーゴダの書記パヴェル・ブラノフ、右翼派指導者ニコライ・ブハーリン、同じくアレクセイ・ルイコフ、トロツキー派で日本の手先であったクリスティヤン・ラコフスキー、右翼派指導者でドイツの手先であったミハイル・チェルノフ、同じくグリゴリイ・グリンコ、ポーランドの手先ヴァシリイ・シャランコヴィッチ。以上十名のほかの者はブロックの加盟者、破壊行動者、テロリスト、外国の手先などであって、その中には、トロツキーの連絡係セルゲイ・ベッソノフ、殺人医師レヴィン・プレトネフ、カザコフなどが含まれていた。

『反ソ秘密戦争』によると起訴状の内容は次の通りであった。

「一、本件被告等は、一九三二　三年、ソヴェト連邦に対して敵意をもつ外国国家の情報部の指令のもとに、該国家のための諜報、破壊、妨害、およびテロ活動、ソヴェト連邦の軍力基礎の崩壊を目的とする行動、これら外国国家によるソヴェト連邦に対する軍事的攻撃の挑発、ソヴェト連邦の敗北を目的とする活動、ソヴェト連邦の分割……のために、『右翼派とトロツキー派のブロック』なる陰謀団体を形成したり。

二、『右翼派とトロツキー派のブロック』はその犯罪的計画遂行のため、某々外国国家と関係をむすび、該国家より武装援助を受けんとしたり。

三、『右翼派とトロツキー派のブロック』は該外国国家のために、組織的に諜報行為に従事し、きわめて重要なる国家の機密事項を外国情報部に供給したり。

四、『右翼派とトロツキー派のブロック』は組織的に社会主義建設の諸部門（工業、農業、鉄道、財政、都市発展等）において破壊および妨害行為を行いたり。

五、『右翼派とトロツキー派のブロック』はソヴェト連邦共産党およびソヴェト政府の指導者等にたいし数回にわたってテロ行為を組織し、エス・エム・キーロフ、ヴェ・エル・メンジンスキー、ヴェ・ヴェ・クイブイシェフ、およびア・エム・ゴーリキーに対してテロ行為を犯したり」（註一二）。

判決は三月十三日に発表された。

起訴状の内容から判断すると、「モスクワ裁判」の目的がソ連の防衛、そして社会主義建設の成果の防衛にあったことは疑いない。

◎　社会主義建設と粛清を切り離して考えることはできない

ゴルバチョフは、一九三〇年代末のソ連を欧州第一位、世界第二位の大工業国に押し上げたのはスターリンを指導中核とするボリシェヴィキ党の功績であったことを認めている。その社会主義建設を内部から破壊しようとしたのはナチスと結びついたトロツキーらの反革命勢力であった。このことはリトルページの『ソ連の十年』や「モスクワ裁判」からも明らかである。

その反革命勢力、破壊分子の粛清は社会主義建設を推進し、それをさらに前進させるためには必要不可欠であった。

スターリンの社会主義建設と反革命勢力の粛清を切り離して考えるのは全くの間違いであり、これを別個のものと考えるゴルバチョフの理論を受けいれることは出来ない。

一九八七年十一月二日のゴルバチョフの演説の目的はやはりスターリンの再批判自体にあった、と考えてよい。

註一　E・コーゴン著『SS国家』（ミネルヴァ書房、二〇〇一年）二七〇～二七一頁
註二　ジェームズ・テーラー、ウォーレン・ショー著『ナチス第三帝国事典』（三交社、一九九三年）九一頁
註三　ソ連共産党中央委員会付属マルクス・レーニン研究会編『第二次世界大戦史　5』（弘文堂、一九六四年）二八二頁
註四　スターリン著『レーニン主義の諸問題』（大月書店、一九五三年）八〇〇頁
註五　ハーシェル・メイヤー著『第二次世界大戦の史的分析』（三一書房、一九五三年）二四頁
註六　ソ同盟情報局『歴史の偽造者』（外国語図書出版所、一九四八年）八〇頁
註七　ジョン・リットルページ、デマリー・ベス共著『ソ聯の十年』（高山書院、一九四〇年）四頁
註八　前掲書一二七頁
註九　前掲書二二三～二二四頁
註一〇　マイケル・セイヤーズ、アルバート・イ・カーン共著『反ソ秘密戦争』（富士出版社、一九五三年）二四二頁

註一一　前掲書二八六頁
註一二　前掲書三二四頁

XI　歴史は継承発展すべきものである

歴史は先人の成し遂げた事業を継承し、発展させることによって前進してきた。マルクス主義もそうであった。マルクス主義はドイツの古典哲学、イギリスの経済学、フランスの社会主義を継承、発展させ、血の滲むような闘争を経過することによって前進してきた。

このことは運動についても同じことである。

陸上競技であれ、室内競技であれ、水泳であれ、選手たちは、諸先輩に学び、それに追いつき、できることなら一歩でも追い越そうと懸命に筋肉を鍛えている。そういう選手たちは、努力すればするほど、先輩の血の滲むような苦労を身にしみて感じることができるのであろう。そのような人たちは先輩の業績、記録、偉業を尊重し、讃え、そこから少しでも多くのものを学びとり、一歩でも前進しようと努めている。つまり、運動選手たちは継承・発展を目指して研鑽を積んでいる、ということである。その姿はまことに立派であり、崇高である。

人間の思想も頭脳の運動である。人間の頭脳は筋肉と同じくタンパク質でできている。その頭脳の訓練と筋肉の鍛錬には共通の法則がある。例えば、何度も何度も目的意識的に、繰り返し行うことが、その一例であるが、それと同時に、先輩、先人の偉業を継承し、発展させる、ということもまた共通している、ということができよう。

大武礼一郎議長は一九八一年に発表した『新・共産党宣言』で、スターリンがマルクス、エンゲルス、レーニンなど先人の遺産を正しく継承し、これを発展させ、先人の業績に新しいものを付け加えたという歴史的な功績を、無条件に、心からたたえる、と説いている。そしてスターリンが現代の時代的要求に応じていないことを並べ立て、一段高いところからスターリンを批判するようなことは、おこがましいことであると断定し、次のように述べている。

哲学歴史観という観点からみるとき、スターリンには未解決の部分があった。フルシチョフなどに権力が移行するようなことがなく、社会主義ソビエトが資本主義に変質するようなことのないようにするためには何をなすべきであったか、は未解決であった。

もちろん、それをいうなら、マルクスにもエンゲルスにも、レーニンにも、毛沢東にも、徳田球一にも未解決の問題はあった。

マルクスが解決できなかったことをレーニンが解決した。たとえば、一国社会主義を勝利させ、プロレタリア独裁による人民権力を現実に樹立したのはレーニンであった。

そのレーニンも獲得した権力を拡大し、世界革命に発展させるという問題は未解決であり、そのまま世を去った。

毛沢東の場合、権力獲得後のプロレタリア独裁下での党建設という問題、プロレタリア国際主義における理論と実践をいかに実現するのかという問題などは解決されないまま生涯を終えた。

徳田球一も、「五十年問題」を思想上、政治上、組織上にわたり完全に解決することなく病にたおれた。従って、新たな条件と情勢のもとに綱領を理論的にまとめあげること、党の中核にプロレタリア革命派幹部を配置すること、などは未解決のままであった。

大武礼一郎議長はこのように説いたのち、さらに、

「われわれは、あくまで、歴史に対しては謙虚な姿勢でのぞみ、過去の英雄たちを高くたたえながら前進する」（註一）

と、次のように力説している。

「これら未解決の問題が残されたということは、弁証法的にみれば歴史的な必然の産物であるばかりでなく、不可避の現象でもあった。なぜなら、マルクスの時代には、資本主義はまだ発展過程にあり、歴史的な情勢と条件が革命を必然とする段階にまでは成熟していなかったからである。レーニンの時代には、生まれたばかりのソビエト権力はいまだ幼い時代であった、ということ。スターリンの時代は、帝国主義の包囲下で一国しかない社会主義国家の防衛をどう進めるかが最大の課題であった。毛沢東の場合には、広大な中国大陸とその後進性になかにおける連続した武装闘争を展開しなければならなかったこと、またプロレタリアートがきわめて少数であるなど、その歴史性から労働者階級の思想の一般的低さなどが存在した。

そして日本においては天皇制ファシズム下において労働運動は圧殺され、党の中央は長期にわたり獄中にあり、本当の階級闘争の実践的経験が組織的に実現されたのは第二次大戦以後であり、それはわずか数年間のものでしかなかった。そのため日本のプロレタリアートは実践的大衆闘争、階級闘争の実践にまだ未熟であった。

これらの歴史的な情勢と条件が未解決な問題を生みだしたのである。だとすればこれらの未解決の問題が存在することを、どうして個々の英雄たちの責任にすることができ得ようか。彼らは等しく、現在からみれば、その想像を絶する困難な情勢と条件のなかで、マルクス・レーニン主義の基本原則を守りぬき、党と革命と人民にその全生命をささげつくして闘いぬいてきたのではないのか。これ以上の何を彼らに要求するというのか。断じて要求などできるものではない。われわれにとって大切なことは、彼らに要求するのではなく、彼らを継承し、彼らの未解決の問題はわれわれ自身が歴史的に果たすべき使命として受けとめ、これを解決するために全力を注ぐことである。これが革命の後継者たるべきものが堅持すべき最も大切な基本的立場である。

われわれはもう一度つぎのことをはっきりと確認しておきたい。すなわち、偉大な党とその歴史上の英雄たちの果たした役割は、すべてに歴史性があるのだということを。マルクスは一八五九年に書いた名著『経済学批判・序言』でこの問題に関して次のように述べている。

『一つの社会構成体は、そのなかにふくみうるだけの生産力が発展しきるまではけっして没落するものではなく、また、新しい、より高度の生産関係は、その物質的な実存諸条件が旧社会自体の胎内で孵化《ふか》しおわるまではけっして従来のものにとってかわることはない。だから、人間はつねに自分が解決しうる課題だけを提起する。なぜなら、いっそうくわしく考察するならば、問題そのものは、その解決の物質的諸条件がすでに現存しているか、あるいは少なくとも成立しつつあるか、の場合だけはじめて発生することが、つねにわかるであろうから』と。

人間は歴史的条件が熟して提起した問題だけを解決する。条件の熟していない問題や、歴史的な制約のある問題を解決できるはずがない。この未解決の分野を解決するものこそ、党と革命の後継者でなければならない。われわれは偉大で光栄あるこの後継者が果たさねばならない任務を全力をあげ、力をあわせて実現しようではないか。歴史が与えたこの課題に対するわれわれの姿勢は感謝であり、それを実現することへの誇りであり、必ず実行するという不動の確信と信念である。

われわれはスターリン、毛沢東、徳田球一と、その時代の党、その時代の階級闘争の歴史を高くたたえ、これを継承・発展（止揚）させなければならない。具体的にいえば、彼らの功績を高くたたえながら、彼らの遺産を守りながら、歴史的条件が彼らに解決させなかった問題を、新たな歴史的な条件のもとでわれわれが必ず解決するということ、これである。特に現在、スターリンと毛沢東、そして徳田球一が残した未解決の課題で重要なのは、再び党を変質させ、国家を変色させ、プロレタリア独裁をブルジョア独裁にとってかわらせないために何をなすべきか、という課題である。革命の後継者たるわれわれはまじめにこの問題を追求しなければならない」（註二）と。

この哲学、この思想。この歴史観と責任感。ここに歴史を継承、発展させようとする強烈な目的意識性が働いている。こうした哲学、思想、歴史観と責任感に触れるたびに、社会主義、共産主義運動はマルクスの宣伝、扇動の時代、レーニンの権力奪取の時代を経て、奪取した権力を永遠に保持する第三の時代へ突入している、ということを痛感させられる。それは単なる希望、願望、目標ではなく、歴史の必然性である。その必然性は大武礼一郎という人物の思想と行動に集中的に表現されており、それだけに抽象的、観念的ではなく、具体性、現実性を帯びたものである、ということができよう。

カチンの森事件の調査、研究などは世界の歴史の流れから見れば小さな問題である。その小さな問題の解明にも、歴史的必然性の認識は不可欠である。

「自由とは自然的必然性の認識にもとづいて、われわれ自身ならびに外的自然を支配することである」(『反デューリング論』)(註三)。

人間は自然の産物である。歴史的必然性は自然的必然性の一部を構成する。カチンの森事件の場合、歴史的必然性の認識とは、事件そのものはもちろん、事件をめぐる歴史の流れを調査、研究することであろうが、これによって初めて問題を自由自在に解明することができよう。

(文中敬称略)

註一　日本共産党(行動派)中央出版委員会『新・共産党宣言』(国際政治経済研究所、一九八〇年)一八四頁

註二　前掲書一八五～一八七頁

註三　『反デューリング論』(大月書店、一九七〇年)一七六頁

(文中敬称略　おわり)

【あとがき】

新田次郎著『劔岳　点の記』が映画化されている。それによると、陸軍参謀本部陸地測量部の芝崎芳太郎は測量部長から、国防のため、日本地図を完璧なものにするため、本邦最後の未踏峰とされていた「劔岳に初登頂し、立山を中心とする三等三角点網を完成すること」を命じられた。柴崎の率いる観測隊は大変な困難を重ねながら、一九〇七年（明治四〇年）七月十二日、劔岳に登頂に成功したが、そこには、すでに誰かが登頂していた形跡が残されていた。

初登頂ではなかったため、軍の上層部は「国にとっては何の役にもたたん」と、劔岳登頂に否定的になり、観測隊による登頂の記録は残さないことになった。

これが『劔岳　点の記』のあらすじであるが、要するに「劔岳に初登頂」せよ、という命令そのものが間違っていたことになり、軍の名誉、メンツを守るために三角点の設置という柴崎観測隊の業績を歴史から抹殺したと理解してよい。

ここで注目されることは、映画では、柴崎芳太郎が「人がどう評価しようとも、何をしたかではなく、何のためにそれをしたかが大事です」と語り、夫人にもそう伝えていることである。目的が大事だというのである。

一九三七年、モスクワに着任したアメリカのデービス駐ソ大使は一月二十三日から連日、併行本部事件に関する第二次モスクワ裁判を傍聴し、その著書『モスクワへの使節』の中で、被告らの陰謀について次のように述べている。

「私自身が聞いた被告らの証言の性格と意味を完全に理解するために忘れてならないことは、この陰謀に関する諸事実は二人の第一級閣僚、すなわち、財務人民委員会長官と対外貿易委員会長官、元首相、およびロンドン、パリ、日本に勤務していた二人の元大使、元外務次官、元外務長官代理、二人の最高級の政治評論家、ソヴェト連邦最大の二つの新聞の編集者などによって証言されたものだということである。

その意味を理解するために、合衆国に例えてみれば、モーゲンソー財務長官、ジョーンズ商務長官、ウェルス国務次官、ブリット駐仏大使、ケネディ駐英大使、アーリー大統領秘書官がドイツの合衆国侵略の陰謀への協力を告白したようなものである」と。

つまり、当時のソ連は、最高幹部にまでナチスによる侵略の手が伸びており、大粛清はそれに対するものであったというのである。

ドイツ皇族の出である父をもち、イギリスのヴィクトリア女王の曾孫で、ロシアのツァー・ニコライ二世の甥であり、第二次世界大戦中は東南アジア方面連合軍最高司令官であるマウントバッテンも、この小論で述べたように、同じようなことを説いている。

要するに、大粛清の目的はナチスの侵略に備え、ナチスとの内通分子、不純分子を追放し、世界で最初の労農独裁政権を守り、これを強化することにあった。

レーニンは一九二一年二十三日、『鉱山労働者第二回全ロシア大会』で「革命的な合目的性は形式的な民主主義に優先する」と説いたが、それはどういうことなのか。

大粛清では形式的な民主主義ではなく、革命的な合目的性、プロレタリア独裁の権力が行使された。大武礼一郎議長が『日本革命の綱領』（一九九一年、国際政治経済研究所発行）に発表した「われわれの『思想方法論』について」を借りて、この問題を掘り下げてみることにする。

大粛清にかぎらず、すべての闘争、すべての問題には必ず目的があり、内容があり、それにふさわしい（情勢と条件に合致した）手段があり、形式がある。

この場合、決定的なこと、第一義的に重要なことは、その目的であり、その内容である。従って、まず、何よりも、その目的は何か、その内容は何かを問題にすべきであり、目的と内容をこそ論ずべきである。

目的は何であるか、内容は何であるか、これが重要なのであって、手段と形式が重要なのではない。目的が正しく、内容が間違いなければ、手段と形式の持つ重要性は二次的なものである。

しかし、このことは決して手段と形式はどうでもよいということにはならない。この場合、目的と内容が決定的なのであって、手段と形式はその時、その場合の情勢と条件によって臨機応変に利用することができるし、ほかのものを採用することができるということである。

手段と形式は目的と内容があってのことで、それに役立つものでなければならない。故にまた、目的と内容は同一でも、情勢と条件しだいでは、その手段と形式も変わってくる。つまり、目的と内容にふさわしく、情勢と条件に合致した手段と形式が採用されなければならない。もしそれに反した場合、その場合の手段と形式は誤りであり、その結果、内容と目的に重大な損害をあたえる。こういう意味からみて、手段と形式はまことに重要なのである。

目的（内容、独裁）は同じでも、その手段（形式、民主主義）は情勢と条件によって異なる。目的は何か、内容は何か。そのための手段と形式はその置かれた情勢と条件からみて正しいのか。問題はこうなっている。

以上は目的と内容、手段と方法に関する「思想方法論」について、私がかみしめた内容である。「革命的な合目的性は形式的な民主主義に優先する」というレーニンの定式は以上のように理解してよい。

フルシチョフやゴルバチョフらのカチンの森事件対策は大粛清対策の二番煎じであり、スターリン批判に対するリガチョフらの反批判勢力の増大を恐れたからにほかならない。

映画『劒岳　点の記』が制作されたのは、二〇〇八年であった。当時、アメリカ政府は核疑惑を口実に、イラクに侵攻したが、それは何故だったのか、その真の目的はどこにあったのかが問われていた。当時、すでに日本人民戦線はイラク戦を機にアメリカ帝国主義は崩壊に向かいつつあることをはっきりと指摘していた。当時、このように主張する勢力はどこにもいなかった。そんなときに、この映画が柴崎芳太郎の口を借りて、目的の重要性を説いたことはきわめて興味深いことである。

【主要索引】

あ

アイゼンハワー（ドワイト。アメリカ合衆国将軍、後の第三十四代大統領）……V, 221, 307, 334
アイトケン（イギリス軍将校）……46
アインザッツグルッペ（SS行動隊）……150, 151, 162, 207
アインザッツコマンド（アインザッツグルッペの特別行動中隊）……139, 150, 151, 152, 154, 226
アファナシェフ（モスクワ国立歴史古文書大学学長）……317
嵐（プージャ）……181, 268, 269
アール（ジョージ・ハウォード）（アメリカの将軍）……250, 251
アレクサンデル（ユーゴスラビア国王）……73
アーレンス（ドイツ第五二七工兵大隊参謀部総指揮者）……203, 207, 227
アンデルス（ポーランド亡命政府軍将軍）……79, 87, 110, 117, 118, 119, 120, 121, 124, 125, 126, 127, 128, 129, 130, 131, 243, 265, 286, 287, 291, 323, 359
アントネスク（ルーマニア首相）……98
アンドロポフ（ソ連共産党第一書記）……319, 320, 341
RSD（秘密野戦警察。親衛隊保安部、後の国家保安部の組織）……188

い

イーデン（アンソニー。イギリス政治家、外相、首相）……25, 38
一〇、〇〇〇体（人）……40, 208, 232, 233, 234, 235
一二、〇〇〇体（人）……37, 40, 233, 234

う

ヴィシンスキ（＝ヴィシンスキー）……20, 83, 120
ヴィスワ河（＝ウィスワ河＝ウィスラ河＝ヴィストゥラ河＝ヴィスツラ河＝ヴィツスラ河、ワルシャワ市の東端を流れる河）……255, 256, 260, 266, 269, 278, 279
ヴィレット（アメリカ軍将校、ヴァン・ヴリートか）……191
ウィロビー（チャールズ。GHQ参謀第二部長）……76
ウランゲリ（ピョートル。ロシアの反革命軍の将軍）……68, 69
ヴリート（アメリカ軍将校、ヴィレットか）……190, 251, 252
ヴィクトリア（イギリス女王）……38, 378
ヴォロシーロフ（ソ連の党、軍、政府の幹部）……321, 336

え

エジョフ（ソ連内務人民委員会長官）……79, 82, 83
SS（ナチスの親衛隊）……71, 147, 150, 152, 169, 187, 188, 189, 194, 196, 213, 227, 233, 351, 352, 367
SD（ナチスの親衛隊保安部）……48, 151, 153
NKVD（ソ連内務人民委員部）……83, 84, 142, 143, 205, 206, 304, 305, 322, 323, 325, 326

エリツィン（ボリス。ロシア大統領）……7, 13, 320, 341, 344, 359
エンゲルス（フリードリヒ。マルクス主義創始者）……371, 372
エンゲルベルト（ドルフス。オーストリア総統）……73

お

逢坂剛（推理小説作家）……7, 13, 53, 59, 61, 231
大武礼一郎（日本共産党〈行動派〉議長）……13, 95, 285, 371, 372, 375, 379
オクリツキー（ポーランド軍参謀総長）……127, 253, 254, 272
オサドニツィ（ポーランドで濃厚に従事しながら東部国境の警備に当たった）……148, 149
オジェホフスキ（ポーランド軍参謀総長）……12, 252, 316, 244
オスタシュコフ（カリーニン市近郊にある収容所の所在地）……18, 19, 143, 325, 330, 333
オッテ（リヒャルト。ゲッペルスの日記の保管責任者）……28
オハブ（エドヴァルド。ワルシャワ労働者防衛旅団）……103
オルシャンスキー（アメリカに亡命したソ連の元ヴォロネジ大学客員教授）……204, 206
オルジョニキーゼ（G.K.。ソ連重工業人民委員部長官）……311
オルポ（ドイツの秩序警察）……151, 187
恩赦（大赦と同じ意味に使われている。）……117, 121, 124, 125, 233

か

カイテル（ヴィルヘルム。ドイツ国防軍最高司令部総長）……54, 188, 233
ガエフスキー（ピオトル。ポーランド左派社会主義者）……103
カガノヴィッチ（L.M.。共産党書記局）……331, 362
カザコフ（イグナティ。ソ連の医師）……365
カーゾン線（イギリスのカーゾン外相が設定したポーランドとソ連の国境線）……68, 69, 107, 284
カーター（ジョン・F.。アメリカのカチンの森事件調査班長）……246
カチンスキ（レフ。ポーランド大統領）……344, 345
カーメネフ（S.S.。オールド・ボリシェヴィキ）……12, 310
カリーニン（人名）……321
カリーニン（地名）……18, 325, 334
カルテンブルンナー（エルンスト。ドイツ帝国保安本部博士）……227

き

キーロフ（S.M.。ソ連共産党中央委員会書記）……83, 311, 366

く

クイブイシェフ（ヴェ・ヴェ。ソ連人民委員部次官、ソ連労働国民会議副議長）……366
クイブイシェフ（地名）……122
クキェル（マリアン。ポーランド亡命政府国防相）……18, 20, 120
グデーリアン（ハインツ。ドイツ第二装甲集団司令官）……165
クビッキー（マリアン。ポーランド左派農民活動家）……103
グラブスキー（ポーランド亡命政府）……245

クリポ（ドイツの刑事警察）……151
クルスク（ウクライナの主要都市）
……4, 5, 56, 57, 61, 194
クレスティンスキ（ソ連の財務人民委員部長官、外務人民委員部次長などを務めた。トロツキーの子分と見られていた）
……51, 78, 81
グリンコ（グリゴリイ。ソ連財務人民委員会長官）……365
グロムイコ（ソ連外相）……334

け

ケネディ……1, Ⅱ, Ⅲ, Ⅳ, Ⅴ, Ⅵ, 6, 378
刑事警察（ドイツのクリポ）……151
ゲシュタポ（ドイツの秘密警察）
……3, 78, 150, 151, 152, 153, 165, 187, 188, 273
ゲットー（ゲット）
……48, 54, 162, 169, 194, 195
ゲットー蜂起……194
ケーニヒ（マリアン。ポーランド社会主義者）……103
ゲーリング（ヘルマン。ドイツ・ナチス幹部）……33, 34, 62, 229, 230, 240
ゲーレン（ラインハルト。ドイツ将軍、ゲーレン機関長）……49, 63

こ

国際委員会……170, 306
国際医学調査委員会……171, 172, 181, 185
国際調査委員会
……52, 169, 170, 171, 172, 176, 177, 179, 180, 181, 182, 186, 190, 191, 192, 211, 212, 216
国内軍（＝国民軍、祖国軍、ポーランド亡命政府系隊）
……49, 157, 158, 160, 169, 178, 180, 181, 195, 217, 243, 253, 254, 258, 259, 261, 262, 265, 267, 269, 271, 272, 273, 277, 278, 279, 280, 281
コブロフ……323, 327
国民軍（＝国内軍、祖国軍、ポーランド亡命政府系隊）……85, 86, 157
国際決済銀行……248, 249, 258
個人ファイル
……325, 326, 327, 328, 329, 332
コゼリスク（スモレンスク東方にある収容所の所在地）
……18, 19, 20, 142, 144, 184, 185, 230
コソゴリ（ソ連のスモレンスクの西方にある避暑地）……11, 14, 15, 184, 207
ゴータ公（コーブルグ。ドイツ赤十字社長）
……20, 38, 39, 233
コット（スタニフワフ。ポーランド駐ソ大使）……20, 120
ゴムルカ（ヴラディスラフ。ポーランド労働党書記長）
……103, 295, 297, 300, 301, 302, 303, 308, 309
コモロフスキ（＝コモロフスキー）
……217, 254, 255, 258, 259, 261, 262, 263, 265, 266, 267, 269, 270, 271, 272, 277, 278, 279, 280, 343
ゴーリキー（マキシム、ロシア著述家）
……366
コルチャック（ロシア反革命軍指揮官）
……68
ゴルバチョフ
……4, 5, 6, 7, 12, 13, 252, 308, 309, 310, 313, 314, 315, 316, 317, 318, 320, 321, 322, 340, 341, 344, 358, 359, 360, 366, 367, 380

さ

サルヴァ（ミコライ。ワルシャワ労働者防衛旅団）……103
ザヴォドニー（J.K.。ワシントン大学教授）……17, 61, 64, 112, 137, 164, 165, 166, 195, 196, 197, 231, 238, 239, 240, 288

し

ジェルジンスキー（フェリックス。ソ連最高国民会議議長、GPU 創立者）…311
親衛隊保安部……48, 151, 188
シェレーピン……184, 319, 321, 325, 327, 328, 329, 330, 331, 332, 333, 334, 335, 340, 345
シコルスキ（＝ヴワディスワフ・シコスルキー。ポーランド首相）……20, 23, 24, 25, 26, 108, 109, 117, 120, 121, 124, 125, 157, 180, 243, 244, 245, 265, 324
ジノビエフ（グリゴリー。前コミンテルン議長）……12, 311
ジポ（ドイツの政治警察）……188
シャランコヴィッチ（ヴァシリイ。ロシア共産党書記長）……365
シャンベク（ポーランド外相代理）……101
シュターデルマイヤー（ペーター。『大崩壊　ゲッペルス最後の日記』のドイツ語版編者）……27
シュミッツ（ヘルマン。I・G・ファルベン社長）……31, 62, 63, 248
シュレーダー（K・F・フォン。ドイツの金融業者）……248
シューマン（フレデリック・L。シカゴ大学教授）……112
ジョーンズ……378
ジメルスキー（ボニ・ローラ。ポーランド人民軍司令官）……278, 279, 280
ジューコフ（ゲオルギー。ソ連軍元帥）…48, 63, 90, 111, 135, 154, 164, 278, 290
人民親衛隊（ポーランド労働党が設立し、後に人民軍となる後に人民軍後に人民軍となる）……49, 159, 160, 169, 178, 180, 194, 195, 329
人民民主主義……298, 299, 301, 302, 346

す

スイス国際赤十字……180
スヴィアニエヴィッチ（S.。ロンドン在住のポーランド人教授）……225
スカルジンスキー調査団……22, 176, 177, 178, 179, 180, 182, 183, 185, 186, 211, 215, 217, 341
スカルジンスキ（＝スカルジンスキー。ポーランド赤十字中央委員会書記長）……21, 176, 177, 185, 186, 193, 217, 218, 219
スクラドコフスキー（スラヴォイ。ポーランド首相）……100
スコブリン（白系ロシア人亡命者）……80, 337
スコンプスキー（カチン家族同盟会長）……243
スタロベリスク（ハリコフ近郊にある収容所の所在地）……18, 19, 143, 333
スターリングラード……3, 4, 31, 32, 34, 48, 57, 58, 60, 136, 138, 243, 260
スノー（エドガー。作家）……77, 110, 278, 281, 290

スピエコヴィチョフ（ボルツィエ。ポーランド軍第五歩兵師団長）……127
スミグリー（リズ。ポーランド軍最高司令官）……75, 100, 101, 102, 128
スワヴェク（フェリクス。ポーランド首相）……118

せ

政治警察……188
政治局文書……319
宣伝相直属速記者……27, 30

そ

祖国軍（＝国内軍、国民軍、ポーランド亡命政府系隊）……157, 158
ソスンコフスキー（ポーランド国内軍最高司令官）……75, 108, 129, 253, 254, 260, 261, 262, 290
ソ連調査団……137, 201, 202, 203, 207, 208, 210, 211, 341

た

第五三七通信連隊……33, 210, 233, 235
第五二七工兵大隊……203, 207
大佐団（ポーランドの親ナチ団体）……74, 75, 97, 118
大赦（恩赦と同じ意味に使われている。）……144, 148, 149, 224, 323
第二戦線……251, 263, 273
第八号墓……172, 174, 183, 185, 190, 191, 233
ダラディエ（エドゥアール。フランス首相）……91, 92
タルノヴァ（ポーランド国内軍治安隊司令官）……280
ダレス（アレン。第二次大戦中はOSS〈戦略事務局〉に所属、アメリカ政府の特命全権代表としたドイツとの和平工作に従事）……3, 47, 48

ち

治安警察……141, 151
チェハノフスキ（ヤン・ミェチスワフ、『ワルシャワ蜂起』の著者……157, 160, 196, 265, 266, 289, 290
チェルネンコ（コンスタンチン。ソ連共産党書記長）……319, 320, 341
チェルノフ（ミハイル。ソ連農業人民委員部長官）……365
チェルヴィニスキー（マリアン。ワルシャワ労働者防衛旅団）……103
チェンバレン（ネヴィル。前大英帝国首相）……91, 92
秩序警察……141, 151, 187
チャーチル（ウィンストン。大英帝国首相）……11, 22, 23, 24, 25, 26, 39, 90, 107, 109, 244, 245, 246, 249, 251, 256, 274, 275, 282, 283, 284, 286, 287, 297, 298, 300, 357
長靴（軍用のもの）……137, 223, 224
朝鮮戦争……11, 303, 304, 305

て

鉄のカーテン……297
デニキン（アントン・イヴァノヴィチ。ロシアの反革命派将軍）……68
テヘラン会談……249, 284

と

ドイツ国際医学調査委員会……171, 181
ドイツ特別委員会……171, 173, 175, 179
ドイツ法医学委員会……170, 171, 172, 175, 179, 185
ドゥーカー（イオン。ルーマニア首相）……72

徳田球一（日本共産党創立者、日本共産党書記長）……372, 375
特別行動中隊……151, 152
特別文書庫……319, 320
トハチェフスキー（日本共産党創立者、日本共産党書記長）
……79, 80, 81, 82, 83, 84, 85, 87, 89, 97, 337, 338, 348
トルーマン（ハリー。合衆国第三十三代大統領）……297, 358
トロツキスト……84, 310, 311
トロツキズム……311
トロツキー（レオン・ブロンシュタイン）
……51, 77, 78, 88, 310, 314, 364, 365, 366
道路工事……201, 324
建設工事
……16, 155, 207, 223, 224, 329, 355, 364

に

ニクソン（リチャード。ミルハウス、アメリカ合衆国第三十七代大統領）……307
ニコライ（ヴァルター。ドイツ陸軍情報部第三B課指揮官）……78, 90, 365, 378
ニュース映画……31, 32, 37, 44, 45

の

乃木希典（日露戦争当時の日本の将軍）
……224
野坂参三（参議院議員、日本共産党名誉議長であったが、晩年、同党から除名された。実際はイギリス、ソ連、アメリカ、中国〈延安〉で活躍した日本の情報機関員）……328, 329, 340
ノックス（フランク。アメリカ合衆国海軍長官）……356
ノモンハン（日本軍はノモンハンでの戦争でソ連軍に手痛い打撃を受けた）
……323, 324, 347

は

ハイドリッヒ（ラインハルト・トリスタン・オイゲン、ドイツ治安警察・保安部長官）……80, 337
パウルス（フリードリヒ・エルンスト、ヴィルヘルム。ドイツ第六軍司令官）
……31, 47, 58
バシュタコフ（ソ連NKVD第一特別部部長）……323, 327
バッハ（フォン・デン。ワルシャワ所在ドイツ軍司令官、突撃隊指揮長官）
……272
バドリオ（連合軍のシシリー島上陸直後、イタリアに成立した政権）……5, 57
バビ・ヤール（ナチスによるユダヤ人大逆殺の行われたキエフ市郊外の峡谷）
……138, 154, 161, 212, 226, 227, 351
バビー（イヴァン。ポーランド「カトリック行動団」長）……72
ハリコフ……18, 49, 143, 325
ハリモミ……228, 229, 230, 233
ハル（コーデル。アメリカ合衆国国務長官）
……88
バル（アレン・ダレスの秘匿名）……47
バルトゥ（ルイ。フランス外務大臣）
……70, 73

ひ

ビーヴァブルック（ウィリアム・M.A.。イギリス軍需相）……46
ピウスツキー（＝ピウスツキー）
……68, 74, 75
ピェラッキー（ブロニスラフ。ポーランド内相）……72
ビスル（クレートン。アメリカ陸軍省の

軍事諜報部長兼参謀次長)……251
ピホヤ(ルドルフ。ロシア連邦公文書館長)……320
秘密野戦警察(RSD)……174, 186, 187, 188, 189
ヒムラー(ハインリッヒ。ドイツ国家保安本部長官、ナチス親衛隊全国指導者)……3, 78, 80, 139, 140, 145, 146, 148, 150, 155, 161, 169, 174, 187, 188, 213, 217, 227, 234, 237, 238
ピャータコフ(G.I.。ソ連重工業人民委員部次官)……361, 364
ピルスドスキー(=ピウスツキー)……68, 70, 108, 159

ふ

フォード(ヘンリー。アメリカの自動車会社創立者)……76
プージャ(嵐)……181, 262, 268
武装闘争団……157
ブッシュ(ジョージ・ハーバート・ウォーカー。アメリカ合衆国第四十一代大統領)……359, 360
ブトナ(=ヴィタリ・ブートナ。ソ連軍将軍)……84
ブートナ(=ヴィタリ・ブトナ。ソ連軍将軍)……84
ブハーリン(ニコライ・I。イズヴェスティア紙編集者)……12, 311, 312, 314, 364, 365
ブラウヒッチュ(ヴァルター・ハインリッヒ・アルフレート・ヘルマン・フォン。ドイツ陸軍最高司令官)……151
ブラノフ(パウエル。ヤーゴダの書記)……365
ブラント(ヒムラーの個人参謀部長)……227
フランク(ハンス。ポーランド総督府長官)……140, 146, 147, 148, 154, 155, 298
フルシチョフ(ニキータ。ソ連第一書記)……Ⅰ, Ⅳ, 6, 11, 86, 184, 252, 286, 296, 308, 315, 316, 325, 328, 329, 331, 332, 333, 334, 335, 336, 338, 340, 359, 372, 380
フルシチョフ(セルゲイ。『父フルシチョフ』の著者)……348
フルシツェル(アントニ。国内軍ワルシャワ管区警備司令官)……271
ブルデンコ博士……202, 203, 204, 205
ブルデンコ調査団……203, 210
プレトネフ(レヴィン。医師)……365
フルトン(トルーマン大統領の故郷・ミズーリ州の都市)……11, 297
ブレジネフ(レオニード・イリイチ。ソ連最高会議幹部会議長、ソ連共産党第一書記)……309, 319, 320, 332, 333, 340, 341
ブレスト・リトフスク市……51
フレーリヒ(エールケ。ミュンヘン現代史研究所の博士)……28, 29, 30
フンク(ヴァルター。ライヒスバンク総裁)……248

へ

ペウチンスキ(ポーランド国内軍参謀長)……270, 271
ベック(ヨセフ。ポーランドの大佐)……69, 70, 101, 219
ベッソノフ(ヨセフ。ポーランドの大佐)……365
ベネシュ(エドヴァルド。チェコスロヴァキア大統領)……79, 80, 82, 91

ベリヤ（ラヴレンチー・パールロビチュ。ソ連第一副首相）
………149, 205, 206, 317, 319, 321, 322, 333, 335, 336
ベリヤ覚書
………319, 321, 322, 324, 328, 329, 330, 332, 333, 335, 336, 340
ベリヤ書簡………321
ヘルフ（フォン。ドイツの林業家）………228
ベルリング（ズイグムント。ポーランド第一軍司令官）………104, 126, 127
ベルリン放送
………14, 15, 16, 54, 174, 182, 184, 185, 208, 232, 237, 246, 342

ほ

ホーエンローエ（フリードリヒ・フランツ・フォン。ドイツの公爵）………34, 47
ボグスラフスキー（ポーランド国内軍第二〈情報〉部長代理）………272
ポケット（ポーランド将校の遺体の服についている）………186, 205, 211, 214, 215, 221
ホト（ドイツ第五二七工兵大体参謀部少尉補佐）………203
ボートマン（親衛隊大尉）………227
ポーランド赤十字
………20, 21, 51, 170, 171, 172, 176, 177, 178, 180, 182, 185, 186, 214, 215, 216, 218, 243
ポーランド赤十字委員会
………52, 170, 175, 177, 178, 179, 180, 181, 183, 186, 192, 193, 219
ポーランド民族解放委員会
………259, 260, 264, 278, 295
ポーランド労働党………159, 182, 295, 302
ボルツィエ（スピエコヴィチョフ。ポーランド軍第五歩兵師団長）………127
ボルディン（ソ連共産党政治局最後の文書館責任者）………320, 322, 341
ホワイト（ハリー・。アメリカ財務省特別顧問）………248

ま

マイスキ（＝イヴァン・マイスキー。ロンドン駐在ソ連大使）………25, 244
マイヤー（ソ連の駐英大使）………27, 117
マイロフ（アレクセイ。ルヴォフ駐在ソヴェト大使館秘書官）………72
マウントバッテン（アレクセイ。ルヴォフ駐在ソヴェト大使館秘書官）
………90, 378
マリク（ヤコフ。ソ連国連大使）………305
マリック（トーマス・H.。アメリカのファースト・ナショナル銀行取締役・国際決済銀行総裁兼総支配人）………248
マルクス（カール。ドイツ哲学者、マルクス主義創始者）
………41, 62, 64, 85, 110, 111, 112, 113, 130, 166, 238, 288, 289, 290, 301, 302, 312, 367, 371, 372, 373, 374, 375
マルティン（ドイツ軍事宣伝部長）………55
マレンコフ（スターリンの死の直後ソ連首相となったが、一九五七年、フルシチョフによって失脚させられた。）
………331

み

ミコヤン（アナスタス。ソ連政府、共産党の幹部）
………321, 336
ミコライチク（＝ミコライチック＝ミコワイチク＝ミコワイチック。ポーラン

ド亡命政府首相）
………18, 274, 280, 283, 284, 295, 296, 303
ミナーエフ（ウェ・エヌ・。ソ連の作家同盟員、『あばかれた秘密』の著者。
………3, 7, 63
ミュンヘン（チェコスロヴァキアの首都）
………28, 67, 76, 91, 92, 93, 95, 96
民族解放委員会……259, 260, 264, 278, 295

む

ムッソリーニ（イタリア首相）……5, 57, 92

め

メドベージェフ（ロシア大統領）
………341, 343
メンジンスキー（ヴェ・エル。ソ連合同国家保安局長官）………366

も

毛沢東（中国共産党主席）
………321, 348, 372, 373, 375
モーゲンソー（アメリカ財務長官）
………45, 378
モシツィツキー（イグナツィ。ポーランド大統領）………108
モスコウスカヤ（ソ連のカチンの森事件に関する証人、主婦）………206
モロトフ（ヴヤチェスラスフ。外務人民委員部長官）
……20, 80, 86, 94, 120, 250, 321, 331, 336
モンテル（フルシツェルの暗号名）……271

や

ヤーゴダ（ヘンリヒ。内務人民委員）
………365
野戦警察
………33, 174, 186, 187, 188, 189, 190, 205, 210, 215, 216, 217, 233, 234, 235
ヤルゼルスキ（＝ヤルゼルスキー。ヴォイチェフ、ポーランド大統領）
………253, 316, 317, 318, 341, 360
ヤルタ会談………11, 245, 284, 288, 291

ゆ

ユレネフ（コンスタンチン・コンスタンチノヴィユッチ。駐日ソ連大使）……84

よ

ヨードル（アルフレート。ドイツ国防軍最高司令部作戦部長）………54

ら

ラコフスキー（クリスティヤン。ソ連保険人民委員）………365
ラジェフスキー（ポーランド考古学者）
………299, 300
ラチキェーヴイチ（ヴァディスワフ。ポーランド大統領）………108

り

リヴォフ（＝ルヴォフ）………72, 101, 213
リッジウェイ（マシュー・バンカー。連合国軍最高司令官）………305
リットルページ（ジョン。アメリカの鉱山技師）………360, 361, 362, 363, 364, 367
リッペントロップ（ヨアシム・フォン。ドイツ外相）………107
リトヴィノフ（マキシム。アメリカ駐在ソヴェト大使）………70, 87, 88, 90
臨時野戦警察………187

る

ルヴォフ（＝リヴォフ）………72, 262
ルイコフ（アレクセイ・I.。通信人民委員部長官）………80, 86, 364
ルズタク（I.E.。ソヴェト人民委員部次官）
………310

ルーズベルト（アメリカ大統領）
………23, 24, 38, 39, 180, 237, 246, 250, 251, 252, 256, 284, 297, 307, 358

れ

レーガン（ロナルド。アメリカ合衆国第四〇代大統領）………Ⅱ, 359
歴史の偽造者（ソ連情報局が一九四八年に発表した文書）
………46, 63, 106, 112, 136, 164, 358, 366
レクス（ドイツ第五二七工兵大隊参謀部中尉）………203

ろ

ロクナ（ルイス。AP通信ドイツ支局長）………28, 230
ロコソフスキー（コンスタンチン。ソ連軍元帥、ポーランド軍元帥）………135
ローゼンベルク（アルフレート。ドイツ東部占領地域大臣、ナチス・ドイツ労働者党対外政策全国指導者）………73
ローパー（ヒュー・トレヴォア。『大崩壊　ゲッベルス最後の日記』の解説者）
………29, 30, 137

わ

ワイツゼッカー（ドイツ外務次官）
………46, 47
ワルシャワ蜂起
………17, 61, 129, 157, 160, 166, 181, 196, 203, 217, 238, 253, 255, 258, 260, 261, 262, 263, 264, 265, 267, 268, 270, 273, 274, 277, 278, 280, 281, 289, 290
『ワルシャワ蜂起1944』
………157, 261, 263, 289, 290
ワレサ（レフ。ポーランド大統領）
………13, 320

【著者略歴】

佐《さ》藤《とう》 正《ただし》

一九二九年　生まれる

一九五一年　東京大学法学部卒業

商社、通信社勤務などを経て現在、

哲学研究会主幹

日本人民戦線運営委員

思想の科学研究会会員

【著書】

『共産主義運動の歴史的教訓としての野坂参三と宮本顕治
～真実は隠しとおせない～』（新生出版）

『歴史と時代の産物としての帝銀・下山両事件ほか
～真実は隠しとおせない～』（新生出版）

ゲッベルスの日記に基づく

カチンの森事件の真相

真実は隠しとおせない

2014年10月20日　初版発行

著者　佐藤　正

発行／発売　創英社／三省堂書店

東京都千代田区神田神保町 1-1

Tel. 03-3291-2295

Fax. 03-3292-7687

印刷／製本　日本印刷株式会社

ISBN978-4-88142-874-0-C1022